本书获广东第二师范学院出版资助

2021年广东省教育教学成果奖（基础教育）一等奖成果

广东省中小学"百千万人才培养工程"项目成果

光明社科文库
GUANGMING DAILY PRESS:
A SOCIAL SCIENCE SERIES

·教育与语言书系·

"三高一低"培养模式探索
以培育基础教育高端人才为追求

主　编　周　峰
副主编　郭　凯　叶湛霞

光明日报出版社

图书在版编目（CIP）数据

"三高一低"培养模式探索：以培育基础教育高端人才为追求 / 周峰主编；郭凯，叶湛霞副主编． -- 北京：光明日报出版社，2024.3
ISBN 978－7－5194－7846－9

Ⅰ.①三… Ⅱ.①周… ②郭… ③叶… Ⅲ.①基础教育—教学研究—广东 Ⅳ.①G632.0

中国国家版本馆 CIP 数据核字（2024）第 056813 号

"三高一低"培养模式探索：以培育基础教育高端人才为追求
"SANGAOYIDI" PEIYANG MOSHI TANSUO: YI PEIYU JICHU JIAOYU GAODUAN RENCAI WEI ZHUIQIU

主　　编：周　峰	副 主 编：郭　凯　叶湛霞
责任编辑：刘兴华	责任校对：宋　悦　李海慧
封面设计：中联华文	责任印制：曹　净

出版发行：光明日报出版社
地　　址：北京市西城区永安路 106 号，100050
电　　话：010-63169890（咨询），010-63131930（邮购）
传　　真：010-63131930
网　　址：http://book.gmw.cn
E － mail：gmrbcbs@ gmw.cn
法律顾问：北京市兰台律师事务所龚柳方律师
印　　刷：三河市华东印刷有限公司
装　　订：三河市华东印刷有限公司
本书如有破损、缺页、装订错误，请与本社联系调换，电话：010-63131930

开　　本：170mm×240mm	
字　　数：381 千字	印　　张：21.25
版　　次：2024 年 3 月第 1 版	印　　次：2024 年 3 月第 1 次印刷
书　　号：ISBN 978－7－5194－7846－9	
定　　价：99.00 元	

版权所有　　翻印必究

我与"教苑"三十载
（自序）

满怀对改革开放热土的憧憬，1989年7月，我从六朝古都南京来到羊城广州，职业生涯选择的第一站就是广东教育学院教育系（本书所指的"教苑"，现为广东第二师范学院教育学院），已走过33个春秋。在这些峥嵘岁月里，学校已从成人高校改办为普通本科高校，教育系也升级为教育学院。我则从一名助教起步，2002年晋升为当时全校最年轻的教授，2006年被聘为教育系主任兼教科所所长，2012年转任教育学院院长，还曾兼任新创办的学前教育学院和教师教育学院院长至2021年，现任广东省中小学德育研究与指导中心执行主任。

30多年过去，弹指一挥间。我身上早已深深打上了"教苑"的烙印，与她结下了不解之缘。其间虽有多次调离的机会，但我终究选择与她一起成长，可谓"从一而终"。回眸30多年的教苑生涯，大致可分为三个阶段：前十年，初来"教苑"打基础；后十年，"象牙塔"外搞教研；又十年，树人楼里探新路。

前十年：初来"教苑"打基础

广东教育学院教育系，起源于1955年广东教育行政学院教育教研室，主要从事教育行政干部和在职教师的职后培训。"文革"期间，学校曾被迫下放到肇庆地区新兴县。虽经历诸多曲折，但我院曾拥有一批声震岭南、名扬全国的教育学、心理学大家，号称"八大教授"，分别是陈一百先生、吴江霖先生、邹有华先生、叶佩华先生、严永晃先生、方辰先生、雷香霆先生、余文伟先生，他们铸就了广东教育学院曾经的辉煌，更激励着我们后来者扎根教育、埋头进取。

1978年，学校在广州客村原址复办，并正式组建了教育系，历任系主任有：严永晃教授（1979—1982）、黄国漳教授（1982—1988）、王锭城教授（1988—1996）、王小棉教授（1996—2006）。2006年，我接任教育系主任；2012年，我转任教育学院院长至2021年。正是有历届院系领导团结带领师生的不懈努力，才有今天教育学院的辉煌。

"面向基础教育、研究基础教育、服务基础教育、引领基础教育"是我院的显著特色，也是我们安身立命的最大优势。随着我国基础教育从普及教育走向优质教育，基于学校"改制"为普通本科师范学院以及广东"新师范"建设的需要，在上级领导的支持下，教育学院的办学定位也进行了重大调整，从中小学校长和教师的职后培训及学历补偿教育为主转到以本科教育为主，再到如今"聚焦小儿科"成为教育学院近十几年专业发展的新取向。

众所周知，三十年前，在高校林立的大广州，广东教育学院作为一所成人高校，平台低，机会少是客观现实，很多能人都设法跳槽。时任校长梁琼芳教授爱才用才的良苦用心深深打动了我。他曾语重心长地对我说，因为我们是三流高校，只有自己加倍努力做出成绩，才不会被别人看低。为了不辜负领导的信任和期待，也可能是初生牛犊不怕虎，来校5年内，我先后在《教育研究》(1990)、《中国社会科学》(1993)、《新华文摘》(1994)这三本国内顶级社科类期刊上发表论文。从此以后，还真有几个单位向我伸出了橄榄枝，其中，有高水平大学，也有教育行政部门。是一走了之，还是继续在这里坚守？对我来说成了一个问题。

曾记得，我拿着自己和爱人的商调函去找时任校长刘劲予教授，希望他同意我俩调去深圳工作。刘校长对我半开玩笑地说："你可以天天去深圳做事，但必须在我这里领工资，否则人家会说广东教育学院太不爱才了。"当年，广东高评委教育学学科组组长张人杰教授更是直接对梁校长说"凭业绩周峰应该从讲师直接晋升教授"。时任广东省教育厅厅长江海燕说我经常在珠三角传经送宝，服务中小学一线，曾送给我一个"周三角"的雅号。1992年初，时任省教育厅副厅长周国贤促成我到全国重点职中新会荷塘职中挂职任副校长，挂职期间，我帮助该校凝练出名扬全国的"产教结合、校企合一"的广东"荷塘模式"，受到领导和同行的一致好评。从此，周厅长称呼我们为"三周"（老周指周国贤、中周指周善恒、小周就指我），三人成了忘年交。

回顾过往，有些人事不禁涌上心头。必须承认广东教育学院作为成人高校，以教师培训为主，曾经研究气氛淡薄，但为了报答梁琼芳教授、张人杰教授、丁沅教授、王锭城教授等领导和前辈的知遇之恩，当年作为青年教师的我只有奋发进取，尽力为校争光。记得1990年12月，我还是一名刚硕士研究生毕业的小助教，无意间，我提交给全国教育哲学专委会年会的论文《现代人本主义教育功能观试析》在权威期刊《教育研究》发表。不久，时任校长梁琼芳教授就邀请我和舒日中副教授一起开展邓小平中国特色社会主义理论的研究。1992年，我们三人合著出版了国内第一本邓小平教育思想研究的专著——《建设有中国特色的社会主义与教育》（中山大学出版社）。那年的春天，全国正掀起学习邓小平南方谈话的高潮，该书出版可谓恰逢其时。1997年，我又协助梁琼芳教授主编了《邓小平教育思想与广东教育改革》（广东人民出版社），1999年该书荣获第六届广东省优秀社会科学研究成果奖二等奖。

1998年，我独著的《素质教育：理论、操作、经验》由广东人民出版社出版，这比1999年6月13日颁布的《中共中央国务院关于深化教育改革全面推进素质教育的决定》早了一年，该书又成为国内第一本研究中小学素质教育的专著，一年就发行了6万多册。《中国教育报》发表了《对素质教育的全方位探索》的长篇书评，时任广东省教育厅厅长江海燕亲自为该书作序。当然，有得就有失。当年就是为了赶此书稿，连续熬夜，又遇上1997年的冬天特别寒冷，当书稿交给出版社后，自己的腰都直不起来了，后被确诊为腰椎间盘突出，从此反复被它折磨，直到2012年下决心做了手术。

还是在1998年，省政府在中山召开"珠江三角洲教育现代化工作会议"，会议期间江海燕厅长对我说，广东推行教育现代化，中小学要实施素质教育，现在主要瓶颈之一是家长素质问题，希望我做些相关工作。为此，我在1999年主编出版了教子成材丛书，即《给幼儿家长的100条建议》《给小学生家长的100条建议》《给中学生家长的100条建议》。记得当时因为腰椎间盘突出毛病复发，校稿是在广州中医药大学附属医院的病房里完成的。该丛书也得到了时任教育厅厅长江海燕的高度肯定，她在序言里指出，这套丛书是"家长学校的好教材"。该丛书一经出版就被许多中小学和幼儿园选为家长学校教材，一年发行数十万册。

领导和前辈的关心和爱护，坚定了我留下来的决心。尽管这里起点低些、平台小些、机会少些。但换个角度看，自己从事的是实践性很强的教育学科，这里有省中小学校长培训中心，可以接触许多中小学校长，更方便自己深入中小学一线，只要自己努力，就能走出一条新路。另外，相较于从政而言，我认为教学和科研更适合自己的性格，后来的实践也证明了这一点。

后十年："象牙塔"外搞教研

在社会上，人们一般都把高校看作"象牙塔"，大学教师是钻进"象牙塔"的人。其实，对于地方本科师范学院而言，作为典型的应用型高校，产学研紧密结合是该类学校发展的必由之路。就我从事的教育研究内容而言，三十年的教苑生涯，大致可分为五个方面，即邓小平教育思想研究（1991—1997年）、中小学素质教育研究（1997—2005年）、中小学优质学校研究（2005—2012年）、教育学学科与专业建设研究（2012—2021年）、中小学德育研究（2021年至今），都是理论紧密联系实践的主题。当年，无论是江海燕厅长、周国贤副厅长，还是我校校长梁琼芳教授、广州大学张人杰教授，他们都比较欣赏我走出"象牙塔"，走一条不同于多数高校教师搞教育研究的新路。其实，教育科学本身就是一门实践性很强的学科，尤其是应用型本科院校的教师，只有走出"象牙塔"，才有广阔天地，才能大有作为。

研究基础教育，引领基础教育，成为我的事业追求。无论是我主持的广东省"九五"教育科学规划课题"中小学素质教育操作策略研究"，还是全国教育科学"十五"规划课题《中小学优质学校形成机制研究》，都是理论紧密联系实践，每个课题都有一百多所中小学实验学校。除了纵向课题研究注重理论联系实践外，我还主动给中小学当顾问，出点子。2000 年，应梁允胜校长邀请，我给珠海市湾仔中学设计了"德美育人模式"，提出"以德为核心，以美为载体""良药不苦口，忠言不逆耳"等理念至今对于我们追求幸福教育、幸福德育仍有启发意义。2002 年，应冯珊校长的邀请，我到广州市番禺区大石中学当教育顾问，当时这所城乡接合部的薄弱初中办学 40 多年，还没有评上"区一级学校"，针对这一现实情况，我提出"抓德育就是抓质量"，用"三全德育模式"统领学校教育教学改革，仅用 3 年时间，大石中学就评上了"广东省一级学校"，从此以后该校几乎年年拿广州市中考一等奖。"三全德育模式"与如今教育部正在全国热推的"三全育人模式"十分相似，而前者已有 20 多年的历史。

2002 年，我的论文《试论基础教育均衡发展的若干问题》在《教育研究》发表，该文是我国基础教育均衡发展研究领域引用最多的三篇论文之一。顺着该文的研究思路，2006 年，本人主持的全国教育科学规划课题"中小学优质学校形成机制研究"开题，广东省内有 120 多所中小学自愿加入课题实验，其中，改革开放先行区深圳就有近 60 所中小学加入。该课题研究报告《中小学优质学校及其创建》作为本人的博士学位论文，答辩高分通过；其核心内容又以"中小学优质学校形成机制研究"为名发表在《教育研究》上，该论文荣获 2015 年广东省哲学社会科学优秀成果奖（论文类）二等奖，这也是我校以第一作者身份获得的社科类最高奖项；2017 年，《中小学优质学校及其创建》又荣获广东教育教学成果奖（基础教育类）二等奖。同一个课题研究成果，既获省部级科研成果奖，又获省部级教学成果奖，在高校即使不是独一份，也一定很罕见。

面向基础教育，服务基础教育，对我来说，不是口号而是行动。本人多次主持横向课题研究并给学校或区域做教育规划，这更是紧密服务基础教育一线，体现了教育理论与教育实践的结合。如与英德市教育局合作完成了义务教育阶段"金种子"骨干教师素质提升项目，与广州市花都区教育局合作完成了"农村义务教育阶段小班化改革项目"和"农村初中质量提升工程项目";还曾直接给番禺区北片教育指导中心、东莞长安实验中学和凤岗华侨中学等当教育顾问。

2002年,我被聘为教育系副主任兼教科所副所长,分管教育科研。当年这是一个闲职,但我做了两件事情值得一提。第一,为了扩大广东教育学院的社会影响,我到省新闻出版局申请了一个刊号,在学校没有办刊经费资助的情况下,自筹经费创办了《新世纪教育论坛》(后改名为《广东基础教育研究》)。在公办高校,由个人到珠三角募捐一本内刊的办刊经费,估计也是头一回,没有一点教育情怀,不会有人愿意多此一举吧。这本内刊一办就是20多年,在省内外产生了一定的影响。第二,积极参与并直接推动由我国著名教育学家张人杰教授倡议发起的"广东教育沙龙"。张教授退休后,该沙龙由我与华南师范大学教科院院长黄甫全教授、广东教育学会秘书长伍柳亭研究员接手续办,前后主办了近百届,这也是广东教育界围绕教育热点、难点、痛点进行的持续时间最长、讨论问题最多、社会影响较大的学术沙龙,当年被许多同行赞誉为广东教育界一道亮丽风景,这也是张人杰教授引领广东教育研究,提携青年教师的一个创举。更惊喜的是,由张人杰教授主编,本人参编的《中小学教育与教师》一书荣获2005年广东省哲学社会科学优秀成果奖一等奖。这也是我校老师第一次获得该殊荣。

还记得,2006年暑假前的某天中午,学校钟康模书记叫我去他办公室,刚一坐下他就跟我说,学校党委决定要我出任教育系主任兼教科所所长一职,回去好好干吧。我感到太突然了,没有任何思想准备,但在其位必谋其政。接任教育系主任后,本人的主要精力自然就要放到行政管理上去,但教学、科研也需兼顾。

又十年:树人楼里探新路

尊重常识、尊重规律、尊重人性是做好管理工作的前提。把管理工作与教学工作、科研工作密切结合,把职前培养与职后培训相互协调,把学科建设与专业建设相互促进,这又是我作为"双肩挑"院长的基本追求。只有这样,才能把管理工作与教育研究、教学工作更好地结合起来并有所作为。为此,在学校领导的大力支持下,着眼于普通本科院校出人才、出成果的目标要求,本人带领全院师生转变成人高校的原有办学观念,不断进行办学模式的探索与创新,用了短短十年时间凝练出教师职前"一核四翼"培养模式和教师职后"三高一低"培训模式。因为这两个模式都诞生在教育学院所在的"树人楼",不妨说,最近的十年我在树人楼里探索新师范建设的新路子。

所谓教师职前"一核四翼"培养模式,源于2011年我院由学前教育专科改办本科。作为学前教育界的新兵,如何实现专业建设后来居上?"办小儿科,做大文章"就是在这一背景下提出来的。本人作为教育学院院长和"教育学"重点学科带头人,反复思考专业建设和学科建设如何做到"穿新鞋走新路",由我领衔的"地方本科院校学前教育专业'一核四翼'应用型复合人才培养模式的研究与实践"成为我院学前教育专业十年磨一剑的主要抓手。我院始终坚持以幼儿教育市场需求为导向,持续改进学前教育专业人才培养方案,不断探索育人模式的改革创新,坚持走"协同创新、特色发展"的人才培养新路,以应用型复合人才培养为核心,逐步形成了我校学前教育专业特有的模式,即完善理论、活动、实践等三类课程,打造教学、科研、培训等三个平台,利用课堂、课外、校外三个途径,形成早幼一体、普特融合、差异发展等三大特色的"一核四翼"育人模式(见图1)。

图1 地方本科院校学前教育专业"一核四翼"应用型复合人才培养模式结构

2011—2021年,我校学前教育的专业建设和学科建设取得了可喜的成绩。在2020年广东省重点学科中期检查时,我院学前教育专业和学科建设成就得到了组长黄达人教授(原中山大学校长)的高度评价,他认为我们这条路走对了。我院学前教育专业只用短短十年就取得了六个"广东第一":在全国公办大学学前教育专业综合排名位居2018年广东第一(根据艾瑞深第三方专业排名统计);2019年,被确认为全省学前教育专业首个"省一流专业"建设点,2021年,获评"国家一流专业"建设点并高分通过教育部师范专业二级认证;本人领衔的《地方本科院校学前教育专业"一核四翼"育人模式的探索与实践》获评2019

年广东省教育教学成果奖（高等教育类）一等奖，这也是该届全省学前教育专业唯一获奖成果，为我校在省级高等教育教学成果奖上实现了零的突破；我院学前教育专业连续多年本科生招生规模全省第一；2019年，在我院学前教育专业基础上成立了全省第一个学前教育本科学院（广东学前教育学院）；2019年，由我院发起主办的"面向未来的学前教育国际学术研讨会"，来自美国、英国、澳大利亚、日本等国的学前教育专家和我国各地（含台湾、香港）的500多位学前教育工作者参加，可谓盛况空前。这些业绩被新闻媒体和同行赞誉为"小儿科"做出的"大文章"。

所谓教师职后"三高一低"培养模式，源于2012年广东启动的新一轮基础教育"百千万"人才培养工程，我院承担了两届历时8年的"小学名校长幼儿园名园长培养项目"。本人作为该项目首席专家，基于我院几十年中小学校长和幼儿园园长培训的实践经验，结合当代职后培训的理论发展，针对广东基础教育高端人才培养的目标要求，提出了"三高一低"培养模式，具体而言，即"高端"的培养目标、"高瞻"的培养课程、"高效"的培训过程、"低重心"的培养方式。该模式着眼于培养一批师德修养高尚、专业素养精湛、人文底蕴深厚、教育视野宽阔、教育理念先进、管理风格独特、实践与创新能力强、能引领学校特色发展和品牌建设的广东名校长和名园长。该模式的基本特征是：问题导向、"一人一案"，遵循"反思实践、生成理念—践行理念、改进实践—传播理念、引领实践"的培养链，形成理论与实践双循环下的螺旋式上升的专业成长阶梯。新一轮广东省基础教育"百千万人才培养工程"两期的培养情况比较如表1所示。

表1　广东省中小学"百千万人才培养工程"培养项目对比

类别	培养人数/人	培养后晋升正高职称人数/人	培养后晋升正高职称人数占比/%	入选"三名"工作室主持人人数/人	入选"三名"工作室主持人人数占比/%
全省"百千万人才培养工程"项目	484	109	22.52	229	47.31
小学名校长、名园长项目	51	28	54.90	27	52.94

由表1可知，我院承担的"小学名校长幼儿园名园长项目"培养质量优势明显。《广东基础教育高端人才"三高一低"培养模式的研究与实践》不仅荣

获 2021 年广东省省教育教学成果奖（基础教育类）一等奖，还被广东省教育厅推荐参加 2021 年国家级教育教学成果奖的评选。

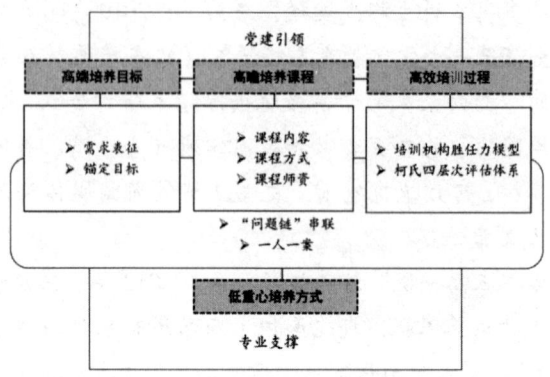

图 2　基础教育高端人才"三高一低"培养模式结构

我院独创的个性化、易复制的职前"一核四翼"培养模式和职后"三高一低"培养模式不仅双双荣获广东教育教学成果奖一等奖，而且受到国内外新闻媒体和教育同行的广泛好评。其办学成果先后在中央电视台、人民日报、中国教育报、中国教师报、中国教师、中国网、新华网、环球网、南方日报、羊城晚报、广州日报、新快报、美国波士顿地方报、广东教育、早期教育、教育导刊、教育家、师道等众多新闻媒体宣传报道。其中，2022 年 4 月 3 日，我在新华网发表的《"一核四翼"育人模式，为学前教育专业插上腾飞翅膀》，一天浏览量就突破 50 万人次。

总之，三十多年的"教苑"生涯我是尽心尽力，苦中作乐。就身体而言，我收获了 6 根钢钉，深埋于腰椎；就科研而言，我主持了十多项省级以上课题，发表论文 50 余篇，独著、合著或主编教育书籍 50 多部，荣获省部级哲社优秀成果奖 4 项、省部级教学成果奖 4 项；就教学而言，我系统讲授了"教育学""中外教育史""教育哲学""邓小平教育思想研究""中小学素质教育研究""学前教育原理"等课程，还为中小学校长（园长）和教师开设现代教育理论专题数十个；就服务基础教育而言，我主持了多个横向课题，直接为中小学设计了 4 种办学模式，为数百所中小学指导教育改革。为了表达我对"教苑"的深厚感情，2020 年，我还将自己和爱人丁静教授私人收藏的图书全部捐赠给了教育学院资料室。

在这三十多年里，我取得的每一点成绩都离不开领导、同行、同事和朋友的关心、帮助和指导；我的缺点和不足也大多被他们所包容和理解。借此机会，我要向他们深深鞠躬，以表谢意！本书是最近十年本人主持的两项教改成果之一，虽不成熟，但不妨供大家参考和借鉴，也算为我校新师范建设和"申硕"工作发挥余热，为自己带头立项的省特色重点学科"教育学"建设添砖加瓦。

不当之处，敬请批评指正。

周峰

2023年1月28日于常州漕桥

前　言

广东第二师范学院一直以来承担着广东省基础教育教师、校（园）长培训工作，在全国中小学教师培训界具有重要地位和重大影响。据不完全统计，广东省80%以上的中小学校长在我校参加过校长培训，50%以上的骨干教师在我校进行过教师培训。目前，学校设有教育部校长领航工程基地、教育部教师国培计划基地、教育部—乐高"创新人才培养计划"基地等教师培训基地，同时，广东省中小学校长培训中心、广东省级中小学教师发展中心、广东省中小学教师信息技术应用能力提升工程办公室、广东省中小学德育研究与指导中心4个省级机构也设在我校。教育学院作为广东第二师范学院的首个二级学院，长期以来承担着广东省各层次、各类别的中小学校长、园长及教师的培训任务，对于中小学教师培训有丰富的实践经验和切实的行动研究。

此次编写《基础教育高端人才"三高一低"培养模式探索》是广东第二师范学院教育学院对长期从事的中小学校长、园长培训工作经验进行的总结、反思与提炼。广东基础教育高端人才"三高一低"培养模式经过广东省中小学"百千万人才培养工程"小学名校长、幼儿园名园长培养项目历时八年的探索逐步形成。"三高一低"培养模式即"高端"的培养目标、"高瞻"的培养课程、"高效"的培训过程、"低重心"的培养方式。模式围绕"三高一低"框架生成了基础教育高端人才培养目标系统、高瞻型培养课程体系、"问题链"串联行动研究模型、培训机构胜任力模型和柯氏四层次评估体系等子模型。该模式体现了广东省基础教育高端人才培养的高水准定位、立足前沿的课程谋划、高效率的培训过程以及扎根实践、服务实践的价值取向。该模式培养了一批拔尖创新型的广东基础教育高端人才。截至2022年，51名学员中，9名学员被评为特级教师，28名学员被评为正高级教师，占学员总数的73%；27名学员被评为省级校（园）长工作室主持人，占学员总数的53%。学员共获得国家级、省级教育科研立项176项，省级以上个人教育工作奖69项、省级以上学校业绩奖项100余项；共发表论文211篇，出版著作50部，主讲县级以上讲座超过900场次，乡村教育活动参与人数达105人次。

广东基础教育高端人才"三高一低"培养模式的显著特色主要体现在以下方面：在培训价值取向上，坚持理论引领与实践优化并重；在培训内容选择上，坚持课程预设与动态生成并重；在培训组织过程中，坚持外在引导与内在修炼并重；在培训资源运用上，坚持境内资源与境外资源并重；在培训绩效评估上，坚持过程评估与结果评估并重。

围绕基础教育高端人才"三高一低"培养模式这一主题，本书共分为四篇，分别为风采篇、研究篇、实践篇、新闻篇。风采篇主要包括培训研究团队的简要介绍、培训获奖、培训活动剪影以及名家鉴定。其中，周峰教授作为项目首席专家领衔的《广东基础教育高端人才"三高一低"培养模式的研究与实践》荣获2021年广东省教育教学成果奖（基础教育）一等奖，并被广东省教育厅推荐参加2021年国家级教育教学成果奖的评选。我国著名教育家顾明远先生题词"传播先进教育理念，促进广东基础教育的发展"。

研究篇主要为中小学校长、幼儿园园长、中小学（幼儿园）教师培训实践与理论的研究和探讨。其中，重点介绍与广东基础教育高端人才"三高一低"培养模式相关的学术论文以及教师培训领域的学术论文。

实践篇包括18位参训校长、园长治校办学的实践与经验总结，是学员立足岗位进行成功探索的智慧结晶，闪耀着"双名效应"的风采，即名校长（园长）与名学校（幼儿园）得到共同发展。

新闻篇包括国内外相关主流新闻媒体，如中央电视台、人民日报、中国网、新华网、环球网、中国教育报、中国教师报、广东教育、羊城晚报，对基础教育高端人才培养模式的广泛宣传与报道。

本书的价值在于：一是锻造一支"能研究、能实践、有影响"的高素质专业化培训者队伍；二是充分发挥广东省级中小学教师发展中心、广东省中小学校长培训中心在中小学校长（园长）与教师培训方面的示范辐射与引领带动作用；三是凝练与宣传可复制、可推广的基础教育高端人才培养模式，以便更好、更快地培养广东省基础教育的领军人才、管理干部与教师队伍。

目 录
CONTENTS

第一编　风采篇 ··· 1

第二编　研究篇 ··· 11
中小学优质学校形成机制研究 ··· 13
略论"三高一低"培养模式的要素结构与实践效果
　　——以广东省中小学"百千万人才培养工程"为例 ················ 22
广东基础教育高端人才"三高一低"培养模式探索 ···················· 32
基础教育高层次人才培训机构自身特征的省思 ························ 40
走向共同体：教育家型校长培养的内在逻辑与践行模式 ············· 47
推进教育家型校长培养进程的经验反思 ································· 54
小学校长教学领导力模型建构的质性研究
　　——基于扎根理论的编码分析 ·· 60
中小学教师通识培训课程的建构 ·· 74
构建农村学校教师专业学习共同体的思考 ······························ 80
教师实践共同体：内涵、价值与形成机制 ······························ 87
实践理性视野下的教育行动研究 ··· 101
具身实践视野下的教育行动研究 ··· 112
"U—G—S"三方合力，促进区域教育优质发展 ······················ 122
挪威学前教育师资培养经验及启示 ······································ 126

第三编　实践篇 ··· 137
"绿色教育"：基于绿色发展理念的学校高质量发展探索 ·········· 139
一起来，教育更精彩 ··· 146

深度学习——学校教育的核心发展力 ⋯⋯⋯⋯⋯⋯⋯⋯⋯⋯⋯⋯⋯⋯ 153
学校特色发展策略探析
　　——以广州市花都区狮岭镇育华小学为例 ⋯⋯⋯⋯⋯⋯⋯⋯ 158
指向学校改进的自我评估与诊断
　　——"4D"模型与"4自"法则构成的独特路径 ⋯⋯⋯⋯⋯⋯ 162
让教育闪现德行的光辉 ⋯⋯⋯⋯⋯⋯⋯⋯⋯⋯⋯⋯⋯⋯⋯⋯⋯⋯ 170
让学生在舒展德育中张开生命自觉的翅膀 ⋯⋯⋯⋯⋯⋯⋯⋯⋯⋯ 176
办学亮点｜和善的种子在校园里发芽 ⋯⋯⋯⋯⋯⋯⋯⋯⋯⋯⋯⋯ 180
《小学生的抗逆力培养——以多元智能理论下的优势视角为取向》
研究报告 ⋯⋯⋯⋯⋯⋯⋯⋯⋯⋯⋯⋯⋯⋯⋯⋯⋯⋯⋯⋯⋯⋯⋯⋯ 183
以美育人，办有根的教育
　　——大埔小学客家非遗传统文化进校园的思考与实践 ⋯⋯⋯ 221
中华优秀传统文化教育的有效渗透 ⋯⋯⋯⋯⋯⋯⋯⋯⋯⋯⋯⋯⋯ 232
培育扎根学校的校园文化 ⋯⋯⋯⋯⋯⋯⋯⋯⋯⋯⋯⋯⋯⋯⋯⋯⋯ 236
校本教研促教师专业化发展 ⋯⋯⋯⋯⋯⋯⋯⋯⋯⋯⋯⋯⋯⋯⋯⋯ 244
"三研一体"：校本研修助力教师专业发展 ⋯⋯⋯⋯⋯⋯⋯⋯⋯⋯ 249
体验教育的探索与实践 ⋯⋯⋯⋯⋯⋯⋯⋯⋯⋯⋯⋯⋯⋯⋯⋯⋯⋯ 254
幼儿园教育环境建构的规划与管理
　　——以东莞市××幼儿园的教育环境为例 ⋯⋯⋯⋯⋯⋯⋯⋯ 264
组建家长社团　共绘育人同心圆 ⋯⋯⋯⋯⋯⋯⋯⋯⋯⋯⋯⋯⋯⋯ 270

第四编　新闻篇　273

"一核四翼"育人模式助推一流学前教育专业建设 ⋯⋯⋯⋯⋯⋯ 275
聚焦"三高一低"，培养高端人才
　　——以广东省基础教育"百千万人才培养工程"项目为例 ⋯ 276
探寻基础教育高端人才"三高一低"培养新模式
　　——广东省中小学德育研究与指导中心执行主任周峰访谈录 ⋯ 282
全景培养模式打造名校长 ⋯⋯⋯⋯⋯⋯⋯⋯⋯⋯⋯⋯⋯⋯⋯⋯⋯ 287
精准培训基础教育高端人才 ⋯⋯⋯⋯⋯⋯⋯⋯⋯⋯⋯⋯⋯⋯⋯⋯ 290
建设教育界的"黄埔军校"
　　——广东第二师范学院推进"百千万人才培养工程"纪实 ⋯ 293
培训应与时代接轨 ⋯⋯⋯⋯⋯⋯⋯⋯⋯⋯⋯⋯⋯⋯⋯⋯⋯⋯⋯⋯ 297
领航项目精准助力黔南教育换新颜 ⋯⋯⋯⋯⋯⋯⋯⋯⋯⋯⋯⋯⋯ 299

情系黔南：领航项目精准助力教育换新颜 …………………………… 301
黔粤携手，助力黔南教育高质量发展 ………………………………… 308
穗黔情深：矩阵式全方位教育帮扶，当好"参谋长" ………………… 311

后　记 …………………………………………………………………… 318

风采篇

第一编

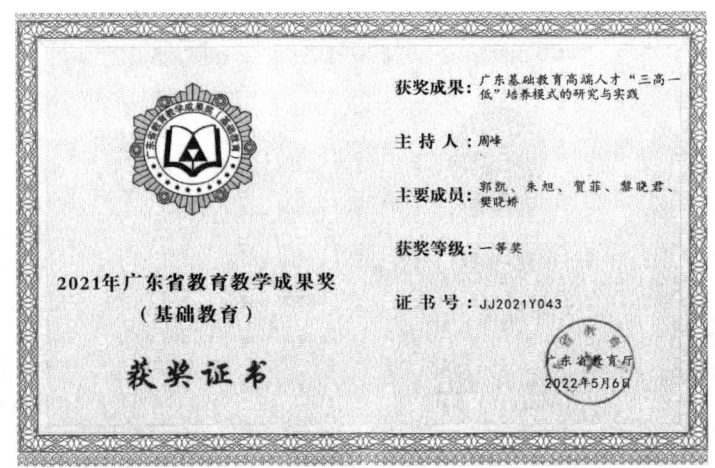

广东第二师范学院教育学院兼学前教育学院院长周峰教授主持的《广东基础教育高端人才"三高一低"培养模式的研究与实践》成果，荣获2021年广东省教育教学成果奖（基础教育）一等奖，这是周峰教授第四次荣获省教育教学成果奖。

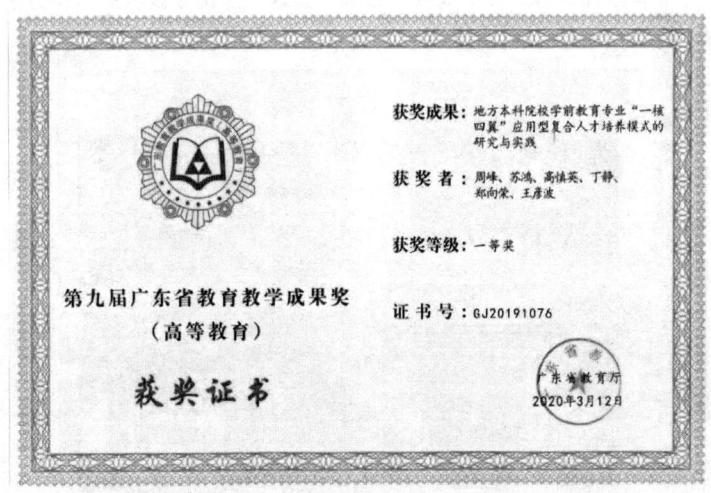

广东第二师范学院教育学院兼学前教育学院院长周峰教授主持的《地方本科院校学前教育专业"一核四翼"应用型复合人才培养模式的研究与实践》，荣获第九届广东省教育教学成果奖（高等教育）一等奖。这是该届高校学前教育专业唯一获奖成果，也是我校迄今唯一获得的广东省高教类教学成果一等奖。

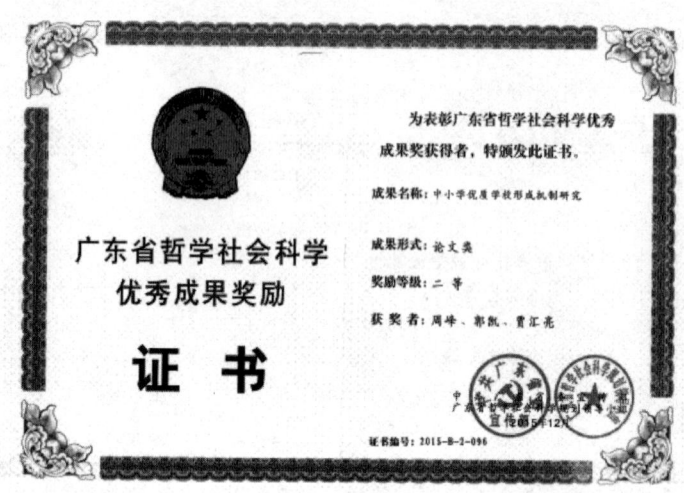

广东第二师范学院教育学院院长周峰教授主持的全国教育科学规划课题"中小学优质学校形成机制研究"最终成果——发表在权威期刊《教育研究》2012年第3期的论文《中小学优质学校形成机制研究》，荣获2015年广东省哲学社会科学优秀成果奖二等奖。这也是迄今我校教师作为第一作者荣获的广东省哲学社会科学优秀成果奖的最高奖励。

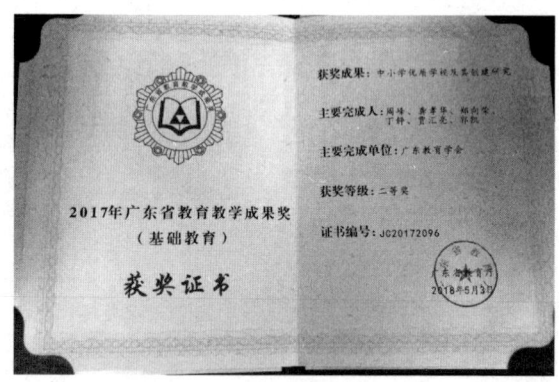

广东第二师范学院教育学院院长周峰教授主持的全国教育科学规划课题"中小学优质学校形成机制研究"最终成果——《中小学优质学校及其创建研究》（江苏人民出版社出版），荣获2017年广东省教育教学成果奖（基础教育）二等奖。同一个课题研究成果既获广东省哲学社会科学优秀成果奖，又获广东省教育教学成果奖，非常难得，也说明周峰教授坚持理论与实践结合的教科研道路走对了。

<<< 第一编 风采篇

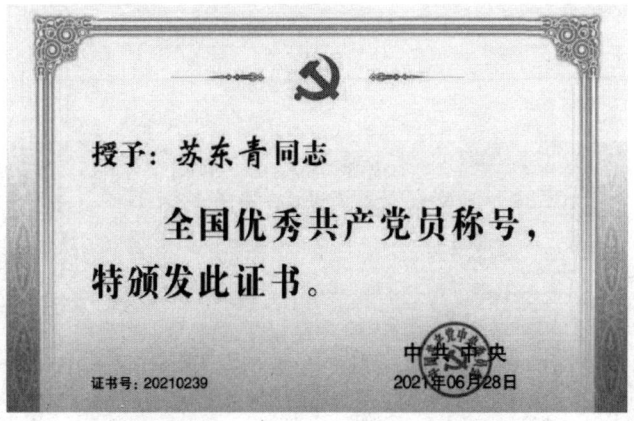

广东第二师范学院教育学院承办的"百千万人才培养工程""小学名校长幼儿园名园长项目",学员们获得了大量的荣誉,其中,潮州市城南小学苏东青校长,不仅荣获"全国优秀共产党员""全国先进工作者"称号,而且荣获"全国五一劳动奖章",并光荣当选中共二十大代表。

"三高一低"培养模式探索:以培育基础教育高端人才为追求 >>>

2018年3月,广东省"百千万人才培养工程"小学名校长在美国哥伦比亚大学出席以"交流、学习、进步"为主题的"中美校长论坛"。

2018年,广东"百千万"小学名校长学员在美国哥伦比亚大学进行为期一个月的境外研修。左图是哥伦比亚大学图书馆,右图是哈佛大学图书馆。

2016年3月,"百千万"项目第一次走进乡村教育活动(梅州兴宁)。

广东省"百千万人才培养工程""小学名校长幼儿园名园长项目"(第二批)学员期满考核合影。

著名教育家、中国教育学会名誉会长、北京师范大学资深教授顾明远先生多次来广东第二师范学院指导并题字。

"三高一低"培养模式探索：以培育基础教育高端人才为追求 >>>

2018年6月，中国教育学会名誉会长、北京师范大学资深教授顾明远先生和夫人周渠先生来广东第二师范学院教育学院指导，并与周峰院长合影。

2020年11月，在广东省新一轮基础教育"百千万人才培养工程"成果展上，广东省教育厅朱超华副厅长（左三）、广东省教育研究院傅湘龙院长（左一）为广东第二师范学院教育学院基础教育高端人才"三高一低"培养模式取得的成绩点赞。

基础教育高端人才"三高一低"培养模式的首创者周峰教授（左三）与"百千万"培养对象在成果展示会上，前排左二是中共二十大代表潮州市城南小学校长苏东青。

　　2019年11月,广东省教育厅"冲补强"项目中期检查指导组专家,上海外国语大学原校长曹德明教授(右四)、东南大学王廷信教授(左四)对我院基础教育高端人才"三高一低"培养模式给予了充分肯定,鼓励我们坚持走"面向基础教育,研究基础教育,服务基础教育,引领基础教育"的路子。

研究篇

第二编

中小学优质学校形成机制研究

周 峰 郭 凯 贾汇亮[*]

我国基础教育在经历了几十年"数量扩张"和"外延式发展"之后,已经将重心逐渐转向"质量提高"和"内涵式发展"。当前,优质教育资源不足的问题日益凸显,着眼于教育公平的"均衡"与着眼于教育质量的"优质"已成为基础教育发展的基本价值追求。然而,我们在中小学优质学校创建过程中,由于忽视对优质学校形成机制的研究,在优质学校建设中出现诸多误区,如"优质学校目标的功利化现象,优质学校建设的贪大求洋现象,优质学校内容的同质化现象,优质学校评价的行政化现象,创建优质学校的唯条件论现象,把优质学校的现实态和理想态'混同'现象等"。[①] 大力推进我国中小学优质化进程,离不开教育政策的强力扶持和校长素质的不断提升,但更需要遵循科学发展观建设优质学校,而当务之急是深入探讨中小学优质学校的形成机制。那么,什么是优质学校的形成机制,优质学校的形成到底包含着哪些机制呢?本书着重对这些问题进行探讨。

一、优质学校形成机制的内涵

当前人们对"什么是优质学校""如何创建优质学校"进行了大量研究,如美国威斯康星州为推动优质学校建设,从办学理念,领导能力,学生的学业成就,学生的道德品质,家庭、学校、社区的伙伴关系,教师的专业发展水平,收集信息的能力等七个方面提出了基础教育成功学校的评价内容与标准。[②] 艾伦·布兰克斯坦提出了创建优质学校的六个原则,即共同的宗旨、愿景、价值

---

[*] 作者简介:周峰,广东第二师范学院教育学院教授,博士;郭凯,广东第二师范学院教育学院教授,博士;贾汇亮,广东第二师范学院网络研修学院教授,博士。该文发表于《教育研究》2012年第3期。

[①] 周峰. 中小学优质学校及其创建研究 [M]. 南京:江苏人民出版社,2011:195.

[②] 侯威. 美国威斯康星州基础教育成功学校的评价 [J]. 世界教育信息,2005(8):25-27.

观和目标，确保所有学生学有所成，以教和学为中心的合作团队，利用数据指导决策和可持续发展，赢得家庭和社区的积极参与，发展可持续的领导力。① 北京十一学校校长李金初总结了学校成功的七个基本因素：一位优秀的校长、一支一流的教师队伍、先进的理念与共同价值观、充满活力的体制与机制、逐步优化的生源、不断改革创新、良好的硬件条件与资源。② 这些研究为我们深入分析优质学校的创建路径提供了有益的启示。基于对众多优质学校的考察和经验分析，笔者认为，学校的办学理念、共同愿景、管理制度、办学行为、学校文化是优质学校形成最基本的要素，它们在优质学校的创建过程中相互影响、"分工合作"，扮演着自己独特的角色。同时，学校并不是社会的一个"孤岛"，它既是社会大环境的一部分，又深受社会环境的影响，特别是受国家的教育政策与法律的影响。本书侧重于对上述学校内部各要素之间的关系与作用进行阐述，学校赖以生存的外部社会环境（包括教育政策因素）对创建优质学校的影响在此不做详细讨论（见图1）。

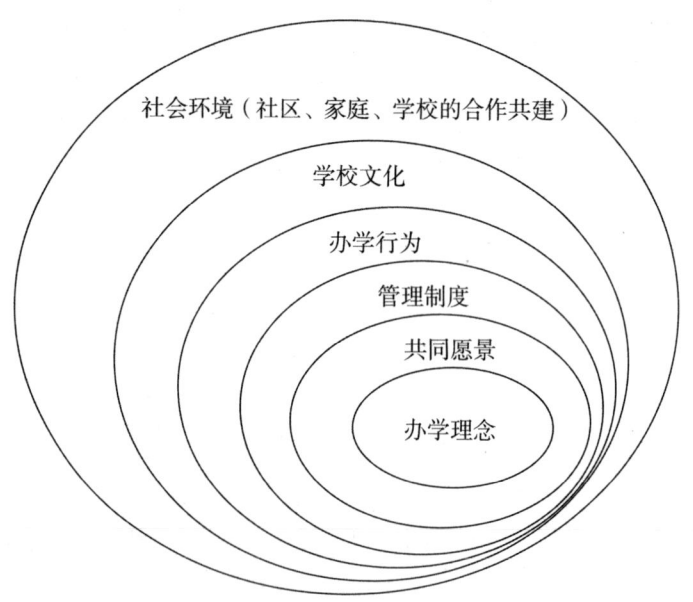

图1 优质学校形成机制要素结构

办学理念是学校的方向标，是学校发展最重要的战略问题。然而，在一些校长看来，学校办学理念是一个"虚"的问题，并没有引起他们足够的重视。

---

① 布兰克斯坦. 创建优质学校的6个原则 [M]. 上海：华东师范大学出版社，2007：2-4.
② 李金初. 学校的根本价值存在是文化存在 [J]. 人民教育，2009（17）：27-29.

在现实的学校生活中，如果校长崇尚民主的价值观念，那么教师、学生和家长就更愿意参与学校的管理，乐意尽力为学校提供服务；如果校长推崇自由的价值理念，那么学校在制定各种规章制度时就会给教师的教育教学和学生的学习提供尽可能多的选择，并为其创造和提供条件；如果校长将学校的绩效作为首要考量，那么学校就会尽量以较小的办学成本获取较大的效益；如果校长重视和强调以人为本，那么学校就会尽量满足师生员工的需要，充分调动他们工作和学习的积极性。校长不仅要脚踏实地，更要有想法和思路，想法决定做法，思路决定出路。

学校的共同愿景是学校所有师生员工为之奋斗希望达到的图景，包括学校使命和学校目标。学校愿景首先是以未来为取向的，愿景基于现实，又高于现实，但它绝不是现成的事实；学校愿景带有一定的预期性，通过学校师生员工的共同努力，学校使命和学校目标都有可能实现；学校愿景是可以想象的，是学校发展的蓝图，它带给学校师生员工一定的憧憬，同时又不是"空中楼阁"，学校通过一期又一期的规划，通过对短期目标、中期目标、长期目标的连续设置，让师生员工预期到学校今后发展的模样；学校愿景应该具有可沟通性，这是学校愿景作为一种组织愿景实现的一个重要前提，它不同于个人愿景，必须得到大多数人的认同或者一致认同，要得到认同，学校愿景必须具有可沟通性，要做到具有可沟通性，学校愿景必须以显性知识而不是缄默知识来呈现。学校愿景正因为具有如上特性，才有助于师生员工达成共识与向心力，也便于大家明确努力的方向。

学校制度是实现学校奋斗目标的重要组织保障，是将学校的办学理念、共同愿景转化为办学实践的重要环节。首先，学校制度可以对师生员工的行为起引导的作用。需要强调的是，学校制度不是要约束和控制师生员工的行为，方便学校和校长的管理，更不是对师生员工进行管、卡、压，从根本上来说制度是为了师生员工的共同发展。换言之，制度对师生员工行为的规约不是为了制度本身，而是对师生员工具有重要的教育意义与价值。其次，学校制度能够极大地激励人、鼓舞人，有助于营造让人想干事、能干事、干成事、干好事的局面与氛围。一项好的学校制度必然是让师生员工想干事、多干事、干好事的制度。作为学校校长的首要任务之一便是带领广大师生员工制定学校规章制度。一个好校长必然是能够制定出好制度的校长。无论校长领导学校还是管理学校，都必须以制度为依据。如果学校没有规章制度或没有健全的规章制度，那么当一个"好"校长退休后，学校是难以实现可持续发展的，学校的发展也是极不稳定。此外，学校制度有助于师生员工养成"按制度办事、按规则办事"的习惯，提高学校效率和效能，有助于简化学校人际关系，促进学校公平，确保学校的正常教育教学秩序。

办学行为是践行学校办学理念、实现学校共同愿景的重要行动保障，也是检验学校制度好坏的重要标尺。一般来说，在一个民主法治的社会里，办学行为应该在国家的法律政策以及学校的规章制度之下展开，只有这样才能保证学校办学的正确方向，才能实现学校的共同奋斗目标。一所学校即使办学理念先进、愿景宏大和令人鼓舞，如果不能落实到各项办学行为中，那么所有理念和目标都会落空。校长不仅要"仰望星空"，也要脚踏实地、真抓实干。当前，有的校长不是没有"想法"，不是没有"点子"，就是不去想办法将这些"想法"或"点子"落到实处；有的校长今天一个"主意"，明天一个"想法"，弄得师生员工无所适从。此外，学校可能会出现理念先进、目标明确、制度健全，但就是不执行或出现执行偏差的情况。通常来说，学校执行偏差存在以下几种情况：一是象征式执行，执行只重视做表面文章和形象包装，而忽视深层问题的解决；二是附加式执行，人为地附加了与学校发展目标背离的其他内容；三是残缺式执行，学校制度内容只有部分被执行，其余则被"遗忘"；四是替代式执行，师生员工用自己的一套"制度"替代既定制度；五是观望式执行，学校制度执行主体或因疲于应付具体事务，或担心师生员工的抵抗，或因自身私利受损等原因，导致行动迟缓、思想犹豫、心理矛盾，对制度执行被动消极；六是机械式执行，师生员工不能根据学校的实际情况进行制度变通；七是规避式执行，执行分工不合理，权责不明确。无论是哪种偏差都有可能导致学校理念、学校目标和学校制度的虚置，在执行学校的各项规章制度中必须尽量避免这些偏差，真正做到方按制度行事。

学校文化既涉及办学理念和共同愿景，也涉及学校制度和办学行为。学校文化的传承仰赖学校教育，学校教育质量在很大程度上受制于学校文化。学校文化的核心是学校师生员工的价值观和意义体系，这种价值观是经过学校一代又一代师生员工的长期努力沉淀下来的，具有较强的稳定性和历史积淀性，可以说，学校与学校之所以不同，或者说，为什么有些学校办学很有特色而有些学校却平淡无奇，在相当大程度上是因为学校文化的不同。优质学校的创建过程，在本质上是学校组织变革的过程，关键在于文化的重建。学校文化具有学校其他要素无法替代的功能。良好的学校文化能够对师生员工产生潜移默化的影响，可以创造一个以校风、学风、文化传统、价值观念、人际关系等方式表现出来的高度的观念形态，对学校的各个方面起着指导性的作用。良好的学校文化可以创造与其观念体系相适应的优美、整洁、有序的学习、工作和生活环

16

境，又对生活于其中的师生员工起着陶冶情操与规范行为的作用。良好的学校文化能够激发师生员工对学校愿景、目标乃至策略的认同感，能够增强师生员工的使命感、自豪感和归属感。

办学环境在学校优质化过程中起着十分重要的作用。对受教育者而言，与遗传因素相比较，环境在人的发展中起更重要的作用。对学校而言，学校内部的各要素如何发挥最佳作用，涉及学校所处的社区、家庭资源的最优化利用。社区、家庭与学校的和谐相处和资源整合，可以使学校教育的主导作用发挥得更好，使社会教育、家庭教育和学校教育三股力量形成合力，产生共振效应。

二、优质学校形成的基本机制

（一）明确而独特的办学理念是优质学校形成的导向机制

明确而独特的办学理念是一所学校成为优质学校的首要条件。众所周知，办学校要遵循教育规律，而教育又是一项既讲科学的共性又讲艺术的个性的事业。国家、社会和家长都认同的优质学校，关键在于其有一个具有适切性、明确性、有特色的办学理念。办学理念具有导向功能、规范功能、凝聚功能，但要实现这些功能并不是无条件的。首先，学校的办学理念应该明确，不能含糊其词，让全校的教职员工能够理解学校的教育教学、管理、后勤服务工作究竟是为了什么，让大家心往一处想，劲往一处使，使大家能够看到前进的方向，看到学校的教育事业有奔头。其次，学校的办学理念应该独特，不要千校一律。现在许多学校提出的办学理念大同小异，曾出现口号化和时髦化的现象，也有的学校将办学理念政策化，往往将国家的教育方针或者领导人的题字当成学校的办学理念。学校的办学理念要考虑到国家的大政方针、教育发展的外部大环境，紧紧抓住学校发展良好的外部机遇，但更要考虑学校自身的实际情况，扬长避短，提出切合自身实际的、独具特色的办学理念。

一所学校没有明确而独特的办学理念，就不可能成为一所真正的优质学校。陶行知先生创办的育才学校、晓庄师范学校远近闻名，是生活教育、平民教育理念使然；中国人民大学附属中学创造了国内中学无数个"第一"，是"尊重个性，挖掘潜力，一切为了学生的发展，一切为了祖国的腾飞，一切为了人类的进步"的办学理念使然；江苏省洋思中学曾经以"三流的硬件""三流的师资""三流的生源"创造了一流的办学业绩，是"没有教不好的学生，让每一位家长满意"办学理念使然；北京市第四中学为社会输送了大量政治界、经济界及文化界的精英人才，是"崇尚科学、追求民主、全面发展、学以致用、终身学习、

17

服务社会"办学理念使然。

（二）清晰而共享的学校愿景是优质学校形成的动力机制

愿景是一个组织的领导用以统一组织成员的思想和行动的共同信念，是对学校未来愿望或理想的陈述。愿景不是对学校现有条件和发展趋势的分析，而是一种超越事实但又不忽视事实的信念的创造性跨越，它界定着将创造什么而不是将实现什么。① 学校愿景的表达应该清晰，以利于大家共享、共同追求。为了达成清晰、共享的学校愿景应做到如下两点。第一，既然愿景需要大家的共同信守，那么愿景就必须是集思广益的，是分享的，是共同创造的一种大家普遍认同的、清晰的、一致性的陈述。正因为如此，圣吉提出共同愿景的建立是从鼓励个人愿景开始，进而塑造整体图景，其中包含自我超越、心智模式、团队学习以及系统思考的互动历程。② 在这个过程中，大家通过沟通与分享建立起的共同愿景可以更好地发挥激励作用。建立共同愿景不是一蹴而就的事，需要做许多细致的工作，是一个漫长的过程。第二，学校愿景要能够转化为具体的办学目标，成为引导师生员工的一面旗帜。学校确定了自己的愿景后，更重要的是建立能使这种愿景成为现实的办学目标。基于学校愿景建立的办学目标应该高远、全面。高远就是要致力于培养学生立大志、做大事的气魄；全面就是既要培养学生参与社会生活的能力，如健康的体魄、丰富的知识和熟练的技能，也要培养学生参与社会生活的品质，如美国联邦教育部正在推行的"新型美国高中"项目，项目校的培养目标是"所有学生既达到具有挑战性的学业标准，又获得交流、解决问题、计算机和其他技术技能，以便既能升学，又能就业，成为21世纪信息化、全球化社会中负责任的成员"③。

（三）完善而合理的管理制度是优质学校形成的保障机制

一所学校怎么发展、发展成什么样、发展路径如何，会深深地打上校长个人的烙印。我们认同"一个好校长就是一所好学校"，这是研究中小学优质学校形成机制需要认真考虑的一个现实因素；我们更认同"一个好校长走了之后，这所学校还是好学校"，这意味着学校要制定完善而合理的管理制度。一般来说，完善而合理的管理制度具有以下特征。第一，保证校长对课程和教学的有效领导。学校要通过制度保证校长对课程与教学的持续关注，因为课程和教学是学校发展的核心环节。现在，有的校长忙于各种社交活动，他们认为学校教

---

① 赵中建.学校发展规划框架解析［J］.上海教育科研，2006（8）：27-29.
② 圣吉.第五项修炼：学习型组织的艺术与实务［M］.上海：上海三联书店，1998：6-13.
③ 王定华.美国：新型高中采取十项措施［J］.上海教育，2003（5）：54-56.

学有专门主管教学的副校长和年级组长管就行了。这种观点和做法是有失偏颇的。"正校长进课堂和副校长进课堂抓的侧重点是不一样的，副校长抓的是执行，正校长抓的是整个学校的办学方向"，"学校的最高首长不抓学校最核心的业务，说句难听的话叫不务正业"①。用短短三年时间把一所极为薄弱的学校，打造成上海首屈一指的优质名校的上海市静安区教育学院附属学校校长张人利认为，"校长的课堂教学指导能力是校长最基础、最核心、最重要的能力"，"在学校课堂教学改革的操作层面，校长的教学领导力首先体现在校长对课堂教学的关注程度、热情程度和参与程度上，只有植根于课堂、立足课堂的教学领导才是一种真正的领导"②。第二，保证学校内部的有序竞争。通过管理制度的设计打破学校组织的保守性，激发学校内部人员的适度竞争意识是优质学校创建的关键。以江苏省洋思中学为例，为了增加竞争的活力，学校实行了"分校制"，一个年级设两个分校，全校六个分校。分校之间既要合作，更要竞争，学校定期评选最佳分校，予以表彰奖励。"分校制"的实施，极大地提高了学校内部的活力，为创建优质学校创设了组织基础。③ 第三，形成合理的绩效考评制度。"干多干少一个样，干好干差一个样"的管理制度是优质学校创建的主要障碍。从优质学校的形成规律来看，合理的绩效考评制度是激发学校发展活力的重要前提。有的学校因为没有合理的绩效考评制度，面临工作任务分配不下去，教师工作热情低等一系列问题。目前，事业单位人事制度改革为中小学形成合理的绩效考评制度提供了契机。

（四）规范而务实的办学行为是优质学校形成的运行机制

创建优质学校是一项系统工程，不可能通过简单复制他校经验来完成。优质学校绝不是靠盲目模仿或照抄照搬就可以形成的，他校的成功经验只有经过"校本化"改造后才能产生实际效果。任何一所优质学校的形成都要依赖规范而务实的办学行为，这种办学行为具有以下一些典型特征。第一，"双重倾斜"。"双重倾斜"是指学校办学应该向教师倾斜、向教学倾斜。毋庸置疑，教师是学校发展的第一人力资源，教学工作是学校的中心工作，要搞好学校的教学工作，必须有一支爱岗敬业、素质过硬的教师队伍。南京师范大学附属小学之所以名声在外，是因为有斯霞等一批名师；南通师范学校第二附属小学之所以闻名全国，是因为有李吉林等一批名师；北京第二实验小学之所以有名，是因为有霍

---

① 褚宏启. 校长领导力的提升 [J]. 中小学学校管理, 2008 (9).
② 张人利. 聚焦有效教育的十年 [M]. 北京：人民教育出版社, 2009：131-133.
③ 周峰, 贾汇亮. 英、美优质学校创建的基本趋势及启示 [J]. 中国教育学刊, 2009 (3)：51-54.

懋征、李烈等一批名师。要培养名师，学校就必须有一整套服务、鼓励和支持教师成名的制度，必须为教师成长、成名创造良好的条件。"双重倾斜"的措施主要包括三个方面，即在教育经费上给予倾斜，在精神奖励上给予倾斜，在学习进修上给予倾斜。第二，"实践取向"。"实践取向"是指学校办学能够以学校具体情景为基础，以解决学校发展面临的实际问题为核心。譬如，20世纪90年代初，在思想大解放的环境下，许多学校面临经费不足、自主权有限而导致学校发展受到阻碍的实际情况，北京市十一学校校长李金初率先尝试"学校国有、校长承办、经费自筹、办学自主"的办学体制改革，从而使学校面貌发生了重大变化。南京市溧水区东庐中学曾经面临生源差、教师差、条件差、地理位置差等问题，甚至到几乎被撤并的境地，但他们通过不懈的学习和努力，创造了以"讲学稿"为载体的教学合一新模式，闯出了一条"改薄创优"的新路径，使学校由一个默默无闻，面临撤并的农村薄弱学校迅速成长为全国知名学校。① 第三，"以生为本"。"以生为本"是指学校办学要形成正确的学生评价观，把促进学生健康成长作为学校办学的应然追求。"教育的重要性不是要对学生进行比较，而是要帮助学生达成课程目标。重要的是实现目标而不是比较学生。"② 这种论述可促使我们反思"优质学校"的评价问题，即真正意义上的优质学校不一定是考试成绩最好的学校，而一定是最大限度为每个学生的发展创设必要条件的学校。第四，"拓展资源"。"拓展资源"是指学校办学要善于利用家庭和社区的力量。学校与家庭、社区的合作有利于增进社会与家庭对学校所做出的努力及其面临困难的理解，从而吸引更多的公共支持，包括对学校与教师工作做出公正的评价，肯定他们的成绩，对学校投入更多的资金。合作也有利于增进社会对学校与教师的信赖、宽容，社会更倾向于以放权而非加强管制的办法来对待教育，这将有利于学校行使自主权，调动学校与教师的积极性，从而改进学校的工作。

（五）追求卓越的学校文化是优质学校形成的引领机制

当前在学校建设过程中，一方面要继续加强学校的物质环境建设和制度建设；另一方面更要注意这些建设背后蕴含的教育意义和教育价值，要尽量避免实用主义、功利主义、学历主义、升学主义的负面影响。学校的设施设备先进、现代，并不代表学校文化先进，重要的是，无论学校环境的美化、净化，设施

---

① 周峰，郑向荣. 优质学校形成规律探索：从"洋思"到"东庐"[M]. 南京：江苏人民出版社，2009：7-8.
② 艾斯纳．本杰明．布卢姆：1913—1999[J]. 教育展望（中文版），2001（3）：105-112.

设备的更新换代,还是制度的建立健全,对师生员工而言都要有教育意义,不能有负面性,更不能有反教育性。有学者指出,学校"追求现代化,却见物不见人,见事不见学生,或追求学校实验室的'现代化',或追求学校环境的'现代化',或追求教育口号的'现代化'……这种脱离常态的教育大多带有功利性,也必然会以失败告终"①。

追求卓越的学校文化对优质学校的形成具有引领作用。校风育人是关键,把校风的导向作用、动力作用和保障作用凸显出来,从校风建设入手,是开展优质学校建设的重要举措。优良的校风,有着强大的同化、激励和约束功能。只有以良好校风为保证,学校才能形成全面育人、全程育人和全员育人的新格局、新机制。良好的政风、教风和学风是互相影响、互相渗透、相辅相成、相得益彰的。良好的政风带出了良好的教风,良好的学风和教风对政风也有促进作用,三者互融互动,汇合成良好的校风,铸造出巨大的"校风磁场",产生强大的"磁场效应"。这种效应在教学工作上体现为强大的向心力和内驱力,在教学管理上体现为强大的同化、序化、强化和优化功能。由此可见,"一套共同的价值观,独特的学校氛围或学校文化对学校发展起到意想不到的作用,甚至超过正式的制度和那些繁文缛节"②。

[该文荣获广东省哲学社会科学优秀成果奖(论文类)二等奖。]

---

① 时晓玲,程红兵.从批判者到建设者的跨越[N].中国教育报,2008-10-28(5).
② 盛冰.学校变革的一般理论及其反思:社会资本的视角[J].教育学报,2007(4):45-50.

略论"三高一低"培养模式的要素结构与实践效果

——以广东省中小学"百千万人才培养工程"为例

朱 旭 周 峰 郭 凯 贺 菲 黎晓君*

  教育部等八部门在关于印发《新时代基础教育强师计划》的通知中明确指出:"全面深化新时代教师队伍建设改革,加强高水平教师教育体系建设,培养造就高素质专业化创新型中小学教师队伍。"① 广东省中小学新一轮"百千万人才培养工程"是广东省教育厅重点投入以打造基础教育高层次领军人才为目标的长期培养项目,小学名校长、幼儿园名园长培养项目是其中的一个子项目。该项目学员的遴选指标包括政治思想素质、学历、任职年限、职称、参加培训和考核情况、治校能力、研究成果等。针对当前基础教育教师培训中存在的突出问题,广东第二师范学院经过两批小学名校长、幼儿园名园长培养项目的行动研究,聚焦高素质专业化创新型教师的培养,践行教师培训的理论建构,逐渐完善了个性化的基础教育高端人才"三高一低"培养模式。

一、问题的提出

  教师培训主要存在以下突出问题:第一,实效性不强,突出体现为项目"内卷"化,即培训项目设置及实施发展到一定阶段后,由于常规惯性及组织闭环等原因,内部呈现重复既有路径、自我禁锢缠绕、无法打破常规进入更高级模式的一种状态。具体表现为以下几点。第一,培训对象模糊化、目标笼统化、

---

* 作者简介:朱旭,广东第二师范学院教师教育学院副教授;周峰,广东第二师范学院教育学院教授,博士;郭凯,广东第二师范学院教育学院教授,博士;贺菲,广东第二师范学院学前教育学院讲师,博士;黎晓君,广东第二师范学院学前教育学院讲师,博士。该文发表于《中国教师》2022年第9期。

① 教育部等八部门关于印发《新时代基础教育强师计划》的通知 [EB/OL]. (2022-04-11) [2022-04-17]. http://www.moe.gov.cn/srcsite/A10/s7034/202204/t20220413_616644.html.

课程宽泛化、模式简单化、功能单一化、管理凝滞化等。第二，教师专业成长获得感弱。教师在培训过程中难以在知识技能、情感关系、价值意义等方面产生实实在在的获得感，存在知识技能未能提升、情感关系未能增进、价值意义未能澄清等问题。第三，研究学理不深。既有的教师培训研究中，经验性的介绍、实用性的方法和零散的工作反思居多，有关教师培训的理论基础、操作范式、流程工具等研究偏少。

二、基础教育高端人才"三高一低"培养模式的理论依据

基础教育高端人才"三高一低"培养模式主要有以下四个理论依据。第一，成年人质变学习促成培训设计。培训设计应着眼于成年人学习的特点，促成学员始于经验、基于问题、用于实践的持续发展状态。第二，高瞻课程促成培训课程的生成。培训课程以关键经验、关键问题作为主要学习内容，以对话、行动和反思作为基本教学组织形式。第三，行动学习促成培训方式的推进。培训实施方式贯彻融合聚焦问题、学习知识、分享经验、集体研究和实际行动"五位一体"的行动学习精髓。第四，柯氏四级评估模型促成培训评估的落实。培训评估从过程评价与结果评价、学术成果评价与实践表现评价、个体评价与团队评价、循证评价与增值评价等多维度进行全面综合的评价。

三、基础教育高端人才"三高一低"培养模式的要素结构

基础教育高端人才"三高一低"培养模式即"高端"的培养目标、"高瞻"的培养课程、"低重心"的培养方式、"高效"的培养过程[1]。"三高"体现高定位、高水准、高效率，"一低"体现精准培训的实施理念以及扎根实践、服务实践的价值取向。

（一）高端的培养目标

1. 需求表征，问题导向

研究者通过资料分析法、可视化工具给学员进行群体画像，准确把握学员群体特征，归纳共性需求。通过问卷调查法、访谈法、SWOT 分析法等从校（园）长自身能力现状、专业发展需要和学校管理遇到的问题等方面了解学员个性需求，进行个体精描。一般而言，一名优秀的校（园）长的成长过程要经历预备期、适应期、称职期、成熟期和超越期五个阶段。该项目学员正处在成熟

---

[1] 朱旭，周峰，郭凯，等．广东基础教育高端人才"三高一低"培养模式探索[J]．基础教育论坛，2021（12）：25-29．

期。成熟期的校（园）长处在学校固有模式管理和自我修炼的高原期，其具体表现为学校变革的愿景不明、自身能力发展难以突破、对外界环境变化难以做出敏感而高效的应对等。超越期便是学员的最近发展区。抵达超越期的校（园）长可形成应对复杂教育环境的学校管理的灵活范式，具备教育家的素养和格局。

2. 锚定目标，分段培养

围绕校（园）长超越期的发展需求，基础教育高端人才培养旨在造就一批思想先进、视野开阔、精通教育、精于管理、勤于实践、善于创新、引领示范、创建品牌，并在国内享有较高美誉度和辐射力的教育家式的小学名校长与幼儿园名园长。依据此高端培养目标，聚焦"校（园）长领导力提升与学校改进"这一培养主题，厘清"在反思中定位自我、在行动中发展自我、在展示中实现自我"的培训主线，研究者按照"理论导入、技术引导、实践辅助、智慧行动"四个步骤设计分阶段、分重点的基础教育高端人才培养目标系统（见图1）。

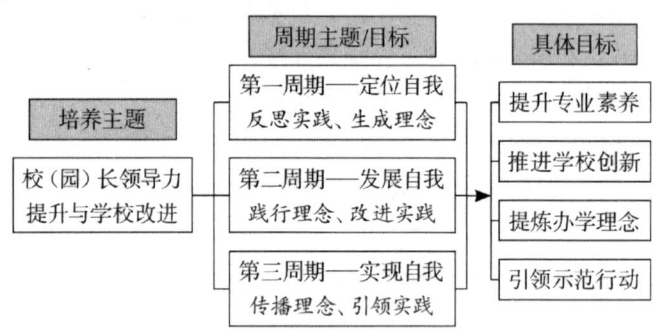

图1 基础教育高端人才培养目标系统

（二）高瞻的培养课程

依据高端人才培养目标，结合学员的"共性"特征和"个性"特质，研究者建构了以增进理论修养和综合素养、开拓教育视野和办学思路、提升实践创新能力与活力为重点，以理论与实践双向互动、发展性与辐射性相互融通为特色的高瞻型课程体系。该体系遵循学习进阶（Learning Progressions）的思路，遵循用"以时间为纵轴、凸显梯度变化，以主题为横轴、凸显内容变化"的原则搭建，强调"主动学习""在活动中学习""在获取关键经验中学习"。依据项目实施的需要，细化出高瞻型培养课程内容体系、高瞻型培养课程方式体系和高瞻型导师团队。

1. 高瞻型培养课程内容体系

高瞻型培养课程内容体系按照研习类型的不同分为集中理论研修、岗位行动研究、名校浸润交流、示范引领带学、课题合作研究五个模块。针对每个模块的研习特点，设置与之匹配的课程内容（见表1）。

表1 高瞻型培养课程内容体系

课程模块	课程内容
集中理论研修	围绕规划学校发展、营造育人文化、领导课程教学（领导保育教育）、引领教师成长、优化内部管理、调试外部环境、拓展教育视野、提升科研素养等主题开设理论研修课程
岗位行动研究	将学员所在学校设为内培基地，以"融自我反思、小组协同和导师引领为一体"的共同体研修形式，围绕学校现状分析、问题诊断、难点攻破、学校改进、特色创建等主题，开展岗位行动研究
名校浸润交流	围绕多区域名校风采、名校文化、名校办学智慧、名校品牌建设、名校办学问题破解、名校办学难点攻破、名校（园）长成长历程、名校（园）长教育思想等主题，进行浸润式学习交流
示范引领带学	与区（县）教育局合作，围绕"（内培）基地带学"、广域（域内或跨域）传播、研修成果展示等主题，带动域内其他学校及校长的共同发展
课题合作研究	围绕学校龙头课题、特色课题等主题，引导课题研究有序展开，推动科研引领学校发展和成果促进学校进步

该课程内容体系强调主动、生成和拓宽视野。在课程设计上注重着眼学员和学校需求，以现有经验为基础，结合国内外教育前沿与趋势，突出教育改革的重难点问题，通过多样化的学习与多样性的活动，促生多元化的思维视角和实践智慧。

2. 高瞻型培养课程方式体系

基于学习进阶的考虑，高瞻型培养课程方式体系以课程模块为横向，以周期为纵向，设计不同的课程实施方式，体现学习难度的进阶及自我成长的进阶（见表2）。

该课程方式体系的周期列体现从定位自我、发展自我到实现自我的个人年度专业成长轨迹。体系横向遵循"反思实践、生成理念—践行理念、改进实践—传播理念、引领实践"的培养链，形成理论与实践双循环下的螺旋式上升的专业成长阶梯。

表 2　高瞻型培养课程方式体系

周期	集中理论研修	岗位行动研究	名校浸润交流	示范引领带学	课题合作研究
第一周期	明确发展目标 制定个人规划	学习发展诊断 学校诊断	名校文化考察 名校考察报告 整合行动计划	学员讲堂论坛 主题演讲 论坛沙龙	科研兴校战略 寻找龙头课题 拟定研究方案 学校改进计划
第二周期	促进个性成长 匹配理论学习 开拓国际视野 强化读书交流	学校改进行动 注重过程方法 资料收集 成果生成	境外文化纪行 境外名校 考察报告 整合行动计划	学员风采展示 主题演讲 区域经验交流	院校合作推进 专家定期指导 课题交流展示 个别咨询指导
第三周期	展示中促发展 高峰对话 名专家论坛 名校（园） 长论坛 论文答辩	反思调整提升 学校特色建设 学校改进报告	境外文化纪行 境外名校考察 报告 整合行动计划	见证成长超越 论文发表 课题立项 专著出版	成果提炼升华 深化课题研究 促进实践改进 课题结题报告 生成创新成果

3. 高瞻型导师团队

导师确定的主要依据是符合该专题需要且具有优质授课水准的高水平导师，既能代表该课程研究的前沿水平，又具有课堂领导力。高瞻型导师团队由境内外知名教育学者与优秀实践专家构成。

（三）低重心的培养方式

低重心的培养方式强调培养重心回归办学实践，以问题为导向，深耕教育实践，形成问题解决的学校变革体系。

1. "问题链"串联

焦点讨论法（Focused Conversation Method）源于约瑟夫·马休斯（Joseph Mathews）在"二战"后创立的一种艺术对话形式，后发展为一种聚焦中心的讨论组织与问题设计方法[①]。受此启发，通过导师引导学员、协同学员共同体在各阶段的培训中以问题为导向，以问题解决为结果，运用焦点讨论法和深度对话

[①] 孙渊. 焦点讨论法：实现有效课堂讨论的新思路[J]. 现代教育科学，2015（2）：116-118，141.

法的原理，形成了"问题链"串联行动研究模型。

第一步，催生焦点问题。首先，导师运用"头脑风暴"的方式，启发学员尽可能多地写出各类问题；其次，将问题按照客观性问题（事实层面）、感受性问题（体验层面）、解释性问题（理解层面）和决策性问题（实践层面）的ORID模式[①]的四个层级进行筛选、归类和排序。排序靠前的问题确定为焦点问题。第二步，阐述焦点问题。焦点问题的阐述可以从"问题是什么""问题属于哪个学科领域""问题是由什么原因造成的""影响问题解决的因素是什么"等几个方面进行。第三步，学习相关理论知识。根据焦点问题所属的学科领域，进行相关理论知识的学习。第四步，共同反思实践经验。导师组织学习共同体进行讨论研究，学员逐一分享自己的实践经验，就焦点问题提出自己的解决方案。第五步，进行深度对话。深度对话是焦点讨论法效果达成的关键，其运用策略主要是多重对话和视域融合。第六步，制定问题解决方案。问题解决方案的分析工具包括关联图法、亲和图法、系统图法、矩阵图法、PDPC法、箭形图法等。第七步，执行问题解决方案。第八步，达成问题解决。

2. 一人一案

秉持精准培养的理念，项目采用"一人一案，因校施策"的培养方式。此"案"为一系列方案包，主要有个人专业发展计划、学校改进行动研究方案、个性化的研究问题集、个性化的选修课程组、个性化名著阅读篇、个性化课题研究域、个性化导师指导等。

（四）高效的培养过程

1. 高效管理：培训机构胜任力模型

培训机构胜任力关乎基础教育高端人才培养项目的实施质量。研究者研制出培训机构胜任力模型（见图2），分为培训专业胜任力、培训管理胜任力、培训研究胜任力三个维度。培训专业胜任力即培训机构的核心业务力，培训管理胜任力即培训机构的协调运行能力，培训研究胜任力即培训机构根据社会、学校和学员需求进行项目研究、开发的能力[②]。在培训专业胜任力方面，项目管理实行院长负责制、项目负责制、首席专家负责制和双班主任制。在培训管理胜任力方面由策划执行组、外联推动组、后勤保障组与质量监控组组成。在培训研究胜任力方面，具有丰富理论与实践经验的博士和教授持续进行培训研究工

[①] 孙渊. 焦点讨论法：实现有效课堂讨论的新思路[J]. 现代教育科学，2015（2）：118.

[②] 朱旭，周峰，郭凯，等. 广东基础教育高端人才"三高一低"培养模式探索[J]. 基础教育论坛，2021（12）：28.

作。项目培养过程强调程序规范，监管严格，形成了一套完整的培养体制机制，确保项目有序高效运转。

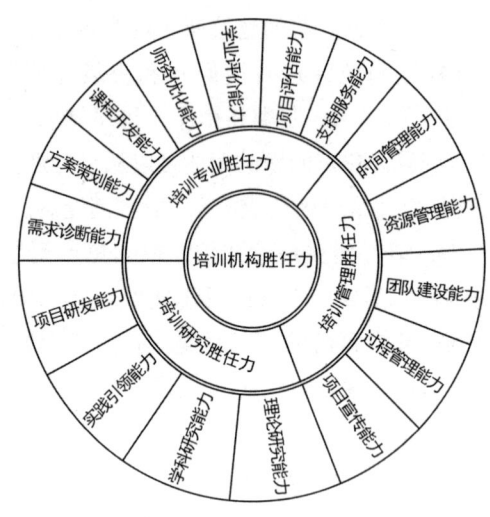

图2　培训机构胜任力模型

2. 高效评估：柯氏四层次评估体系

围绕唐纳德·L. 柯克帕特里克的反应、学习、行为改变、结果四级评估理论及其子女予以补充完善的新柯氏评估模型的框架，根据项目实施的特点，研究者对评估框架的分析内容和分析途径与方法进行完善创新，整合形成柯氏四层次评估体系（见表3）。

表3　柯氏四层次评估体系

层级	分析维度	分析内容	分析途径与方法	评估者
反应层（培训进行时的评估）	参与度	出勤、互动状态、作业完成情况、网络发言、班级事务承担情况等	出勤率、互动频率、作业成绩、网络发言频率、班级事务完成效果等	项目管理者
	关联度	知识相关、技能相关、情感相关、工作相关	与自身专业知识、技能和情感的关联程度，与实际工作的关联程度	学员
	满意度	教学设施与条件、课程与活动安排、教师态度与水平、班级氛围、管理团队工作状态、食宿安排等	对教学设施与条件、课程与活动安排、教师态度与水平、班级氛围、管理团队工作状态、食宿安排等的满意度调查	学员

续表

层级	分析维度	分析内容	分析途径与方法	评估者
学习层（培训前—培训后的评估）	知识	知识扩充情况	问卷调查法、访谈法、观察法	项目管理者、学员
	技能	技能提升情况	问卷调查法、访谈法、观察法	项目管理者、学员
	态度	态度转变情况	问卷调查法、访谈法、观察法	项目管理者、学员
	自信	信心增强情况	问卷调查法、访谈法、观察法	项目管理者、学员
	承诺	承诺将所学应用于工作实践的情况	问卷调查法、访谈法、观察法	项目管理者、学员
行为层（培训前—培训进行时—培训后的评估）	知识、技能迁移实践的程度	将所学运用到学校发展规划、教师管理、学生管理、教学改革等工作实践的情况	问卷调查法、访谈法、观察法	上级、同行、教师、学生、学员
	知识、技能迁移实践的时长	新的工作理念、思路与方法是持续长久、偶尔为之，还是不断消退	问卷调查法、访谈法、观察法	教师、学生、学员
	知识、技能迁移的影响范围	个人、部门、学校、系统的影响面	个人成绩、部门成绩、学校成绩、系统成绩	上级、同行、教师、学生、学员
	情感态度价值观的转变	专业认同、专业情感、职业认同、职业情感	问卷调查法、访谈法、观察法	上级、同行、教师、学生、学员

续表

层级	分析维度	分析内容	分析途径与方法	评估者
结果层（培训后2~3年的追踪评估）	目标完成度	学员对培训效果的总体评价	问卷调查法、访谈法	学员
	教学质量	课堂教学质量、教研能力水平等	问卷调查法、访谈法、观察法、资料分析法、专项测评法	上级、同行、教师、学生、学员
	科研成果	论文、课题、著作、成果转化、社会服务等	问卷调查法、访谈法、观察法、资料分析法、专项测评法	项目管理者
	学生成长	升学情况、学生成绩、学生综合素养、学生满意情况等	问卷调查法、访谈法、观察法、资料分析法、专项测评法	上级、同行、教师、学生、学员
	教师发展	教学水平、管理水平、教研水平、幸福指数、职称晋升、教师获奖	问卷调查法、访谈法、观察法、资料分析法、专项测评法	上级、同行、教师、学生、学员
	学校声誉	学校成绩、学校影响面、社会评价等	问卷调查法、访谈法、观察法、资料分析法、专项测评法	上级、同行、教师、学生、学员

四、基础教育高端人才"三高一低"培养模式的创新价值与实践效果

"三高一低"培养模式的创新价值在于三点：①丰富了教师培训理论，创新了培训模式，提供了个性化、可复制的培训操作范式，创生了可参照的培训机构管理范式；②生成了具有辐射力的培训推广模式，形成了协同发展的培训共同体；③打破了高等教育与基础教育之间的壁垒，打造了合作共赢的资源平台。

在实践中，"三高一低"培养模式取得了显著成效，培养了一批拔尖创新型的广东基础教育高端人才。截至2021年4月，51名学员中，有23名学员被评为正高级教师，占学员总数的45%（省同类指标为23%）；9名学员被评为特级教师；27名学员被评为省级校（园）长工作室主持人，占学员总数的53%（省同类指标为47%）。学员共获得国家级、省级教育科研立项176项，省级以上个人教育工作奖60余项，省级以上学校业绩奖项100余项；共发表论文211篇，出版著作50部，主讲县级以上讲座超过900场次，乡村教育活动参与人数达105人次。项目组的导师共计出版3系列（21册）丛书，主持19项科研项目（其中，4项为国家级），发表13篇论文（其中，2篇发表在核心期刊）。

该培养成果荣获2021年广东省教育教学成果奖（基础教育）一等奖，相关的培训经验先后被中国教育报、中国教师报等媒体报道，影响辐射全国及海外。

广东基础教育高端人才"三高一低"培养模式探索

朱 旭 周 峰 郭 凯 贺 菲 黎晓君*

为加快广东省教育现代化建设进程，2012年，政府出台了《关于全面实施"强师工程"，建设高素质专业化教师队伍的意见》。作为"强师工程"的核心项目，广东省启动了中小学新一轮"百千万人才培养工程"，旨在培养一批办学思想先进、教育理论扎实、教育管理水平高、富有实践创新精神、具有社会影响力和发挥示范作用的基础教育高层次领军人才。为此，我校先后承担了两轮"广东省小学名校长、幼儿园名园长培养项目"，围绕"立德树人"的根本任务，发挥数十年中小学校长培训的经验与优势，形成了广东基础教育高端人才"三高一低"培养模式，搭建了校（园）长培训平台，实现了高标准、高站位、高效能的培训品质。

一、广东基础教育高端人才培养的现状分析

（一）办人民满意教育的新时代强音

办好人民满意的基础教育主要体现在满足人民群众对学前教育资源普惠优质发展的需要和义务教育优质均衡发展的需要两个方面。虽然我国通过学前教育三轮行动计划的全面有效实施，增加了学前教育资源的普惠性供给，但在普惠性优质学前教育资源供给方面仍然比较薄弱。着眼于以名园长为代表的幼儿园高端人才的培养，有利于推进广东省学前教育普惠性优质发展，以保障新形势下人民群众"有园上、上好园"的需求。目前，我国义务教育均衡发展，实现了从非均衡到教育普及、从初步均衡到基本均衡两次飞跃，现正迈向优质均

---

* 作者简介：朱旭，广东第二师范学院教师教育学院副教授；周峰，广东第二师范学院教育学院教授，博士；郭凯，广东第二师范学院教育学院教授，博士；贺菲，广东第二师范学院学前教育学院讲师，博士；黎晓君，广东第二师范学院学前教育学院讲师，博士。该文发表于《基础教育论坛》（下旬刊）2021年第4期，中国网2021年5月21日全文转载。

衡发展的新征程。① 在粤港澳大湾区建设的背景下，广东省义务教育优质均衡发展需要着力推行集团化办学和现代化学校建设，增加优质资源供给共享。"一个好校长就是一所好学校"，义务教育优质均衡发展要得以实现，离不开基础教育高端人才的培养。

（二）建设高素质专业化教师队伍的必然要求

随着我国教育事业的不断改革与发展，教育行政部门对校（园）长在管理学校（幼儿园）的能力与个人专业素养方面提出了新的要求。《关于全面深化新时代教师队伍建设改革的意见》明确指出："加强中小学校长队伍建设，努力造就一支政治过硬、品德高尚、业务精湛、治校有方的校长队伍。""加大幼儿园园长的培训力度。"② 聚焦广东基础教育高端人才培养，是落实振兴教师教育决策部署，构建高水平教师队伍的必然要求。校（园）长只有保持不断更新的知识体系、层层升级的管理能力，才能从根本上解决学校（幼儿园）治理与教育教学改革发展的问题。这将有利于促进粤港澳大湾区的"打造教育和人才高地"建设，推动广东基础教育的优质发展。

（三）变革传统教师培训模式的现实需要

目前，我国的中小学校长和幼儿园园长培训存在着培训目标泛化、培训内容学科化、培训模式简单化、培训功能单一化等问题。而今，在建设数字化中国的时代背景下，传统的校（园）长培训模式已满足不了校（园）长提升自身处理现代教育问题能力的需要。广东基础教育高端人才培养作为教师培训的高级阶段，其自身具有不同于一般校（园）长的精神特质，与此相对应的培训模式也应凸显这一特征。传统的培训模式已不能满足基础教育高端人才在个性化、反思性、经验分享、问题解决、理论提升及实践导向方面的需求。

二、广东基础教育高端人才"三高一低"培养模式的框架建构

我校经过两批广东省中小学"百千万人才培养工程"小学名校长、幼儿园名园长培养项目历时八年的研究与实践，形成了广东基础教育高端人才"三高一低"培养模式，即"高端"的培养目标、"高瞻"的培养课程、"高效"的培训过程、"低重心"的培养方式，具体如图1所示。

---

① 朱德全，冯丹. 和而不同：义务教育优质均衡发展的新时代要义与治理逻辑 [J]. 教育科学，2021，37（1）：23-30.
② 中共中央国务院. 关于全面深化新时代教师队伍建设改革的意见 [EB/OL].（2018-01-31）[2021-04-30]. http：//www.gov.cn/zhengce/2018-01/31/content_ 5262659. htm.

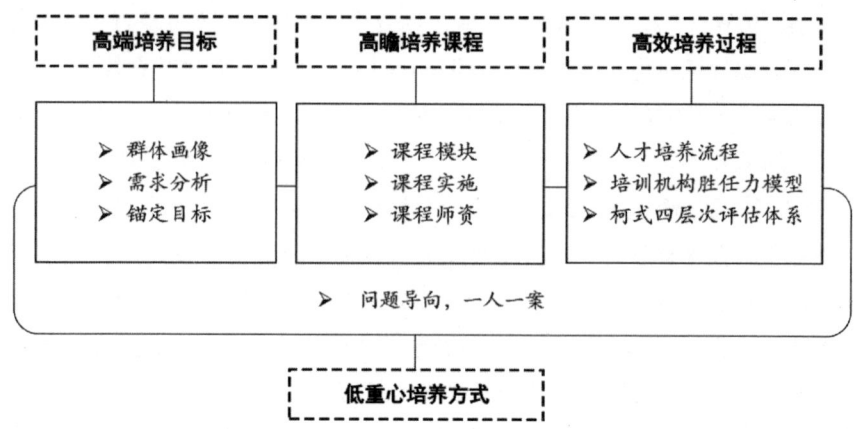

图1 基础教育高端人才"三高一低"培养模式结构

（一）"高端"的培养目标

结合广东省"百千万"小学名校长、幼儿园名园长培养项目第一批和第二批学员信息资料为受训对象进行群体画像，准确把握项目学员群体特征。通过问卷调查法、访谈法等了解学员个体需求特征。从社会、政府、学校（幼儿园）、个人需求的维度出发，设计总培养目标。目标锚定培养基础教育领域的高端人才。

1. 幼儿园名园长培养目标

"一个核心，三个立足点"，即以"立德树人"为核心，立足于时代主题、国际视野、本土实践，培养一批师德修养高尚、专业素养精湛、人文底蕴深厚、教育视野宽阔、教育理念先进、保教与管理风格独特、实践与创新能力强的广东名园长。

2. 小学名校长培养目标

围绕"立德树人"的根本任务，回归教育本真，创新教育实践，培养造就一批办学思想先进、精通教育、善于管理、视野开阔、富有实践创新精神、能够引领学校特色发展和品牌建设，并在国内享有较高美誉度和传播力的小学名校长，实现教育家办学，成为持续提升学校品质和自觉引领教育改革创新的核心力量。

（二）"高瞻"的培养课程

在美国高瞻课程的"主动学习""在活动中学习""在获取关键经验中学习"等主旨理念的启发下，基础教育高端人才培养结合自身项目的特点，在课程模块、课程实施、课程师资等方面进行高瞻远瞩的多元设计和拓展。

1. 课程模块

根据《义务教育学校校长专业标准》和《幼儿园园长专业标准》中的框架规定,将课程模块设计为规划学校(幼儿园)发展、营造育人文化、领导课程教学(领导保育教育)、引领教师成长、优化内部管理、调试外部环境六个板块①,并结合当前教育热点及难点情况,确定相应主题与课程。幼儿园名园长培训的主题依次是教育改革与优质园所建设、园长领导力与文化制度建设、园所诊断与改进、课题设计与办园实践重难点协同研修、教育思想研究、教育视野与理解拓展、教育传统与文化纪行、教育成果凝练以及名园长风采展示等。小学名校长培训的主题依次为新时代中国特色社会主义教育理论体系、课程改革实践研究、现代学校建设与改进、学校诊断与改进、校长领导与管理方法、学校改进实践研究、名校长工作室培养、名校长办学思想巡讲、学校改进与办学思想积淀等。

2. 课程实施

基础教育高端人才的课程实施应该以学员为中心,在八个向度产生融合,促成实践转化。在线上与线下、国内与国外、学习与实践、行动与研究、个体与群体、导师指导与自我指导、对话与展示、示范与帮扶这八个向度形成基础教育高端人才培养混合式研修模型,如图2所示。

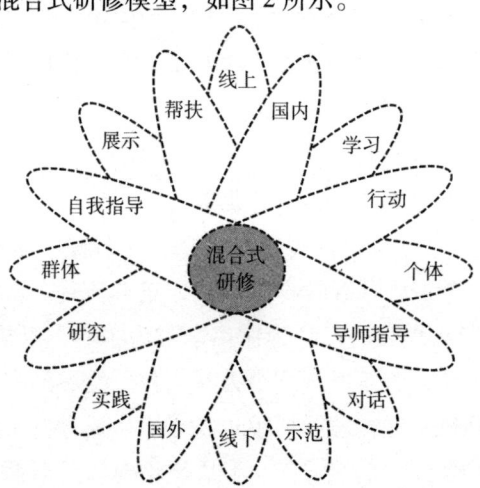

图2 基础教育高端人才培养的混合式研修模型

---

① 中华人民共和国教育部. 教育部关于印发《普通高中校长专业标准》《中等职业学校校长专业标准》《幼儿园园长专业标准》的通知[EB/OL]. (2015-01-12)[2021-04-30].

3. 课程师资

境内外知名教育界学者与优秀实践专家构成一流师资队伍为项目实施提供高水准的智力支持。师资队伍的主要特色为理论与实践相结合、国内与国外相结合、本校与外校相结合，其水准是国际化高水准的"高瞻"天团。

(三)"低重心"的培养方式

"低重心"强调培养重心回归办学实践，以问题为导向，扎根在教育实践的土壤上，及时发现并解决办学实践中存在的问题，形成对教育问题的独立见解，协助学员整合办学理念与改进经验，形成指导学校（幼儿园）变革的完整体系。

1. 问题导向

"低重心"的培养方式以问题为导向，用"问题链"串联课程脉络，围绕"问题—问题解决"开设核心问题课程、专题课程、实践课程和拓展性选学课程，明确设置各阶段学习任务，激活、强化和维持学员的学习动机。深化行动研究，通过导师协同引导下的课题研究、项目合作、现场诊断、跟岗学习，引导学员在各阶段的培养中聚焦研修重难点，反思办学过程的实践问题。

2. 一人一案

为了进一步促进实践生成，项目还设计了"因校（园）施策的个性化指导"环节，秉持"一人一案，因校（园）施策"的培养理念，开辟一条既全覆盖又差异化的名校（园）长培养方式，项目先后组织"学校诊断活动"和"个性化指导"活动，专家走进学员所在学校和幼儿园，协助学员整合办学理念与改进管理经验，形成指导学校变革的完整体系。

(四)"高效"的培养过程

1. 高效培养——基础教育高端人才培养流程

根据校（园）长专业化培训规律，整合过往名校（园）长培养项目的经验，聚焦高效培养，形成了基础教育高端人才培养流程。从时间纵轴来看，基础教育高端人才培养流程表的设计遵循以学员为中心，以最近发展区为指引，以不断超越自我为主线，分年度规划个人从定位、发展到实现自我的专业成长轨迹。从培养环节横轴来看，遵循"反思实践、生成理念—践行理念、改进实践—传播理念、引领实践"的培养链，形成理论与实践双循环下的螺旋式上升的专业成长阶梯。基于此，将培养环节设计为集中理论研修、岗位行动研究、异地考察交流、示范引领带学、课题合作研究这五个流程。

2. 高效管理——培训机构胜任力模型

培训机构胜任力关乎基础教育高端人才培养项目的运营质量。作为高端培训项目的承训机构，应该体现高效的培训机构专业化和引领性要求。我校开发培训机构胜任模型，努力生成高效的培训胜任力。该模型分为培训专业胜任力、培训管理胜任力、培训研究胜任力三个维度。培训专业胜任力即培训项目核心业务力，包括需求诊断能力、方案策划能力、课程开发能力、师资优化能力、学业评价能力、项目评估能力、支持服务能力；培训管理胜任力即项目协调运行能力，包括时间管理能力、资源管理能力、团队建设能力、过程管理能力、项目宣传能力；培训研究胜任力包括理论研究能力、学科研究能力、实践引领能力、项目研发能力。

3. 高效评估——柯氏四层次评估体系

科学而有效的评估手段及方式、方法是了解培训目标达成情况、保证培训质量的重要举措。在项目评估能力方面，围绕唐纳德·L.柯克帕特里克的反应、学习、行为改变、结果四级评估理论，对项目实施效果进行全面评估。反应层重点评估学员对培训条件、饮食住宿、课程质量、学习态度等方面的看法；学习层重点评估学员学习了多少新知识，获得了多少新技能，态度发生了怎样的变化；行为层主要评估学员行为上发生了怎样的改变；结果层主要评估学员培训目标是否达成，以及达成了怎样的效果。

三、广东基础教育高端人才"三高一低"培养模式的显著特色

（一）在培训价值取向上，坚持理论引领与实践优化并重

职后培训不能将重点单一地放置在研习新理念、新知识、新技术方面，而是要重视拉近"理论"与"实践"的距离，改变理论与实践之间的疏离状态，使得习得的知识能够被用于更深入诠释现实的矛盾问题，使掌握的技术能够被用于突破那些习以为常的教学模式、管理模式，促进个人教育教学行为的转化，促成个人实践活动质效的提升。基于此种认识，在各类培训中，我校始终坚持理论引领与实践优化并重的价值取向，遵循"知行统一"的培训原则，使"做中学"成为贯穿培训的重要理念，使培训不再是有利于学校（幼儿园）教育教学实践之外的附加任务，而是真正能够帮助学员学以致用、实现个人与学校（幼儿园）共同发展的重要手段。

（二）在培训内容选择上，坚持课程预设与动态生成并重

培训内容与社会和教育发展趋势相呼应、与学员专业发展的需求相契合，这是保证培训质量的基本点。为此，我校不仅重视在项目中引入"首席专家制度"，依托教育专业研究者和教育实践专家的智慧，科学设计、统筹规划培训的研习主题与具体内容。同时，我们也不回避参训学员中现实存在的个体差异，

着力做好培训需求调研活动，保证"训前"和"训中"持续不断地跟踪了解学员需求、保持与项目专家的即时沟通，以保证对培训预设内容做出恰当的、及时的调整，不仅让培训的指向性与针对性更突出，而且在相当程度上调动了学员的参训热情。

（三）在培训组织过程中，坚持外在引导与内在修炼并重

校（园）长培训的本质是成年人学习，其基本特点是每个学习者都已拥有丰富的教育教学经历与经验。同时，其学习目的鲜明，多以寻求优化实践的方法、策略、探索化解矛盾问题的途径为核心。这就决定了简单的知识传授式的培训方式成效有限。基于此，我校在组织培训时，坚持贯彻以"参训者为主体"的培训理念，依托"导师引领、多元互动、合作学习"的培训方式，构建"研修共同体"。通过分组交流、集体分享、问题诊断、现场答疑等系列活动，让参训者在发挥自身优势、借助同伴力量、获得导师引领的研修活动中，不断深化自我觉察、提炼内在经验、挖掘潜在能力，切实增强个人持续发展的意向与能力。

（四）在培训资源运用上，坚持境内资源与境外资源并重

我校在组织培训过程中，历来重视培训资源的积累与开发工作，将其作为不断提升培训质量的重要保障。我们依托京苏粤项目、整合三地培训资源，构建校长培训联盟，与北京、天津、上海、江苏、浙江、湖北等地一批优质名校建立了密切的合作关系。除了积极推动境内资源开发与整合之外，伴随着近年教育现代化进程在广东省的展开，我校还着力增加、拓展与境外教育机构的联系，除了与英国领事馆、英国东部领导力学院、英国伦敦大学教育学院、美国哥伦比亚大学等建立了合作关系，还依托地缘优势，建成了粤港澳三地合作培训资源网络。

（五）在培训绩效评估上，坚持过程评估与结果评估并重

基于以往的项目实施经验，我校不断调整和改进评估方式，建成"系统化的评估模式"。此种模式既要在纵向上坚持训前、训中、训后的全程跟踪式评估，又要在横向上注重采用过程评价与结果评价相结合、学术成果评价与实践表现评价相结合、个体评价与团队评价相结合等多样化方式，从而确保我们能够全面了解和监控学员参训活动过程，时时掌握培训各项活动的实施成效信息，密切联系学员的具体表现和需求状况，对整个项目的实施进程及相关安排做出及时的动态调整。

四、广东基础教育高端人才"三高一低"培养模式的实践效果

2012年10月至2020年12月,我校两批广东省中小学"百千万人才培养工程"小学名校长、名园长培训项目通过实施广东基础教育高端人才"三高一低"培养模式,取得了显著的培训成效。截至2021年4月,9名学员被评为特级教师,22名学员被评为正高级教师,占学员总数的61%;27名学员被评为省级校长(园长)工作室主持人,占学员总数的53%。两批"百千万"学员共获得国家级、省级教育科研立项176项,省级以上个人教育工作奖69余项、省级以上学校业绩奖项100余项。共发表教育类论文211篇,出版教育著作50部,主讲县级以上讲座超过900场次,四年乡村教育活动参与人数达105人次。其培养效果获得中国教育报、中国教师报、美国波士顿地方报纸等多家媒体宣传。

部分第一批、第二批"百千万"名校长、名园长代表性奖项见表1所示:

表1 部分第一批、第二批"百千万"名校长、名园长代表性奖项

年份	获奖人	成果名称
2019	王翔	广东教育教学成果(基础教育类)特等奖
2018	余志军	南粤优秀教育工作者
2017	冯家传	中国关心下一代工作委员会先进工作者
	苏东青	全国五一劳动奖章
2016	刘建强	中国关心下一代工作委员会优秀工作者
2014	陈蕾	全国教育系统先进工作者
	李爱东	全国巾帼文明岗
	刘珍芳	全国巾帼文明岗
	赖晓妍	全国五一巾帼标兵

基础教育高层次人才培训机构自身特征的省思

贺　菲　周　峰[*]

培养一批引领学校办学品质提升、推动基础教育改革创新的高层次人才，是实现我国教育事业高质量发展的重要支撑。作为直接影响高层次人才培养项目质量的培训机构，应具备怎样的培养条件，提供怎样的培训支持，把握哪些工作重心？围绕此类问题，本书着意从高层次人才培养质量的角度，反思承担此类项目的机构应具有的特征。

一、有"高度"的培训机构

（一）责任担当：引领基础教育的进步

从本质上讲，无论是职前还是职后的教师教育，都是一种教育活动。对其讨论离不开"培养什么人""怎样培养人"以及"为谁培养人"三个基本问题。作为各级政府投入最多的职后培训项目，基础教育高层次人才培养方案的研拟，也要以上述三个问题为基础。然而，相较于"为谁培养人"的价值追问，"培养什么人"和"怎样培养人"常因直接关涉培养目标和培养路径两个显性要素，而更容易获得培训机构的普遍重视。

对培训项目来说，"为谁培养人"这一问题似乎是不言而喻的。既然项目存在的初衷是培养中小学教师队伍中的"领军人才"，那么一定是为了推动基础教育发展、满足社会对基础教育高质量发展的要求而培养教育人才。此种看似合理的解释，容易将参训者看作主要的甚至唯一肩负改革重任的一方，以致淡化或忽略了培训机构自身除了面向培养对象，还面向基础教育所应持有的一份责任和担当。

目前，各层面开展的高层次人才培养项目，大多由国内师范院校作为主要的实施方。师范院校的独特性在于其"双肩挑"的特点，即一肩挑着高等教育，

---

[*] 作者简介：贺菲，广东第二师范学院学前教育学院讲师，博士；周峰，广东第二师范学院教育学院教授，博士。该文发表于《基础教育论坛》2022年第6期。

一肩挑着基础教育。它是连接高等教育和基础教育的桥梁，构成了完整的教育生态体系①。若此类院校缺少引领基础教育发展的自觉意识，则必然会影响自身对基础教育发展进程与趋势的了解，以致创新高师院校的人才培养模式变成"无源之水"，让教师教育的改革缺少了现实依据。可以说，归属于高等师范教育的性质，本身也决定了培训机构应具有坚定的引领基础教育进步的使命意识。

这种内在使命能够改变培训机构对培训项目的一般认识。培训不仅是为提升参训者专业水平而专门设立的项目，它还是与一线教师及校长合作共研、共同助力教育改革的"契机"。培训的核心价值不在于参训者个人获得什么称号，拿到了多少课题，发表了多少论文，获得了多少荣誉，其关键在于这些成果对于认识和解决基础教育发展过程中的问题、难点是否有意义，对于推进教育现代化进程、提升人才培养质量、促成优质均衡的多样化教育发展势态是否有价值。

从这样的高度看，培训机构与参训者之间是一种肩并肩的关系，是共同致力基础教育高质量发展的思考者和行动者。这种角色的转变，有助于改变培训机构对外部赋予的种种期望、要求或标准的过度专注，而将关注的重心转向内部，即对参训者所处复杂情景、所遇困惑与问题、所需资源与支持的深入体察。当培训者能与参训者保持相同的立场与视角，想参训者之所想、急参训者之所急，解参训者之所困时，培训的种种成果即无须刻意争取，而变得水到渠成了。

（二）战略眼光：聚焦创新品质与教育改革重大问题

究竟什么是基础教育的高层次人才？目前，在各类相关文件中，多以名师、名校长或教育家来赋名，并围绕其主体特征开展了广泛的理论研究。它们深化了人们对高层次人才的认识，也为研拟培养目标提供了重要理据。然而，对于一般为期三年的培训时长来说，参训者要在理论功底、人文素养、教育思想、教育模式、办学质效、示范引领等多维度上都有所成相当困难。这无须论证，仅从中外历史上被称得上是教育家的群体数量就可知。为此，在有限的培训时间内，培训者应在目标向度中有所侧重。

创新品质是区分高层次人才与普通群体的重要标识。无论哪个领域的发展都离不开创新，都需要该领域高层次人才的创新性实践，带动和引领该领域的发展。学校改进与教育改革同样需要创新，通过理念、制度、课程、教学和管理等多方面创新，促成教育品质的提升。而以培养参训者的创新品质为核心，其关键意义并不限于以结果形式所表征的独特的教育思想、教学风格或实践体

---

① 孟繁华. 走向善治之道，培养高质量师范人才 [J]. 成才之路，2020（24）：1.

系，更重要的是在致力改革与创新过程中，形成的诸如质疑、批判、反思及重构等品质。这些品质是支持参训者持续发展，不断超越自我、突破发展瓶颈的重要依靠。

以创新品质的提升为核心目标，实现的关键路径是什么？广东省中小学校长培训中心提出，研究和解决中国基础教育的重大现实问题是助推教育家群体产生的主要路径。这类问题的特点在于它是教育教学实践中真实存在的问题，不仅体现参训者及其所在学校的追求，还反映区域教育发展诉求和国家对教育发展的要求[1]。重大问题的研究过程，就是理论与实践双向互动，催生参训者创新品质、实践智慧的过程，也是发展与引领双向融通，带动学校品质提升、形成具有辐射推广价值成果的过程。而培育并发挥"领军人才"区域乃至全国范围内的教育影响，恰恰是区分高层次人才培养项目与一般校长或教师培训项目的特征之一。

二、有"深度"的培训机构

（一）价值准绳：促进学生的发展

教育以育人为主旨。教育涉及的一切要素，教育事业涵盖的一切事务，乃至教育改革指向的一切方面，其最终的目的都是促进学生的发展。服务于培养高素质专业化创新型教师队伍的高层次人才培养项目，作为教育改革的一部分，其直接的工作目标是校长或教师专业素养的提升，而其最终的价值还应体现在学生的发展上。

一般来说，参训者需求是培训方案设计的主要依据。但实事求是地讲，参训者的需求未必都出自对学生发展的关照。希冀教育教学质量快速提升、教育改革快速出成果的背后，往往是以牺牲部分学生的发展空间，或是以教育的不可持续发展为代价的。因而，在关注参训者需求的同时，回到"促进学生发展"的基点，回归基础教育立德树人的根本任务，着眼于学生发展与参训者发展的内在关联，能从更深的层面上考量和反思培训活动及其质效。

促进学生发展是审视培训内容及相应活动安排的价值准则。比如，理论层面的引导是否有助于增进参训者对教育本源性、本质性、内在性和内涵性等根本属性的认识[2]；经验层面的反思是否有助于参训者对复杂教育场域中种种背离

---

[1] 龚孝华. 校长领航，如何启航 [N]. 中国教育报，2015-05-28 (10).

[2] 吴康宁. 教育的品质：教育强国的"软实力" [J]. 教育发展研究，2015，35 (11)：1-4.

学生发展的现象、问题及其成因的批判与思考；现场层面的观摩是否有助于参训者体悟全人、自由、尊重、平等、担当等文化理念对于教育教学实践活动的深入影响；行动层面的研究是否有助于参训者以促进所有学生全面发展为价值追求，积极致力于更新教育教学理念、重塑教育教学文化、重构教育教学实践。

促进学生发展还是衡量整个培训项目质效的价值准绳。从教育就是为了学生发展的本质来看，学生身心自由活泼的发展是其自身强烈的内在需要，而能让学生身心自由活泼发展的学校就是好学校，就是好教育。由此，在关注参训者各类研修成果的同时，只需要走入学校、深入课堂，亲历学生的生活、感受学生的体验、感知学生的状态，就可以对那些书面无法呈现却实实在在生长在实践中的变化有深刻体悟。反之，那些看起来丰硕厚实的书面成果，若难以呈现在学生学习生活中，难以展现在学生学习状态中，就只能被理解为某种面向未来的构想。

（二）核心思想：以参训者为中心

有质量的培训项目，离不开以参训者为中心的思想引导。它要求培训者首先眼中有"人"。这里的"人"包含两层意思，一是作为参训者整体而存在的人，二是每一位独立的、具有个体特征的人。从整体上看，基础教育高层次人才培训项目中的参训者，拥有一些共同特征。比如，他们大都长期扎根教育教学第一线，具有较好的理论基础和丰富的实践经验，并在其所在的岗位上取得了较好的成绩、做出过一定的贡献。同时，每个参训者也因其生活史、学习史和工作史的不同，拥有自己的教育期待、教育理解与教育习惯，因身处不同的教育情境而面对不同的挑战和问题。

正是参训者群体共性的存在，使得面向不同个体的统一培训能够产生效力成为一种可能。相较于此，对参训者差异性的高度关注，是高层次培训自身特点的表征，也是培养创新性人才的必然要求。为此，培训机构应持有的是一种重质而非重量的人才培养观，遵循因材施教的教育教学原则，关注并支持每一位参训者富有个性的发展。一方面，注意强化培训课程的选择性、研修指导的适应性以及培训形式的多样性；另一方面，注意建立并用好"个性化指导"机制。这种指导不是片面聚焦于参训者研究问题的指导，而是要努力帮助参训者"成为自身专业发展的智者"[1]，即使其自身能够理性分析个人发展现状，科学规划个人发展方案，系统开展发展行动，合理评价自身发展结果。

---

[1] 吴康宁. 教师应成为自身专业发展的主人［J］. 南京师大学报（社会科学版），2015（5）：81-86.

以参训者为中心的指导思想，还要求培训者落实"人"的主体地位。一直以来的培训工作，普遍重视参训者的主动性和积极性，将其看作影响培训质量的重要因素。但究竟是调动参训者的主体性，还是发挥参训者的主体性？两者的区别在于，是将参训者看作培训对象，从外部调动、激发其积极性，还是尊重并承认参训者在培训中的主体地位，在培训全程始终贯彻并落实其主体性。

从主体间性的教育理论可知，人是社会的存在，个体生命只有在关系中才有意义。个体的自我认识、自我发展及价值体验离不开与他者的交往。有鉴于此，培训机构应借助多向互动、多方支持的情境，促使每个参与其中的参训者像教育家一样思考和行动。通过与社会人士、行政人员、各领域专家，以及教育同行等的广泛交流，深化其对教育家角色内涵及其时代价值的理解，对自身创新教育实践、引领教育改革可能性及可行性的体认，促成参训者从"诉求与外"的被动适应逐步转向"诉求与内"的主动发展。

三、有"广度"的培训机构

（一）整体思维：全局性的课程与系统性引导

基础教育高层次人才应是能探索中国特色现代基础教育发展方向，不断引领和支持更多中小学校优质发展，具有国际视野和本土情怀的中国教育家[①]。简而言之，他们身上具有"顶天立地"的特征。"顶天"是有世界眼光和前沿意识，能站在世界教育发展的前沿思考中国教育问题；"立地"是有本土情怀和"草根"精神，能扎根中国社会现实探索和解决中国教育问题。为此，培训机构要有整体思维，通过全局性课程与系统性引导，为参训者及其所在校的发展提供智慧支持。

一般来说，高层次人才培养注重培训课程与参训者需求的"精准"对接，以体现培训的针对性和适应性。这样做虽有其意义，但可能束缚培训者的思路，使其内容与活动重心止于教育体系内。而历史上诸多教育家的学术背景及其成长历程说明，开放的视野和多元的视角，对于追问教育本质、反思教育问题和改进教育实践的重要性。就此，全局性课程着眼教育家"顶天"的特征，强调培训内容的广度，即在回应参训者个性特点与需求的同时，将"跳出教育看教育""站在前沿论教育"的思路融入课程的设计，彰显对参训者发展共性的关照。

那么，究竟怎样才是着眼全局的课程设计？具体来说，体现在三个维度。

[①] 杨志成. 领航使命：引领中国基础教育走向未来 [J]. 中小学管理, 2016 (9)：4-7.

一是跨时代的传承。中国拥有数千年的文明史，拥有深入中国人生活及精神层面的文化传统，拥有极具中国文化特色的教育传统。教育改革不能"忘本"，研习自身的历史和传统，是实现教育文化传承与创新功能，深化教育现状反思与探索的基础。二是跨文化的借鉴。除了传承和守护自身的文化根基之外，学习和借鉴异质文化精华与经验，能帮助参训者开拓文化视野、博采众长，深化对自身不足的体认，推动教育本土化的改造。三是跨学科、跨领域的学习。在掌握教育教学普遍规律的基础上，多学科知识的研读、各领域人士的沟通，是改变参训者思维方式单一或固化，促生多视角分析问题、生成创新性思维的重要途径。

整体思维还要着眼于教育家"立地"的特点，基于引领基础教育改革发展的共同使命，为参训者扎根实践的改革提供系统性的引导。学校改革的当下特征在于，它已从追求效率转向提升品质，从注重微观方法手段更新或以课程、课堂、信息技术等某一主题为重心的局部改进，转向学校整体面貌、内在机制和实践形态的结构性变革①。这就意味着，对参训者教育改革实践的引导，不能局限在个别问题的解决或某方面工作的改善，而是要着眼学校的整体转型、教育教学的系统变革。具体来说，它应包含教育教学理想、信念、取向等方面的价值引导，教育教学现实状况、改革方向与未来趋势等方面的事实澄清，教育教学改革动因、条件、影响等方面的要素分析，以及教育教学改革目标、基本路径与具体方式等方面的策略支持。

（二）整合能力：协调多方关系和统筹多种资源

相较于有限的培训时间，培养目标定位高、培训任务难度大，是基础教育高层次人才培养项目区别于一般培训项目的特点。这意味着，它不是一项仅仅因循过往培训经验、沿袭以往培训方案、依靠自身培训力量就可以完成的项目，而是一项需要多方机构和人员积极参与并有效合作的复杂工程。它要求承担此类培训任务的机构，具有出色的资源整合能力。

首先，资源整合能力体现在宏观上，能理顺地方政府、培训机构自身以及参训者所在学校之间的关系，能组建高层次人才专业发展协作共同体，共同致力于高层次人才的发展，带动区域内校长或教师成长，以及基础教育研究等方面的创新。以江苏省行政干部培训中心实施的"教育部校长领航工程"为例，基于三方在教育家型校长培养中承担的共同责任与使命，确定了"目标一致、

---

① HOPKINS D. 让每一所学校成为杰出的学校：实现系统领导的潜力 [M]. 鲍道宏, 译. 上海：华东师范大学出版社, 2012: 2-5.

责任分担、成果共享、合作发展"的原则,并明确规定了三方各自应承担的责任,以及需要合力完成的任务。①

其次,资源整合能力体现在微观上,能理顺项目指导专家、参训者以及教育同行等之间的关系,能构建参训者专业学习共同体、参训者学校专业研习共同体,以及参训者所在区域专业发展共同体,以实现参训者自身成长、学校品质提升和所在区域基础教育发展的目标。具体来说,第一个共同体由参训者个人和其理论与实践导师构成,为参训者突破自身发展瓶颈、凝练教育思想、生成教学主张、创新教育实践、开展课题研究等提供支持。第二个共同体由所有参训者及其所在学校成员组建而成,通过参训者之间、学校各团队之间的交流研讨、互学互助等,激发学校的教育活力。第三个共同体由参训者学校及其所在区域的学校组建而成,通过报告讲座、示范带学与实地指导等形式,发挥参训者示范引领的作用。

整体而言,资源整合能力在宏观层面上致力于高层次人才专业发展的协作共同体,是培训各项活动顺利开展的保障。而在培训过程中建构的三个微观共同体,能够让参训者个人的学习回归真实的、日常的工作和生活场域,使个人学习从按图索骥式的完成各项外部规定任务,转化为团体内基于共同价值追求的协同行动。这是唤起参训者内在发展动力的重要途径,也是培训项目质效的保障。

---

① 回俊松,季春梅,严华银."培养基地—地方政府—名校长学校"名校长培训模式构建研究[J].中小学教师培训,2017(3):33-36.

走向共同体：教育家型校长培养的
内在逻辑与践行模式

贺 菲[*]

一、教育家型校长的特殊性

教育家型校长的培养，既是一个理论问题，也是一个实践问题。围绕其内涵与成长规律的理论分析，在于厘清教育家型校长培养的内在逻辑。

（一）教育家型校长不仅承担着职业责任，更肩负着社会期望

教育家型校长是优秀校长中的一员。和所有校长一样，他们肩负着学校管理和领导的责任，致力于实现学校工作目标，通过自己的工作影响学生和教师的发展，并凭借出色的领导力取得显著的办学成效。然而，并不是所有优秀的校长，都能被称为教育家。二者的显著差异在于影响范围，教育家型校长的影响是超越个别学校，而辐射到区域乃至全国多所学校的。

纵观历史上能够被称为教育家的办学者，其特征不仅在于他们有理想，有抱负，有服务教育事业发展的热情，有身体力行的教育实践；更重要的是他们能够基于对教育价值的深刻体认，在引领教育改革的行动中积累经验、形成主张，同时又以深刻的思想引领实践，带动更广泛的教育行动，产生更深远的社会影响。就像陶行知先生，一生践行"一心一意为人民大众办教育"的理念，通过创办学校和刊物等推进民主教育运动，而其生活教育思想至今影响着各级各类学校的实践。

究其根本，能让教育家从诸多办学者中脱颖而出，取得辐射整个教育体系乃至跨越时代影响力的根本，在于其对自身职责与使命的不同理解。作为从教者，他们重视的不仅是校长的职业责任，还有其背后承载的国家及社会对教育的期望和重托。就此，对教育家型校长的培养，除了要尊重校长个人发展与学

---

[*] 作者简介：贺菲，广东第二师范学院学前教育学院讲师，博士。该文发表于《基础教育论坛》2022年第6期。

校发展的同一性外，还应站在更高的层面上，密切个人成长与整个教育发展、社会进步之间的联系，为其形成更重大和广泛的影响提供展台。

(二) 教育家型校长不仅要有理论建树，更要有实践作为

从普通校长成长为教育家型校长，是个人持续发展的过程，也是长期致力于教育改革实践，不断积累办学成果、生成个性化教育理解的过程。而成为教育家的显著标志，就是"通过长期富有成效的教育实践创造出足以影响教育发展的重大成果，形成足以影响人们教育认知的系统的、新颖的教育思想"。[①] 可以说，重要的实践成果和独特的教育思想是教育家型校长的标志性贡献。它们既是获得同行与社会普遍认可，也是发挥思想引领与实践示范作用的主要基石。

教育家型校长的实践作为与广大的中小学校长有所不同。与一般校长相比，教育家型校长尊重且懂得教育规律，并能运用研究方法和技术，创造性地解决一些具体的教育问题，丰富已有的理论和实践经验，取得令人瞩目的办学实绩；与优秀校长相较，"他们关注的不再是微观而具体的教育理论和实践问题，而是重大教育问题或长期得不到解决的教育难题；他们不拘泥于现有的教育理论和实践模式，而是努力构建一种新的理论体系或实践模式"。[②] 就此，教育家型校长能以实践问题为焦点，以问题的探索推动学校改进，进而凝练独特的教育见解和系统化的实践方略。

教育家型校长与理论型教育家的贡献也有所区别。他们的思想和经验生长在实践的土壤中。教育实践的复杂性和实践工作者的身份，决定了无论是解决个别学校的问题，还是探究教育发展中的重大问题，他们都是直接从实践出发，通过在行动中反思、在行动中认知的反复循环，建构出直接指导和作用于实践改进，并能为实践验证的思想主张与路径模式。可以说，以实践为出发点和落脚点，是教育家型校长作为实践型教育家，区别于理论型教育家的主要特征，也是促生其教育思想、实践成果先进性和应用价值的重要基础。

(三) 教育家型校长不仅需要内在提升，更需要环境支持

教育家型校长的成长是内部因素与外部条件共同作用的结果。可以说，校长个人的专业品质是成为教育家的重要基础，而外部适宜的环境条件是必要保障。

就校长的专业化发展而言，无论处于哪一发展水平或哪一发展阶段，其实

---

① 沈玉顺. 校长教育家成长机制解析 [J]. 教育发展研究, 2010 (12): 41-44.
② 傅维利. 教育改革与当代中国教育家群体的历史责任 [J]. 中国教育学刊, 2010 (9): 1-4.

质都是"自我更新的过程,是校长在自我激励的基础上,自加压力、自寻动力、自我提高的过程。没有校长自身的努力,任何外部因素的作用都是有限的"。① 相较于专业知识与能力上的积累,能够助力校长面对各种矛盾问题,付出持之以恒的努力,并做出卓越贡献的关键,是其内在的精神品质。这种精神品质包含了诸如"爱业精神、科学精神、求实精神、人文精神、法治精神和改革精神"② 等多个方面。它们不仅会潜移默化地影响教师的工作与学生的学习,作用于学校的办学实践,还在相当程度上影响着校长能否出于远大的教育理想、坚定的教育信念和崇高的道德责任与使命感,积极回应引领教育发展的时代诉求。

当然,"正如单个科学家不能解决所有科学问题一样,单一教育家也不能解决所有的教育问题"。③ 无论是建构系统化的教育思想,还是探究教育领域的重大问题,仅凭校长个人的力量都是不够的。教育家型校长的培养应着力为校长提供一种想要有所作为并能有所作为的成长环境。这种环境应具备更开放、更多元的人际交互特征。时代的发展变化、教育情境的复杂以及矛盾问题的艰巨,意味着只有通过多方的交流,才能协助校长开放视野、创新思路,也只有通过多方的协同,才能支持校长凝心聚力、创新实践,成为引领基础教育改革的核心力量。

二、共同体培养模式的适切性

一般校长培训的设计思路多囿于个体主义的假设,即校长应该知道什么,应该能做什么,应该形成哪些成果,进而确定培训目标和组织开展的方式。这些假设虽然是重要的,但它们本身不能改变参训者所处的情境和系统。如要改变人们的信念与行为,就有必要在其周围形成一定的群体,使其新的信念有表达的空间,新的行为有促生的条件。

（一）共同体中的学习：从个体学习转向知识的共建共享

依据知识的社会建构理论,在共同体的参与和互动中,既有个人认知的改变,也有合作建构的知识产生,还有共同体支持下的文化共享。这意味着,共同体不仅能为个体知识的建构提供必要的文化和制度静脉,还能基于成员间的

---

① 陈玉琨. 校长专业化问题研究 [J]. 上海教育, 2004 (3B): 26-27.
② 林森. 教育家型校长的精神性素质品质证考 [J]. 现代中小学教育, 2015 (2): 16-19.
③ 傅维利. 教育改革与当代中国教育家群体的历史责任 [J]. 中国教育学刊, 2010 (9): 1-4.

互动和协商，达成某种观念的共识或意义的共享。据此，当采用教育家型校长培养的共同体模式时，参训校长的学习形式会发生重要转变，从一种私己的学习行为转变为共同体的实践参与。

以共同体参与形式而发生的学习，强调学习的社会性。在共同体情境中，学习本身就是交往活动。校长在与专家、行政人员及其他教育同行的共同交往、协同行动中，增进智识、强化信念并拓展技能。更重要的是，在共同体的实践中，所有参与者都是学习者，成员间的互动、研讨和协商，使所有参与者原有的理念、经验与智识都有机会得到分享和优化，个体和他人话语都将成为促进思考的工具，进而建构并生成新的意义；同时，所有的参与者都是建构者，承担着推进教育高质量发展的共同使命，能够将参与者的力量汇聚于探索学校改革的重大问题，成员间彼此支持和相互启发，促生教育改革的共识，形成共享的经验和成果。

以共同体参与形式而发生的学习，侧重于学习的文化性。共同体内的知识理解、分享与创新，扎根在由参与者行动构成的真实情境中，复杂而不断变化的教育实践是催生参与者实践智慧的根本。通过共同体行动衍生的知识，是基于实践逻辑组织起来的思想、感知和经验，是由行动者"即席创作"的行动知识，是深谙实践的专家所默会的知识。这种知识不同于"应然性"教育理论提供的规范性要求，它是由真实的教育现象探究而成的"实然性"理论，总是黏附在发生真实作用的实践情境中。因而，这种知识无须通过诸如讲座或报告等知识的显性描述形式，进行专门的宣讲和传播，就能促成参与者观念上的认同和实践上的共享。

（二）共同体中的身份：身份建构与身份认同趋于统一

从社会学的视角来看，学习的本质是认知与实践相统一的社会活动。早在20世纪90年代布鲁纳就提出对学习目标的考量应从知识能力的维度转向身份的建构维度，以便将"学习什么"和"怎样学习"与"究竟要成为什么样的人"紧密联系起来。也就是说，"成为什么样的人"不仅决定了学习应以获得与此身份相应的素质品质为目标，学习方式也应助力个体体验身份内涵，建立其身份标识。据此，当采用教育家型校长培养的共同体模式时，共同体实践参与的过程既是校长学习的过程，也是其建构"教育家"身份、促生内在身份认同的过程。

参训校长的身份建构与身份认同统一于参与并影响共同体的实践中。首先，多重组织参与可以塑造个体身份的多重侧面，参与的群体越多，个性表达得就越充分。为了成为"学生道德的塑造者、学生学业成就的推动者、课程体系的设计者、教学实践活动的指导者、教师专业发展的引领者和家庭教育与学校教育的联结者"[①]以及教育改革的掌舵者,校长不仅要与学校学生、教师、家长保持积极沟通,更要站在改革与发展的最前沿,致力于与其他同行、教育专家、行政人员乃至其他行业、领域人员的深度对话和协作,在履行责任和使命的行动中建构教育家的身份,实现个体在多维度的发展。

其次,个体的身份是物化投射与参与经验两个方面相互作用的结果,而共同体中参与者相互介入的实践体验,是使身份建构与身份认同达成统一的重要基础。对参训校长而言,被赋予教育家的称谓,并不足以促生内在的身份认同。教育家的称谓,只是对校长专长、责任和义务等要素在制度上的物化投射。相较于此,让校长在参与共同体中"像教育家一样行动",通过丰富而复杂多元的实践关系获得的多维体验,才是促生"教育家"身份觉知与身份认同的根本。

三、共同体培养模式的践行

依据已有项目经验,实践中可结合教育家型校长成长规律,通过"一体三位"模式,组建四个共同体,统筹宏观和微观两个层面,为参训校长从个别学校的领导者成长为基础教育高质量发展的引领者提供对话、合作与示范的平台。

（一）一体：宏观上组建协作共同体

从宏观上看,地方政府、培训院校（或基地）以及参训者所在学校,是直接影响教育家型校长培养过程的三方主体。三者间的沟通与配合程度,直接关涉各项培养活动的顺利展开。整合三方力量组建协作共同体,不仅能形成教育家型校长培养的合力,还能共同助力校长或教师队伍建设,服务基础教育在区域层面的改革和创新。

在建构协作共同体的过程中,首先要明确三方的责任关系。如江苏省行政干部培训中心实施的"教育部校长领航工程",在项目实施之初就确定了"目标一致、责任分担、成果共享、合作发展"[②]原则,说明了三方责任以及需要合力完成的任务,但这种责任关系不应止于培训项目。教育家型校长培养项目是一个将三方力量整合、协同推进教育改革创新的契机。

就共同肩负着推动基础教育高质量发展的使命而言,三方应以教育家型校

[①] 代蕊华,李敏. 教育家型校长的角色定位及培养策略[J]. 教师教育研究,2013(2):48-52.

[②] 回俊松,季春梅,严华银."培养基地—地方政府—名校长学校"名校长培训模式构建研究[J]. 中小学教师培训,2017(03):33-36.

长培养项目为始，努力构建一种"肩并肩"的关系。在结构日趋复杂的社会及多重关系的影响下，教育改革的成功不能仅凭教育家型校长的涌现，还需要多方的参与和介入，以及诸多外部条件的支持。

有了这种"肩并肩"的关联，三方的合作不会因项目的结束而终结，诸如科学研究的正确指导、评价机制的合理建立、相关资源的持续配置、民主协商环境的积极建构等，都将在项目实施中得到共同探索，并持续作用和服务于更多学校的发展。

（二）三位：微观上组建研究、学习、发展共同体

据前文所述，教育家型校长的学习、创新及影响都在参与共同体的实践中发生，而参与过程中的多维体验，令其身份建构与身份认同趋于统一。据此，除了宏观上的协同共同体外，还应面向实践，建构多个持续助力校长成长、推进教育改革创新的共同体。

第一，研究共同体。研究是促生教育家型校长理论建树和实践作为的主要手段。由指导专家与参训校长组建的研究共同体，其目标旨在共同探究学校和教育改革的重难点议题，促成实践经验朝向理论的系统建构。研究共同体的组建，意在改变专家和参训者之间、传统的指导者和被指导者之间的关系。两者的差别只在于专家相对更具有思想智慧、理论智慧，而参训校长则更具有行动智慧与实践智慧。[①] 彼此间没有层次的区分，只有性质上的差别。就此，两者在研究共同体内，生成的是一种"脑对脑"的关系，在优势互补、合力探究实践问题的过程中，相互学习，并弥补自身的不足。

第二，学习共同体。学习是教育家型校长致力个人发展的重要方式。由所有参训校长组建的学习共同体，承载着自我超越、共同创造的目标追求，在共同学习、讨论、分享、研究和行动的过程中，形成"心连心"的情感体验，并生出一种互依、互促、互助、共生、共创、共融的文化氛围。因为有了志同道合、亲密友好并同甘共苦的伙伴，学习不再是简单枯燥、敷衍了事或无可奈何的过程，而是彼此助力、彼此分享也彼此分担的行动过程，使学习转变为参训校长思想与行动得以持续完善、智慧与情感得以协调发展的最大助力。

第三，发展共同体。培养教育家型校长，实现教育家办学，是带动学校发展和区域发展的重要举措。由参训校长和其他校长组建的发展共同体，是全面提升校长领导力、促生实践影响力的重要载体。在培养过程中，可通过问题诊断、挂职锻炼、工作室研修、结对帮扶、巡回讲学、影响力论坛等多种方式，

---

① 吴康宁. 教育改革的"中国问题"[M]. 南京：南京师范大学出版社，2015：283-284.

支持参训校长深入各类学校,既汲取经验也化解问题,既反思自我也指导他人,既带动创新也传播思想。说到底,无论是区域内还是区域外的学校,是同一层次学校还是差异巨大学校,是发达地区学校还是贫困地区学校,参训校长都应努力在学校之间建构一种"手拉手"的关系。对于学生的发展,每所学校都不能落下,都应走在持续发展的进程中。而引领他们走出困局、突破自我或"再向上迈一个台阶",恰恰是时代赋予教育家型校长的重托。

推进教育家型校长培养进程的经验反思

贺 菲[*]

一、推进教育家型校长培养的进程

自 2003 年"教育家办学"这一命题被提出后，随着政府工作报告、教育工作座谈会以及相关教育政策等多次论及，培养和造就一批杰出的教育家型校长，成为校长专业发展的目标和追求，并逐渐成为校长培训工作的重要组成部分。回顾围绕着培养基础教育领军人才而开展的培养培训工作，大致可以区分出个别化探索、区域化推进和全局性带动三个阶段。

个别化探索阶段主要是进入 21 世纪以来，为响应教育部的教育家办学口号，在个别区域开展的名校长、教育家型校长培养项目。由于不同地区教育水平存在差距，教育家型校长培养实践项目首先在重点城市试点。如 2004 年上海率先启动普教系统名校长名师培养工程，宗旨是建设高水平的校长教师队伍，建立优秀校长培养基地、校长高级研修班等，以个性和共性相结合的原则对学员进行综合培养。这种独特的培养模式，不仅为上海市教育界培养名校长提供了良好的经验，更是开创了教育家型校长培养的先河。

区域化推进阶段主要是继个别区域试点名校长培养之后，各省份相继开展了基础教育领域内的名校长名师或教育家型校长培养工程，如山东省的"齐鲁名校长工程"，江苏省的"人民教育家培养工程"，广东省的"基础教育领域的百千万人才培养工程"，福建以"教学主张"为引领的"中小学名师培养工程""京苏粤跨区域联合培养名校长工程"等。教育家型校长的培养成为各省份自发的共同选择，通过整合优质教育资源，更快、更好地培养一批能够引领本地区教育改革和发展的领军人才。

全局性带动阶段主要是以教育部于 2015 年 4 月启动的首期的中小学名校长

---

[*] 作者简介：贺菲，广东第二师范学院学前教育学院讲师，博士。该文发表于《教育现代化》2019 年第 6 期。

领航班为标志，在"国培计划"项目办的指导下，按照"整体规划、个性指导、训用结合、连续培养、协同创新"的思路，依托各地教育行政部门和全国 8 家培养基地的力量，遵循拔尖创新人才成长规律，引导有潜能、有思想的名师名校长走上大师路，培养造就一批基础教育领域的拔尖创新人才。[①] 中小学名校长领航班是新中国成立以来我国中小学校长培训最高层次的培训班。[②] 它彰显了国家致力于培养基础教育领军人才的决心和行动，是落实《教师教育振兴行动计划（2018—2022 年）》的重要举措，也为各省份改进和提升区域内基础教育领军人才的培养质效提供借鉴。

二、教育家型校长培养工作的经验

名校长培养工作持续广泛的开展，彰显了培训在助力教育家型校长成长过程中的重要作用，同时也形成了一个相对系统的教育家型校长培养体系。在培养目标、培养方式和培训管理上，生成了一些本土化的经验。

（一）培养目标逐步聚焦

名校长培养项目一般都旨在"造就一批在国内外（或区域内）具有较大影响力的教育家型校长"。在此总目标的指导下，究竟确立哪些具体的培养目标，才能充分发挥其对整个项目的引导价值。对此，除了不同区域的实践探索经验之外，理论上围绕名校长（或教育家型校长）的角色定位、精神特征、专业特征、职责使命和成长规律等问题的讨论，深化了人们对名校长培养工程目标定位的思考，并逐步形成了一些较为一致的认识。

教育家型校长应该是集教育者、管理者、领导者、社会活动者等多种角色于一身的复合型人才，应具备热爱教育事业、道德品质高尚、理想信念坚定、创新思维活跃等精神特质。[③] 教育部副部长刘利民曾指出，名校长要志存高远，具有远大理想；要丰富学养，具有教育思想；要勇于探索，具有创新实践；要情系家国，具有大爱之心。[④] 这既是对名校长发展的期望，也是对名校长培养培训工作的要求。2015 年，教育部启动的"中小学名校长领航工程"，致力于通过精心培养，使名校长之"名"能够充分地体现在信念坚定、思想引领、实践

[①] 王定华. 培养新一代教育领军人才 [J]. 中国农村教育，2018（11）：8-9.
[②] 杨志成. 领航使命：引领中国基础教育走向未来 [J]. 中小学管理，2016（9）：4-7.
[③] 杜洁云. 协同创新：教育家型校长成长新策略 [J]. 中小学教师培训，2015（11）：31-34.
[④] 刘利民. 名校长的使命与担当 [J]. 中小学管理，2016（9）：1.

创新和社会担当四个方面。①

一个校长成为教育家要经历成才、成名和成家三个阶段。②"成才"重视专业基础，要具备践行校长职责的专业知识与专业能力；"成名"重视办学实绩，要具备对教育事业的专注力、影响全员的人格魅力和引领学校发展的教育智慧，能够自觉运用系统的教育思想指导自己的办学行为，并为教育实践或思想界提供重要的研究成果；"成家"重视示范引领，要具备个性化的、原创性的教育思想并付诸实践，取得了实际成效，且能基于从教者的使命感，带动和引领地区乃至时代教育的发展。据此，现阶段的名校长目标定位，大多集中在"成名"和"成家"两个层面上，常因培养层级以及参训学员的现实发展水平而有所差别。

总体而言，名校长培养目标的确立，要兼顾学员的特征、校长成长规律和教育改革发展需要。目前，各培养项目的定位大多涵盖了三个维度：一是个人专业发展的维度，注重培养坚定的教育信念和独特的教育理解，增强其建构个性化教育思想、创新教育实践的意识和能力；二是区域教育发展的维度，注重强化引领教育改革发展的使命感和社会服务意识，能够主动担当、示范引领和辐射带动更多学校的发展；三是国家教育发展的维度，注重拓展国际视野，明确中国特色现代基础教育发展方向，探索影响基础教育改革发展的重大问题，形成更多具有本土化特点和重要影响力的教育成果。

（二）培养方式趋向多元

培养方式的改革和创新，始终是提升中小学校长培训质效的重要举措。2013年，教育部在中小学校长培训的指导意见中指出，可以采取案例教学、专家讲授、行动研究等多种方式开展校长培训工作。2015年至2018年，首期中小学名校长领航班遵循"整体规划、个性指导、训用结合、连续培养、协同创新"的思路，各培养基地结合以往省市名校长培养项目经验，联系学员特征和自身优势，制定了培养方案，形成了多元化的、各具特色的培养模式。

比如，北京教育学院紧密围绕"夯实专业功底，助力名校长领航"这一主题，通过"明确培训定位、加强理论指导、拓展实践视野、优化研究方式、扩增培训效能"五条路径来培养领航校长。③广东第二师范学院通过"任务驱动"

---

① 王定华. 中小学名校长领航工程的理念进展方略［J］. 中国教育学刊，2018（8）：1-4.
② 陈玉琨. 成才成名然后才能成家［J］. 基础教育论坛，2012（14）：23.
③ 严华银. 领航工程：把"创新型"校长培养成"教育家型"校长［J］. 中小学校长，2015（9）：22-24.

下的个性化培养模式，综合利用大数据精确分析名校长发展基础，一人一案，精准帮扶，助推教育家型校长的成长和学校的创新发展。[1] 中国人民大学附属中学培养基地将"务实创新"与"育人为本"有效结合，通过"调研先行、问题入手"，"平行视角、实践导航"，"优势互补、团队创新"三个方面的工作，实现学员及其学校的共同发展，带动促进其所在区域教育的优质均衡发展。[2] 江苏教育行政干部培训中心在借鉴"U—G—S"教师教育模式的基础上，按照"目标一致、责任分担、成果共享、合作发展"的原则，建构了"名校长培养基地—地方政府—名校长学校"培训模式。[3]

在各种培养模式中，可以归纳出名校长培训不同于其他培训的特征，即个性化、主体性、实践性、开放性、研究性和引领性。"个性化"是指必须重视学员个性修养、专业特长和成长环境的不同，深入了解学员的优势特长、短板不足，研制富有针对性的培养计划，进行个性化培养。"主体性"是指要尽可能调动学员自我发展的内驱力，创造条件促进学员深度参与，引导其不断深化自我认识和实践反思，主动探索和突破发展瓶颈。"实践性"是指必须尊重校长型教育家的成长特点，紧密结合中小学教育教学实际，围绕实践重难点和学员感兴趣的专题，开展各种基于岗位实践的研学活动。"开放性"是指要立足创新型人才培养目标，搭建广阔的发展平台和开放式的培养环境，以跨学科、跨学段、跨行业、跨区域、跨基地的培养，开拓文化视野，提升综合素养，培养创新思维。"研究性"是指必须聚焦教育改革和学校改进的重难点问题，依托正式的课题研究，深化学员对突出问题与矛盾的思考，促生创新性的改革行动。"引领性"是指要重视落实学员的示范引领作用，通过建立工作室、研训指导、课例师范、校长论坛、交流任职、管理咨询、发展联盟等多种形式，引导更多中青年校长的专业成长，助力更多学校的优质发展。

（三）培训管理趋于系统

培训管理是培训过程的重要组成部分，是实现培养目标的重要保障。名校长的培养是一个系统工程，是个人努力、组织培养、岗位锻炼、领导关注与激

---

[1] 王定华. 中小学名校长领航工程的理念进展方略 [J]. 中国教育学刊, 2018 (8)：1-4.
[2] 刘彭芝. 人大附中培养基地：务实创新, 育人为本 [N]. 中国教育报, 2015-07-16 (7).
[3] 回俊松, 季春梅, 严华银. "培养基地—地方政府—名校长学校"名校长培训模式构建研究 [J]. 中小学教师培训, 2017 (3)：33-36.

励机制共同作用的结果。① 名校长培养项目的顺利实施，需要不断完善配套的管理体制机制，营造良好的发展空间。目前，各级各类的名校长培养项目，主要是依托公正导向的遴选机制、协同导向的创新机制和成果导向的产出机制，为名校长充分深度参与培训、达到预期的培养目标提供支持。

第一，公正导向的遴选机制是确定培养对象人选的重要依托。无论在国家还是市区层级，一般都会结合整个校长队伍的发展情况，提前研拟明确的遴选条件和推荐标准，通过个人申请、教育行政部门推荐和专家对推荐人选的复审和答辩，在公示无异议后确定培养对象。同时，部分省市区域的遴选考虑到区域发展教育不均衡的特点，在实施方案中明确规定推荐和评选向乡村校长倾斜，单列推荐名额，单独评选。②

第二，协同导向的创新机制是汇聚校长专业发展推进力的重要依托。名校长的培养是需要校长个人、所在学校、培养基地、地方政府等多方力量相互沟通、协调、合作实现校长专业发展的过程。为了促成"选、育、用、管"的有机融合，一要在培训之前明确责任主体；二要成立专门的项目办公室统筹各项工作；三要在过程中通过战略协同、知识协同、组织协同策略③，依托合作建构培训课程、合作开展区域内校长培训、合作推进教育课题研究、共享优质校长培训资源等方面的工作，推动多方在名校长培养、区域校长成长和基础教育研究等方面的合作创新，形成名校长发展合作共同体④。

第三，成果导向的产出机制是确保培训效能的重要基础。它强调培训机构要加强学员学习产出与培养目标之间的联系，要以预期的学习成果为中心来组织、实施和评价培训工作。培训中充分尊重学员独特的专业成长经历，重视其已有管理经验和教育智慧，通过双导师制、建立名校长工作室、出版专项资金、定期组织名校长讲坛或论坛等方式，促进学员梳理和总结办学经验，澄清和反思教育理解，凝练和分享教育思想。

---

① 于维涛. 首期名校长领航班群体的结构分析和发展对策 [J]. 教师教育研究，2016，28（5）：57-61.

② 于维涛. 首期名校长领航班群体的结构分析和发展对策 [J]. 教师教育研究，2016，28（5）：57-61.

③ 杜洁云. 协同创新：教育家型校长成长新策略 [J]. 中小学教师培训，2015（11）：31-34.

④ 回俊松，季春梅，严华银. "培养基地—地方政府—名校长学校"名校长培训模式构建研究 [J]. 中小学教师培训，2017（3）：33-36.

三、教育家型校长培养工作的反思

中小学校长培训工作的使命是服务于基础教育的改革和发展。名校长培养工程在各层面的广泛开展，在促进校长的专业发展、深化教育科学研究、传播先进的教育理念与思想等方面都产生了重要影响。然而，在整个培训体系的建构、培训课程的设置上，还存在需要着力改进的方面。

(一) 加强名校长培训体系的分层建设

从普通校长成长为名校长是一个长期的过程。在助力校长专业发展的培训领域，无论是国家，还是省市区域各个层级上，基本形成了包括任职资格、在职校长提高培训、骨干校长高级研修、优秀（卓越）校长高级研修以及名校长培养等多种类型。这种系列化的培训设置方式，旨在引导校长在专业化道路上持续提升。然而，目前缺乏的是对国家、省市及区级校长培训内在结构关系的梳理，同一类型的培训在不同层级上，经常存在主题、内容及方式相似甚至简单重复的问题。大多数承担国家领航项目的培养基地，同时承担着省市层级上名校长培养的工作任务，在培养过程中各环节的交叉重复在所难免。同时，同一类型的培训在国家、省市区域不同的层面上，缺乏内在联系。一位校长可能参加完省级名校长培养，继而又参加市级教育家型校长培养，以致大大降低了有限培训资源的使用效力。为此，加快包括名校长培养项目在内的整个校长培训体系的分层建设，形成相互衔接、相互助力的培训链条，是今后一个时期需要重点关注的问题。

(二) 加强名校长培训课程的分类建设

名校长的培养是最高层次的校长培训项目，主要采用完全有别于其他类型的个性化培养，由各培养基地结合对学员发展水平与发展需求等方面的调查结果，研制整个培训过程的课程架构，并生成个性化的培养方案，以保证培养过程的针对性和实效性。然而，过于突出培养对象"个性化"需求，往往会忽略教育家型校长的"共性"特征。同时，各培养基地研制课程和统筹课程资源的能力，也在相当程度上影响着培养质量。为此，在今后的培养过程中，应加强对名校长培训课程的研发。一方面，可结合教育家型校长特点及成长规律的研究，开列一些必修课程模块，比如，人文素养、教育哲学、教育史学、卓越领导力等，以集中研修或网络研修的方式落实；同时，也可充分利用各培养基地优势，开列一些选修的课程模块，以跨基地的联合培养模式，为校长的个性化发展提供更广阔的空间。

小学校长教学领导力模型建构的质性研究

——基于扎根理论的编码分析

黎晓君[*]

在落实"五育"并举的全人培养任务过程中,学校教学是实施素质教育的主要渠道,校长是学校改革发展的引领力量。新时期基础教育改革对校长素养和领导水平提出了更高的要求。2019 年,中共中央、国务院印发了《关于深化教育教学改革全面提高义务教育质量的意见》,提出校长是学校提高教育质量的责任人,校长"应经常深入课堂听课、参与教研、指导教学,努力提高教育教学领导力"[①]。教学领导力理论强调校长改善学校管理环境与引领教师行为从而影响学生学习成效,是以学生学习作为第一导向的领导力理论,这些年来一直活跃在国内外学校管理研究与教育改革实践中。在全面提高义务教育质量与学校自主管理水平的宏观背景下,依据现实情境探索其内涵和特点,以小学校长为研究对象,深入开展我国校长教学领导力模型本土化研究,对教育政策制定与学校管理实践产生了积极影响。

一、教学领导力研究的发展

教学领导力一直受到教育者与研究者的密切关注,教学领导力的源起、内涵与功能因研究者的立场和认识的不同而产生各种阐述。教学与课程这两个概念是教育活动的重点研究内容,课程领导内涵的研究对教学领导力研究具有借鉴作用,教学领导力与课程领导力具有相互依存而又独立发展的关系。课程领导力理论可追溯到 20 世纪 70 年代的西方校本课程运动,强调通过领导行为与方式推进课程规划、课程实施与课程评价等一系列过程,从而提升学生学习质

---

[*] 作者简介:黎晓君,广东第二师范学院学前教育学院讲师,博士。该文发表于《广东第二师范学院学报》2021 年第 41 卷第 4 期。

[①] 教育部. 中共中央国务院关于深化教育教学改革全面提高义务教育质量的意见[EB/OL]. (2019-06-23)[2021-03-26]. http://www.moe.gov.cn/jyb_xxgk/moe_1777/moe_1778/201907/t20190708_389416.html.

量。课程领导的主体可以是个人，也可以是组织团体与政府机构①。教学领导力从20世纪80年代美国"有效教学活动"正式兴起，随即受到学界重视，近30多年来，与交易型领导力、转型领导力、分布式领导力共同成为西方教育领导力研究的主要理论。在教学领导力理论形成的初期，教学领导力主体主要是校长，教学领导力内涵被定义为校长直接介入学校课程管理与教师教学，从而影响教学改革的动态进程。教学领导力理论代表学者海林杰（Philip Hallinger）开发了教学管理测量量表（Principal Instructional Management Rating Scale，PIMRS），该量表主要包括制定学校发展愿景、管理课程计划与发展学校氛围三个维度，维度下设10个分量表与50个行为项目，在学界受到广泛引用②。90年代中后期，教学领导力理论在其他西方国家多次研究论证，元分析研究发现教学领导力在对学生的成绩的影响是转型领导力的3~4倍③。

　　进入21世纪，随着国际社会对基础教育改革与学校领导问责的加倍重视，教学领导力研究在不同的社会背景下再次焕发活力。在ERIC外文教育资源数据库搜索发现，2000年至2020年间，标题和关键词中含有"instructional leadership"（教学领导力）的论文共有891篇。在知网期刊数据库搜索近20年来标题或者关键词含有教学领导力的中文论文共有176篇，教学领导力持续受到研究者与政策制定者关注。随着教师赋权加深，共享教学领导进入研究视角。研究发现，共享教学领导强调校长和教师在课程与教学上的积极合作，对学生学习的影响作用更明显④。基于教学领导力理论基础上，墨菲（Joseph Murphy）等提出"以学习为中心的领导"的概念，概括了比教学和组织变革更广泛的领导要素，包括多样性学习、资源共享和专业社群⑤。为此，教学领导力内涵进一步延伸，教学领导力不仅指校长领导教学事务的行为，还包括校长创建专业学习环境与

---

① 鲍东明. 关于西方课程领导理论发展趋向研究 [J]. 比较教育研究，2016，38（2）：64-71.

② HALLINGER P, MURPHY J. Assessing the instructional leadership behavior of principals [J]. Elementary School Journal, 1985, 86 (2): 217-248.

③ ROBINSON V M J, LLOYD C A, ROWE K J. The impact of leadership on student outcomes: An analysis of the differential effects of leadership types [J]. Educational Administration Quarterly, 2008, 44 (5): 635-674.

④ MARKS H, PRINTY S. Principal leadership and school performance: an integration of transformation and instructional leadership [J]. Educational Administration Quarterly, 2003, 39 (3): 370-397.

⑤ MURPHY J, ELLIOTT S N, GOLDRING E, PORTER A C. Leadership for learning: a research-based model and taxonomy of behaviors [J]. School Leadership and Management, 2007, 27 (2): 179-201.

赋能教师的动态过程所表现出的行为与能力。

近10年来，随着我国新一轮基础教育改革的逐步推进，教学领导力研究更为兴盛。前期的教学领导力研究多数处于概念引进、内涵阐述与思辨性建议，研究视角包括校长角色定位、领导要素、支持体系、提升策略等方面。随着《义务教育学校校长专业标准》颁布，依据本土理解与实践需求，学者对校长教学领导行为测评进行改良探索。2010年，褚宏启和刘景[1]、赵茜和刘景[2]、赵德成[3]等发表一系列专题文章，试图从内涵、行为要素和提升路径等多个层面分析本土情境下的教学领导力，进而建构校长教学领导力行为模型雏形。随后，张东娇和魏晖[4]、马健生和吴佳妮[5]等对PIMRS教学管理评定量表进行改进探索，提出了基于行为分析的校长教学领导风格评估模型。西方学界对PIMRS模型与学生发展的关系开展大量实证研究，产生丰富的研究成果，而我国教学领导力研究处于探索阶段，缺乏被广泛认可的理论模型，对于教学领导力之于学生发展与学校效能的影响力也没有达成一致的结论，亟须更多的实证研究进一步完善教学领导力理论框架及其影响学生发展的作用机制。

表1　中外教学领导力理论

学者	年份	含义或要素
Bossert 等[6]	1982	校长发挥教学领导角色，建立有效的教学组织的过程，受到地区背景、学校文化、校长教学领导行为等因素相互制约协调
Hallinger 和 Murphy[7]	1985	校长在课程与教学两大范畴上发挥协调、管理和发展的作用，直接介入教师教学活动，管理课程计划，监督教学进度，营造学校氛围，提高教学效能

---

[1] 褚宏启，刘景. 校长教学领导力的提升：从"大校长"该不该进"小课堂"谈开去[J]. 中小学管理，2010（3）：4-6.
[2] 赵茜，刘景. 我国校长教学领导力模型研究[J]. 中小学管理，2010（3）：10-13.
[3] 赵德成. 校长教学领导力：领导什么与怎么领导[J]. 中小学管理，2010（3）：7-9.
[4] 张东娇，魏晖. 校长教学管理行为的诊断与分析：以一所小学为例[J]. 教育科学研究，2013（12）：10-13，18.
[5] 马健生，吴佳妮. 中小学校长教学领导风格评估：海林杰校长教学管理评定量表的改进探索[J]. 教育科学研究，2013（12）：5-9.
[6] BOSSERT S, DWYER D C, ROWAN B, LEE G. The instructional management role of the principal [J]. Educational Administration Quarterly, 1982, 18（3）：34-64.
[7] HALLINGER P, MURPHY J. Assessing the instructional leadership behavior of principals [J]. Elementary School Journal, 1985, 86（2）：217-248.

续表

学者	年份	含义或要素
Blase 和 Blase①	1999	校长为提升教师教学能力和专业水平采用的策略及引发的行为，表现为提供专业意见，建设教师专业队伍，注重团队合作，加强校长与教师的沟通
赵茜和刘景②	2010	校长教学领导力模型包括指导教学组织、策划教学活动、提供教学条件、监控教学情况四类教学领导行为
Murphy、Goldring 和 Cravens③	2011	教育领导核心要素在于高标准的学生学习、严谨的课程、有效教学、学习共同体、与外部团体的联系、系统的绩效问责等六个方面
赵德成④	2016	校长明确学校教学发展目标、建立以教学为中心的组织文化，改进教师教学表现的考核体系，建构促进教师教学改进的教学管理制度，以及建设学习型组织

总体而言，我国教学领导力研究逐渐深入，采用学校领导、学校效能、专业学习社群等多个领域的现存成果构建理论框架并尝试进行多维测评，但是概念性定义还没取得共识，引申的测评量表的信度与效度均有待提高⑤。教学领导力的核心要素是什么，要素之间是什么关系，要素如何受到情境影响而产生作用？均有待实证研究进一步论证。正如海林杰提到"我们需要获得更好的信息，不仅是关于'什么要素起作用，而且是什么要素在不同环境中起作用'"⑥。情境形成领导力，同时实践环境也促成领导力的发展。相比量化测量，采用扎根

---

① BLASE J. BLASE J. Implementation of shared governance for instructional improvement：principals' perspectives [J]. Journal of Educational Administration, 1999, 37 (5)：476-500.
② 赵茜, 刘景. 我国校长教学领导力模型研究 [J]. 中小学管理, 2010 (3)：10-13.
③ MURPHY J F, GOLDRING E B, CRAVENS X C. The Vanderbilt assessment of leadership in education：measuring learning - centered leadership [J]. Journal of East China Normal University Educational Sciences, 2011, 29 (1)：1-10.
④ 赵德成. 教学领导力：内涵、测评及未来研究方向 [J]. 外国教育研究, 2013, 40 (4)：96-103.
⑤ 赵德成, 马晓蓉. 教学领导力研究中的问题与展望 [J]. 外国教育研究, 2016, 43 (9)：60-70.
⑥ HALLINGER P. Leadership for learning：lessons from 40 years of empirical research [J]. Journal of Educational Administration, 2011, 49 (2)：125-142.

理论的质性研究方法"自下而上"归纳新的理论框架,注重情境分析与人际交往作用,更有助于提炼基于我国现实情境的教学领导力的核心要素与概念性定义,从而进一步完善教学领导力的内涵和夯实量表测量的知识基础。

二、研究对象与方法

基于建构校长教学领导力模型的探究性目的,本研究采用质性研究方法,通过访谈探讨立足于我国学校情境的小学校长教学领导力行为特征。研究对象选定为小学校长,小学校长面对较少的升学考试压力,在课程与教学方面有更多改革实践的空间。研究采用目的性抽样和滚雪球抽样方式,选取22名来自深圳与广州的小学校长,进行了深入的半结构化访谈。受访对象担任校长年资在4年至12年之间,男女比例为9∶13,均有多年一线教学与学校管理背景(广州校长编号以G开头,GA-GK;深圳校长编号以S开头,SA-SK)。每个访谈持续1~1.5个小时,所有访谈均有录音与文字记录,访谈问题的展开围绕着校长的学校与个人背景、工作经验、角色认知、对教学领导力的理解与应对课程改革的措施等。

表2 访谈选取的对象

城市/对象	男/名	女/名	担任校长年资<10年/名	担任校长年资≥10年/名
广州校长	5	6	8	3
深圳校长	4	7	8	3

扎根理论是从经验资料的基础上建立理论的质性研究方法,有助于指导数据收集和理论构建过程。Strauss 的三级编码方法是扎根理论研究路径中资料分析的重要一环,包括开放式编码、轴心式编码与选择式编码[1]。通过对编码资料持续比较与厘定,根据资料与理论之间的相关关系提炼类别与归纳概念。在扎根理论的指导下,本研究通过 Nvivo12 软件对资料进行编码与分析。概念化过程的第一步是对访谈资料进行开放式编码的梳理,并对类别进行命名。第二次编码是轴心式编码,对大量开放式编码甄别后,发现类别和子类别之间的有机联系。最后阶段是选择式编码,进一步整合与梳理教学领导力实践的主范畴,进

---

[1] STRAUSS A. Qualitative analysis for social scientists [M]. Cambridge: Cambridge University Press, 1987.

而定义了六个维度及下一层级的子维度。其后对剩余研究对象的访谈资料进行理论饱和度检验，并与其他文本资料进行三角互证，不断提炼和修正教学领导力模型直至理论饱和。质性研究方法通过访谈建立叙事过程而形成一手资料，采用归纳而非演绎的思路，注重与社会情境的互动及人与人之间的交互作用，有助于提炼教学领导力的核心内涵，概括出具有生态效度的操作性概念。

表3 访谈资料编码的例子

开放式编码	轴心式编码	选择式编码
1. 修改与管理教学方案 2. 指点教师以备战教学比赛 3. 给予教师指导性反馈 4. 观课与议课 5. 参加常规性教学研讨 6. 提供教学资源	指导与评估教学	评估与督导教学
1. 观察学生在课堂上的表现 2. 收集数据与追踪学生档案 3. 定期与教师商讨学生进展 4. 通过测试评估学生学业进展 5. 审查学生作业与报告	督导学生学习	

三、研究结果：建构小学校长教学领导力模型

通过对资料的编码分析，建构基于我国学校情境的小学校长教学领导力模型，此模型共有6个主要维度，包括14个子维度，反映了小学校长对学校教学领导力关键要素的理解与行为实践。该模型的6个维度及其内涵描述如下（见表4）。

表4 本研究的校长教学领导力模型

维度	内涵	子维度
制定学校愿景与方向	校长依据学校发展现状，制定学校的目标与发展方向，编制学校发展规划，促使教师取得学校发展的共识	• 编制学校发展规划 • 沟通学校发展目标

续表

维度	内涵	子维度
评估与督导教学	校长指导和监督教师促进学生学习的有效教学。在日常教学过程中，校长支持教师根据修订后的课程方案调整和改进教学方法	• 指导与评估教学 • 督导学生发展
开发与管理课程	校长整合与开发符合国家课程要求的课程方案，以提高学生对学习的积极参与态度	• 整合与评估课程方案 • 发展与管理校本课程
营造校内协作氛围	校长通过调整学校制度，促进校内工作关系，以确保为教师提供积极和安全的工作环境。具体做法包括激励教师和建立协作文化，使教师能够有效参与从而做出贡献	• 重建组织架构 • 加强教工关系 • 加大激励措施
引领教师专业发展	校长创造机会，促进教师在校内外的专业发展。他们不仅加强校内以教研主导的交流学习活动，也寻求外部资源支持教师专业发展	• 支持校本教研交流 • 加强校外专家指导
加强外部交流与支援	校长带领学校建立与外部支持者的关系，通过与地区政府、社区和伙伴学校建立联系，以寻求资源和形成合力	• 建立伙伴学校关系 • 争取上级部门支持 • 加强学校、家长、社区合作

（一）制定学校愿景与方向

教育的本质是培养人、发展人，学校教育任务围绕着培养人的本质功能而展开，教学改革的重心聚焦于学生的学习发展。小学校长教学领导力核心之一表现为确立学校愿景，提炼办学理念，围绕学生核心素养提升制定短期、中期与长期的办学目标。学校愿景与治学方向基于校长对教育本质的认识、人才培养规律、教育政策法规与学校管理原则而形成。GB 校长在小学推行"幸福教育"的理念，她表示："我们学校希望老师能尊重孩子的个性，（关注）不仅仅是分数，还有学习过程、交往与能力。通过学校愿景引领老师，如果老师没有幸福感，怎么教出有幸福感的孩子呢？"校长在传递理念的过程中扮演着理念的创造者、传递者、解惑者的角色，"传达愿景的过程并不容易，我总是在教工会议上一遍又一遍地重复学校的目标和价值观"（SH 校长）。"我们定期举办不同层面的教工会议以促进讨论。中层理解学校发展意图再引领其他教师的执行效果更好。"(GF校长)大部分受访校长使用了"共识""理念""价值观"等概念,校长关心在教师之间建立一种共同的目标意识,而适当的沟通策略是教学领导力有效实践的关键,这样才能通过办学理念的价值引领,推动全体教师为提升教学质量与建设学校特色而努力。

(二)评估与督导教学

评估与督导教学包括两个子维度:指导与评估教学和督导学生发展。在对学生学习高度负责的时代,校长教学领导力对学生学业的影响是间接而显著的。小学校长借助大数据技术建立多元评价指标了解学生"学情",通过直接督导教师教学,激发教师教学能动性,创造条件为教师的成长提供有益的指导,从而促进教学质量提升。SF校长表示,教学指导的质量取决于校长对"学情"的把控和对教学核心业务的理解。"我通常采用推门观课的方式给教师反馈意见。平均每学期我要听20多节课。"(GH校长)"我们组织跨学科的磨课与研讨,这是一个通过集体学习和分享来发展教师教学能力的好方式。"(SA校长)针对学生综合素养提升的要求,校长关心的是找到一种更具有建设性和科学性的教学评价过程。"近几年智慧校园平台建设,通过汇总分析学生数据,更好地得出学生综合评价,为教师教学与学生管理提供了改进的方向。"(SD校长)教学领导力体现在校长管理和监督教学的直接性和多样性。从研究看来,新时期校长更大胆地探索信息技术手段,趋向于建立科学、全面和多元的教学评价制度,以此为下一步教学改革提供决策依据。

(三)开发与管理课程

小学校长教学领导力表现为校长对于课程发展的规划、开发、调配课程资源的能力。新时期基础教育改革对校长治学提出更高期许,要求校长在立足于学校办学理念基础上,引领教学团队发展立足于本校现状的课程体系,使学校的课程改革有根源、有方向、有特色。针对校本课程开发,GC校长承认一所学校的传统资源、师资力量、教学场地是有限的,"这非常考验校长,要求我们能统筹校内外课程资源并有效利用"。多数受访校长表示超过50%的时间投入学校行政事务与应付上级检查中,用于课程领导的精力不足,课程发展更多依靠教师主导。"校长应更多扮演课程规划的领导角色。"(SK校长)校本课程不应流于形式,而是带领团队设计一个符合学生发展需求的且结合学校传统与特色的课程计划。"我们学校传统校本课程侧重于体育,尤其轮滑是特色,后来由于场地问题不得不停止,我们现在主推阅读课程,所有学生都能参与且成本较低。"(GJ校长)为确保课程计划有效地推行,校长积极参与协调与组织工作,掌控课程发展的进度,"比如,我会和教师沟通课程目标,审查教学计划,重新安排教师以适应课程变化,还有评估课程实施的效果"(SH 校长)。在课程建设过程中,校长扮演了引领者、协调者、统筹者与评估者的角色。

(四)营造校内协作氛围

为了成为有效的教学领导者,校长在建立一个安全而协作的工作环境中发挥着关键作用,校长实施了三种具体的领导实践活动:重建组织架构、加强教工关系、增加激励措施。重建组织架构的目的是通过重新安排职位和资源,促进教师参与和协作,比如,调整学科组和年级组的组长职位,加大对"名教师工作室"学习组织的支援,促进不同学科教师之间的跨年级合作等。"我会给骨干教师提供平台和资源,他们能更好地组成团队进行课堂创新和不同领域的教学研究。"(SJ 校长)校长认为,管理教师方法之一是营造一种积极向上的氛围,"如果教师感到快乐,他们就会积极地工作"(SB 校长)。"教师被视为受人尊敬的知识分子,他们普遍具有强烈的个人价值观、成就感、荣誉感,相应地,我一直注意对教师表达关怀和尊重。"(GH 校长)校长有意建立和谐的校园人际关系,平衡教师的自我效能和集体效能。针对教师的职业倦怠和压力问题,校长利用民主程序发展多维度的教师评价考核制度,通过绩效分配、职称评选引导教师积极投入教学,同时尽力为教师提供培训和竞赛等发展机会,促进教师自我发展。

(五)引领教师专业发展

教师是学校教学活动的主体,支持教师专业发展,是保障课程与教学有效实施的关键。小学校长教学领导力体现在知识和技能层面推动教师发展,表现为支持校本教研交流与加强校外专家指导等实践行为。"导师制的实施对年轻教师的成长帮助很大,我校师徒结对期限为三年,其间包括备课共享、教研合作、竞赛指导等。"(SE 校长)相比于西方校长,中国校长的教学科研领导角色更明显,他们利用各种资源途径激发教师学习热情,比如,通过教研组、学科组的校本教研加强跨学科跨年级的纵深合作。GA 校长在访谈中强调,"我们赞成以点带面的课题引领,通过积极申报省区市各层次课题,各科骨干老师主导建立了学科中心组,研究成果出来了,年轻老师也随之成长"。超过半数受访校长对教师出外参加交流持积极态度,并且大力促进区域内校际教研网络的建立,"(我们的)教师出外参加培训,其他兄弟学校教师来我校跟岗学习,我们都是非常支持,都是一种区域教师联动作用"(GE 校长)。在此过程中,校长保持开放的专业视野,制定符合教师学习和发展的标准,并改进有效教学保障支援系统,通过专家指导、教学竞赛、评课、支援课题建设等措施进一步引领教师专业发展。

（六）加强外部交流与支援

校长在把握社会和家长对学校要求的过程中注重与利益相关者处理好关系，有效地分享信息，争取支持，形成合力，具体表现为建立伙伴学校关系、争取上级部门支持和加强与学校、家长、社区的合作。在"管办评分离"的学校治理改革中，小学校长积极构建政府、学校、社会之间的新型关系。"我们区教育局在教育教学改革中的引领力量一直很强，财政支援比较充足，学校在推动课程创新上取得不少支持。"（SJ 校长）校长领导职能之一是使学校发展目标与区教育战略方向相一致。此外，校长强调建立区域教育联盟的作用，这种合作有助于优势互补，共享资源。SB 校长提出了"课改圈"一词，"我们区四所小学建立了非正式教研伙伴关系，联动举行观摩课与教学研讨会，有助提高老师学习积极性与教研水平"。除了联盟学校，校长承认家长在学校管理中重要性加强，通过传达办学思想和增加家校合作争取家长的支持，"家长总是期望孩子取得优异的学习成绩，他们确实给了老师很大的压力，经过多次沟通，让家长理解学校更关注学生的过程性发展而不仅是期末分数"（GF 校长）。校长作为学校学习共同体的领导者，寻求建立外部合作关系，以更好地实现学校教育教学发展的目标。

四、讨论：小学校长教学领导力提升策略

随着我国教育改革及学校治理现代化的推进，小学校长面临着更复杂艰巨的任务，他们的角色超越了传统行政领导，需要通过一系列提升策略成为更加专业高效的教学领导者。

（一）生成与凝练办学思想

新时期我国教育处于质量提升的关键阶段，校长要以教育的本质指导改革，以改革推动学校教育质量发展与特色学校建设，进而提升学生核心素养。教育改革是教育思想的实践，特色学校是在办学思想与学校教育现实的互动中创建的社会产物。正如苏霍姆林斯基认为，校长对学校的领导，首先是教育思想的领导，其次才是行政上的领导。然而，办学思想的生成与凝练是一个系统而复杂的过程，大部分校长能清晰描述办学理念与办学目的，他们表达了对"培养什么人、怎样培养人、为谁培养人"的思考，并做出一系列的教育教学改革举措，但对如何生成一套办学思想不太确定，对于办学理念、办学思想与校长领导力之间的关系及其相互影响的过程依然存在疑惑。办学思想的形成是一个完整的逻辑体系，而校长提及的"理念"更多指向教育概念、理想或信仰，思考

与定义理念恰是校长形成个性化办学思想的逻辑前提①。为此，办学思想凝练的过程也是校长教学领导力提升的过程。在凝练办学思想的道路上，要求校长对已有教育理论继承与发展，对当今教育政策与形势领会与判断，更要求校长对自身教育实践感悟与思考，从而确立学校发展的目标纲领与行动规划，引领教师团队凝聚共识，为学校改革发展而齐心协力。

（二）提升课程与教学的专业素养

相比西方校长主要通过社会公开招聘并具备多年教育行政经验的教育管理人员，我国小学校长主要从教学一线公开选拔与竞争上岗，特别是经过多轮课程改革洗礼，在课程与教学上扮演着重要的参与者和领导者角色，他们既是课程建设的规划者，也是教学实践的引领者。根据上海TALIS 2018校长调查结果，上海校长投入教学事务时间占全部工作时间的27%，明显高于经济合作与发展组织（OECD）平均值（16.3%），参与专业培训活动类型也是显著高于OECD均值②。本研究中的广州与深圳小学校长同样密切参与教学事务和培训学习，超过2/3校长受访前一年内参加过至少一次校外专业发展培训。有校长表示，作为一名教学领导者不等于成为教学专家或者教学权威，对具体学科教学多做干预，而是将校长的专业性表现在基于课程改革形势对学校课程做出战略规划与建设性的教学督导上。在倡导"教育家办学"的大背景下，淡化了校长的行政化职能，更强调其课程与教学的业务水平，要求校长群体理解教育、实践教育、研究教育、懂得教育，以专业眼光把握教育教学发展的方向，用专业语言表达对课程与教学的看法，这需要校长不断提升自身专业素养。

（三）合理运用多样化的学生评价手段

学生发展是学校教育教学改革的焦点，以学生学习成效为导向的教学领导力体现了以学生为本的价值观，回应了培养学生核心素养为育人目标的学校改革要求。随着"素质"到"核心素养"的培养导向转变，从注重学生全面发展的评价到催生学生发展性评价，强调对学生的关键能力进行过程性评价。小学校长对学生发展核心素养进行有效评价，有助于评估学校整体教育教学水平，从而调整教学领导力的着力点与力度。校长合理设计学生发展性评价，让学生发展性评价目标与学校办学理念保持一致，与教师教学方式、课程内容、校园

---

① 王俭. 教育理念的凝练与个性化办学思想的生成［J］. 教师教育研究，2014，26（5）：68-72.

② OECD. The OECD teaching and learning international survey［EB/OL］.（2019-06-19）［2021-03-26］. http：//www.oecd.org/education/talis/.

文化与学校特色建设有机结合。学生核心素养评价没有所谓"硬"指标，这需要校长引导教师与家长取得对学生评价的共识，衡量标准不仅是学生学业水平，也包括更好地实现评价主体、评价内容与方式的多元化、规范化与智能化。评价的内容不局限于平时作业、各层次学业测试、各类型比赛结果，而是把体育、劳动、美术、课外活动、社会实践、个性特长等纳入评价体系。除此之外，校长转变学生评价方式，从结果性评估转向过程性评估，还要跟上大数据发展前进的脚步，逐步建设有利于学校协同工作的信息化评价管理平台，利用信息化手段为多维度与立体式的学生评价体系提供技术支撑。

（四）扮演"大家长"角色，注重人本管理

学校教学实践的主体是教师，提升教师工作积极性与优化校内工作环境是小学校长领导任务的重点。相比西方讲求学校科层管理的特点，我国校长领导力兼顾儒家文化价值中的"以人为本"，体现了"爱人者，人恒爱之；敬人者，人恒敬之"的社会互惠规则。校长提到学校管理中注意以和为贵，维护教师的"面子"，认为同校长对教师的关怀和尊重有助于增进信任感进而产生情感承诺。校长教学领导力的有效实践，是建立在对学校人、财、物及学校发展事务的综合判断的基础上，对下属有比较全面的认识，协调人际关系，营造和谐的工作氛围，有助教育教学工作开展。这也印证了西方实证研究结论，学校氛围和教师满意度在校长领导力与学生学业成绩之间起到显著的中介作用[1]。校长在实行教学管理中扮演了"大家长"的领导角色，强调以德服人，以身作则，以公平正派的德行营造出积极正面的组织氛围。在这种"泛家文化"的过程中，校长教学领导力实践是一个恩威并施的过程，管理中兼顾德行引领与组织纪律，校长要善于采用行之有效的激励机制，不仅提供奖金奖励、职位晋升、培训竞赛等显性激励手段，也注重通过表扬、鼓励、给予建议等方式，真正了解人的需要、困难和行为动机，提高教师的工作热情与学习效率，进而提升学校教学质量。

（五）发挥共享教学领导力，赋能教师团队

教学管理不是一种线性的基于职位的点对点工作关系，而是一种参与式的实践共享教育价值观的集体行为。比如，本研究的一所小学用了五年时间推动以学生为中心的课堂教学改革，由骨干教师组成的先行部队到外校学习经验，回校后带领学科组实施了几轮教学提升计划，为了学生发展的共同目标而协同

---

[1] SUN P S J, LEITHWOOD K. Leadership effects on student learning mediated by teacher emotions [J]. Societies, 2015, 5 (3): 566-582.

工作，在这个过程中校长赋能骨干教师，推动校本教研，建立学习型组织，实现共享教学领导。其教学主任也承认教师很乐意为集体进步共同努力，教师担任非正式领导激发了更高层次的学习参与。西方研究表明，校长教学领导力作用于教师学习共同体发展，从而影响教学质量与学生发展[1]。当校长教学领导程度越高时，学习氛围越开放，教学团队感知越一致，对教师专业协作行为促进越明显。相比西方欠缺集体教研的氛围，教师之间相互观摩教学与集体备课一直是我国学校的常态，在这个过程中，校长发挥共享教学领导力作用，扮演着激发教师领导能力与支持学习共同体的领导角色，赋能教师共同参与学校的变革。可以说在课程改革的挑战下，共享教学领导超越了校长单一教学领导的传统功能，实现从"我"到"我们"的意识转变，延伸到更广泛的组织改革的概念。

（六）整合校内外资源，形成发展合力

校长领导实践作用于多种环境中，相互作用的主体包括学生、教师、家长、社区、政府及全国专业组织。《没有办不好的学校》提到好学校形成除了需要有一名好校长、师资、生源外，也离不开上级的支持、社区的支援与好的制度，校长可以塑造学校条件，也可以被外部环境所影响[2]。校长需要充分发挥外部环境调适者的作用，建立对外交流联系与合作，逐步实现从外部输血到自主造血的转变，最终步入学校自主创新的可持续发展道路。近年来，不少小学校长建立区域教学联盟，乃至跨省伙伴学校关系，有针对性地开展教学研讨、培训教师、共建文化等交流活动。校长教学领导力体现在协调教育行政部门、高校科研人员和学校教师的力量，在整个教育系统中形成合力，解决课程改革中棘手的问题。部分受访校长还成立了名校长工作室，大力培养年青校长，加强区域示范引领作用。校长教学领导力的对外交流调适作用也体现在有效地利用社区资源支持学校发展，提供多样化的方案吸引家长合作，开展"家长义工""家长讲座"等活动，以获得额外的人力资源与物力资源来丰富学生学习体验。为此，教学领导力不是只关联课程与教学，而是校长需要寻找各种校内外资源进一步推动教学改革，学校才能拥有持续发展的动力。

五、结语

理论建构是学校管理与领导研究迈向高水平的关键。本研究通过由下而上

---

[1] LEITHWOOD K, HARRIS A, HOPKINS D. Seven strong claims about successful school leadership [J]. School Leadership and Management, 2008, 28（1）：27-42.

[2] 郑杰. 没有办不好的学校 [M]. 上海：华东师范大学出版社，2008：56.

地从实地情境收集资料，依据扎根理论的编码分析，构建了基于学校情境的小学校长教学领导力模型，从现实场域中建构理论有助于解释教学领导力的形成与行动路径，具有更强的实践指导性。理论只有密切联系实际才有强大的生命力，教学领导力也是产生于现实的领导活动，反映小学校长应对当下以学生发展为导向的教育改革趋势的措施。本研究建构的教学领导力模型体现了校长、教师与学生之间的关系，校长直接作用于教师教学行为、学校工作氛围与校内外资源环境，进而形成对学生发展的积极影响。校长对教师专业发展的重视与赋能教师，反映了教师领导力是校长领导力影响学生发展的重要路径。研究结果有助于校长清晰地认识到其领导力发挥的机制，更好地开展学校管理工作，从而对学生素养提升产生促进作用。

未来的研究可以拓展到我国其他地域的不同学段的校长，获取更多的样本资料，并通过混合设计和三角互证，进一步研究结合文化与情境因素的信效度良好的通用教学领导力理论模型。具有操作性的理论模型有助于研究者进一步修正测评量表，测量学生发展、教师氛围、家长支持等变量与校长领导力之间的关系，探讨校长教学领导作用机制，为教育部门制定政策提供更可靠的数据。把握新时代基础教育发展的脉络，总结校长教学领导力的特点与形成规律，有针对性地开展校长管理与领导的培训活动，对推动区域内校长专业发展具有积极的理论价值和实践意义。

中小学教师通识培训课程的建构

苏 鸿*

进入 21 世纪以来,教师培训与教师成长日益成为政府与学校关注的焦点,教育部《关于大力加强中小学教师培训工作的意见》(2011)就明确指出要"科学设计培训课程""提升培训质量"。然而,反思与分析现有的各类培训课程,我们认为,教师通识培训课程的设置仍是一个亟待认真研究与建构的领域。从现有的各省份、各类型培训的课程设置来看,教师通识培训课程的界定与建构都比较宽泛、模糊,需要我们进行更深入的思考。

一、教师通识培训的内涵界定

在课程综合化的大背景下,通识培训理应受到更多重视,然而在实践中,人们对通识培训的理解却并不一致,培训实践中的具体做法也差异较大。笔者认为,通识培训应该是通识教育的下位概念,应该从通识教育的渊源中找寻概念界定的支点。

但遗憾的是,通识教育这个概念本身却是充满歧义的。直到 1977 年,美国学者还在抱怨,"迄今为止,没有一个概念像通识教育那样引起那么多人的关注,也没有一个概念像通识教育那样引起那么多的歧义",以致有学者认为,概念的混乱是通识教育实施不力的重要原因之一。[1] 理论上的歧义带来实践层面的混乱。在教师培训实践中,通识教育往往被功利化、肤浅化,变成简单的知识拼盘,难以发挥其应有的价值。

晚近以来,对于通识教育的探讨日益强调回到古希腊亚里士多德提出的自由教育的传统中去梳理和重建。古希腊的自由教育以发展理性、培养心灵为目

---

* 作者简介:苏鸿,广东第二师范学院学前教育学院教授,博士。该文发表于《当代教育科学》2015 年第 10 期。

[1] 李曼丽,汪永铨. 关于"通识教育"概念内涵的讨论 [J]. 清华大学教育研究,1999 (1):99-104.

标,而不是专为有用而进行的训练。亚里士多德指出,"应当有一种教育,依此教育公民的子女:既不立足于实用,也不立足于必需,而是为了自由而高尚的情操"。① 这种古老的自由教育传统一直延续到现代。例如,二战以后,英国教育哲学家赫斯特(P. H. Hirst)指出:"自由教育是一种由知识本身决定范围和内容,并由此与心智发展相关联的教育。""这种教育的定义以及对这种教育之合理性证明是以知识本身的性质和重要性为依据的,而不是以学生的偏爱、社会的需求或政治家各种反复无常的古怪念头为基础的。"②

在国内,陈向明教授对通识教育的界定也倾向自由教育的立场。她认为,通识教育应该是一种教育理念,而不是简单的办学模式。其目标是培养完整的人(又称"全人"),即具备远大眼光、通融识见、博雅精神和优美情感的人,而不仅仅是某一狭窄专业领域的专精型人才。这种界定强调的是通识教育的非专业性、非功利性,以及学习内容的广泛性、学习方式的融通性。因内容广泛,故学习才能融会贯通,而唯有通融识见,才能目光远大、慎思明辨。③

综合以上论述,笔者认为,通识教育、通识培训的内涵,关键在如何理解"通识"之"通"。梳理通识教育的源与流,我们不难发现,通识教育主要就是针对狭隘的专业教育提出的。传统专业取向的教师教育模式,将教师发展限定在狭隘的专业与学科视野内,这种狭隘专业教育阻碍教师形成完整的世界图景,不利于教师从多视角分析问题,最终会削弱教师教学创新的意识与能力。据此,笔者以为,"通识"之"通",应该是贯通、融通的通,不是通才的通。这种融通表现在三个方面:一是打通不同学科之间的隔阂,引导教师进行跨学科的思考;二是破除科学与人文的疏离,培育教师高尚的人文情怀;三是挖掘知识与文化的关联,凸显对教学之教育性的追求。

二、教师通识培训的目标设定

教师的通识教育不是通才教育,其目标不是掌握广博的知识,而是德行的涵养、境界的提升与识见的融通。具体而言,笔者以为,应该从如下三个方面建构通识培训的目标与任务。

第一,涵养德行。通识教育自提出以来,一直被视为非职业、非专业的教

---

① 亚里士多德. 亚里士多德全集:第8卷 [M]. 北京:中国人民大学出版社,1992:228.
② 赫斯特. 博雅教育与知识的性质 [M] //瞿葆奎. 教育学文集·智育. 北京:人民教育出版社,1993:85,96.
③ 陈向明. 对通识教育有关概念的辨析 [J]. 高等教育研究,2006 (3):64-68.

育，也就是说，其首要目的不在于使学生"成才"，而在于引导学生"成人"。1945年的"哈佛报告"就主张以"全人"作为通识教育的目的。到了20世纪70年代，曾任哈佛大学文理学院院长的亨利·罗索夫斯基更是明确提出，美德教育应该成为通识教育的灵魂。他说："职业的理想境界不应仅限于成为一个合格的技术专家。比较合适的目标应该是专业上的权威同'谦虚、仁慈、幽默'的结合。我要求我们的律师和医生能够理解痛苦、爱情、笑声、死亡、宗教信仰、公正和科学的局限。这些品质较之知道许多新药或受理上诉的法庭的最新判决要重要得多。"① 同样，通识培训的重点也不在于教师的专业训练，而是应该通过广博知识的学习，感悟人类文化的魅力与美丽，思考生命存在的价值与意义，提升对所从事的教育工作的责任感与使命感。

第二，融通识见。通识教育所理解的"识"不是"知识"，而是"见识"。也就是说，通识教育不主张用简单的加法思维来增加和罗列学科门类，更不奢望让每个教师获得全面的知识体系，这在知识爆炸的信息时代几乎也是不可能的。通识教育的真正意蕴在于"打开""澄明""通达"，即打破教师既定的思维模式，引导教师在学习中感悟世界的有机联系，并尝试从多元的视角分析和解决问题，从而不断激发教师潜在的教育智慧。这种"融通识见"的主张在西方坚持自由教育的思想家纽曼、赫钦斯那里都有鲜明的表现。例如，纽曼就认为，大学教育真正的目的是培养理智，他反对那种只掌握知识却没有思维、只学习事实却缺乏智慧的学究式教育。② 赫钦斯则认为："教育的目的是智慧与至善，任何不能指引学生更接近此目的的研究，皆不能在大学中立足。"③

第三，启迪智慧。通识教育要求教师超越原有狭隘的专业与学科壁垒，并学会从多元的视角与观点分析和理解我们生存的世界。这种多元思考可以培养教师良好的判断力，有利于教师从更高的层面透视人类文明发展的脉络，厘清当代文明发展的方向，并自觉地形成与现代文明相适应的思维方式与价值观念，从而在教书育人的过程中更好地对学生进行价值引领。西方当代自由教育的代表人物施特劳斯就曾呼吁：通识教育应该引导学生"聆听最伟大的心智之间的对话"，由于"最伟大的心智说出的是独白"，因此学习的过程就是把"独白"转变成"对话"的过程，这正是我们的判断力和思考力形成的过程。

---

① 罗索夫斯基. 美国校园文化：学生·教授·管理 [M]. 济南：山东人民出版社，1996：97.

② 纽曼. 大学的理想 [M]. 杭州：浙江教育出版社，2001：45.

③ Hutchins R M. Education for Freedom [M]. Baton Rouge, La.: Louisiana state University Press, 1943: 26.

三、教师通识培训的课程设置

笔者以为，针对从教师职业的特点，教师通识培训课程可以以核心课程的模式进行架构。就通识培训而言，核心课程模式有两个方面的优点：一是可以凸显通识培训的要义，即通融识见、举一反三、触类旁通，因为核心课程不是简单的拼凑，而是更强调知识综合；二是可以兼顾课程内容上的多元和教师专业上的差异，从而体现通识课程是所有学科教师共同、共通的课程。

在具体的内容方面，教师通识培训的课程设置可以分为师德修养、中西文化、社会研究、科学探索、艺术欣赏等五大类。

（一）师德修养

从核心课程的视野构建师德修养类通识培训课程，就不仅仅包括教师师德方面的内容，而应该从哲学与伦理学的高度来全面分析与构建。具体而言，笔者以为，可以包括三个方面的内容：中国哲学与人生境界、西方哲学与人生境界、教育伦理与教育幸福。

人生境界是中西方哲学探讨的核心问题，此类课程应该围绕人生境界的追求来解读中西方的哲学文化，使哲学真正成为智慧之学，使教师在这样的通识培训中真正感受到思想家的智慧与力量。事实上，自从近代以来，哲学家就始终把人自身作为哲学探究的主题，并且对人类自身生存的意义与价值、人生的境界与追求等问题给出了许多富有启发性的思考。从存在境遇与人生境界的角度来梳理哲学思想，既体现了通识教育之融通的意蕴，也能真正促动教师的生命感悟。

同样，思想家关于伦理学的探讨，始终离不开"幸福"的话题，古希腊亚里士多德的《尼各马可伦理学》就是关于如何过幸福生活的探讨。因此，从伦理学的角度来建构教师师德的课程，应该把教师的教育幸福作为伦理学思想梳理的核心脉络，引导教师在学习人类伦理思想史的过程中感悟教育幸福的真谛。

（二）中西文化

我们经常说教师的根本任务是教书育人，要在教学过程中真正体现"育人"的侧面，就要求教师自觉地把知识看成一种文化现象，认真地去挖掘和梳理知识背后的文化脉络。

以数学教育为例。数学背后的文化意蕴已经受到学术界的高度重视。美国数学教育家克莱因（Morris. Kline）在《西方文化中的数学》一书中就指出，在西方文明中，数学一直是一种主要的文化力量，数学思想持续深入地影响着人类的生活和思想。在国内，郑毓信教授更是从数学的文化观念、数学的文化价值和数学文化史的研究三个方面构建起了数学文化学的理论框架。数学作为一种文化现象，已经成为数学课程改革的重要理念，例如，《小学数学课程标准》就指出："数学是人类的一种文化，它的内容、思想、方法和语言是现代文明的重要组成部分。"

在教学过程中，教师的任务不仅仅在于知识的授受，更重要的是文化的陶冶。这就要求教师理解学科知识背后的文化脉络，并自觉地从文化的高度来审视学科的教学活动。因此，中西文化的学习应该成为教师通识培训的重要内容。这部分内容可以从三个方面来进行建构：一是中国文化，二是西方文化，三是文化的交流与传播。设置中西文化课程的目的在于引导教师形成文化意识，帮助教师拓宽文化视野。

（三）社会研究

从内容上看，社会研究可以涵盖历史学、政治学、经济学、社会学等多个领域。但对于通识培训而言，其内容的构建应该尽可能展现各门社会科学研究之间的内在联系。笔者以为，"社会研究方法"与"现代化进程"可以成为社会研究课程的核心要素。

"社会研究方法"重在引导教师理解社会科学研究的价值取向、基本思路与主要观点，引导教师形成跨学科的研究视野。事实上，社会科学的各分支领域是相互联系的，如历史的研究就离不开特定的政治、地理、经济乃至技术等要素。因此，历史教师如果缺乏政治、经济、地理等跨学科的视野，其教学就可能缺乏深度。同样，自然科学的发展也与诸多社会因素密切相关，晚近以来，关于科学、社会学的大量探讨揭示了科学与社会之间的紧密联系。综上所述，无论教师的专业背景如何，都需要对社会研究有一定的理解，从而能够以跨学科的视角分析和理解学科教材的内容，深化教师对知识与社会关系的认识。

"现代化进程"可以看成是社会研究课程的另一根主线。课程可以引导教师比较分析西方国家现代化的进程，启发教师从历史、政治、经济、社会等多个角度分析西方文明的本质，并由此去思考本民族的现代化道路。

（四）科学探索

科学是人类理性的典范，将科学内在的理性维度彰显出来，这是科学教育最重要的价值所在。笔者以为，科学探索类通识课程可以围绕"科学方法"与"科技伦理"两个主题来展开。

第一，"科学方法"类专题。科学在本质上并不是静态的知识体系，而是探究的过程。所谓具有科学素养，不仅仅是指具备相应的科学知识，更重要的是具备科学理性，即科学精神、科学方法。简言之，能够用科学探究的方法解决日常生活中的问题，能够用科学的态度对待生活中的种种现象，这才是具有良好科学素养的典范。因此，科学探索类课程应该以科学思想与科学方法作为教学的重点，引导教师领会科学知识背后的研究方法与探究历程，帮助教师深入科学的理性维度。

第二，"科技伦理"类专题。科技的发展既推动了社会的进步，也带来了诸多的社会问题。因此，从科技伦理的角度来理解科技与社会的关系已经成为当今科学发展的重大主题。科技伦理类专题可以围绕科技与社会、科技与生态、科技与人类等问题来建构。

（五）艺术欣赏

哲学家卡西尔认为，艺术是一种活生生的"生命形式"，艺术要表达的是创作者内在的生命体验，"艺术使我们看到的是人的灵魂最深沉和最多样化的运动……我们在艺术中所感受到的不是那种单纯的或单一的情感性质，而是生命本身的动态过程"[1]。由此可见，艺术教育的目的，不仅仅是丰富我们的情感体验，更重要的是洞见一种生命的形式，感受作者生命的运动，进而提升自身生命的境界。蔡元培先生也曾从生命的高度评价美育，他说："提出美育，因为美感是普遍性，可以破人我彼此的偏见；美学是超越性，可以破生死利害的顾忌，在教育上应特别注重。"[2]

作为通识培训而言，艺术欣赏课程不应该简化为艺术技能教育（诸如钢琴、声乐、绘画等），而应该强调艺术审美教育，这是由通识培训重在"融通"的特点决定的。具体而言，通识培训中的艺术欣赏课程可以包括艺术史论、艺术欣赏、科学美学等。

---

[1] 卡西尔. 人论［M］. 甘阳, 译. 上海：上海译文出版社, 2001：206.
[2] 蔡元培. 蔡元培全集：第 7 卷［M］. 北京：中华书局, 1989：197.

构建农村学校教师专业学习共同体的思考

吴回生[*]

加快推进教育现代化的进程,保证"基本实现教育现代化"目标得到落实,需要大力改革和发展农村教育,这是因为,农村教育占我国教育 70% 以上。实现教育现代化必须促进农村教育的发展,这就要在尽最大努力改善农村办学条件和提高"装备"的同时,设法提高农村学校的教学质量。教学质量不仅反映农村学校的教育水平,而且决定农村人才培养的质量。教育理论和实践证明,提高教学质量的重要方面在于改善教师的教学方式和教学行为,从提高教师的专业素养做起,使教师实施更高效的教学行为和教学模式。因此,强化农村学校教师专业素养,理应成为农村教育改革和发展的重要工作。多年以来,农村教师的继续教育和培训不仅机会少,而且培训模式和培训内容难于切合农村学校和教师工作的实际。从农村学校及其教师工作的实际出发,变革教师培训方式,有效提高教师的专业素养,构建农村学校教师专业学习共同体的教育培训方式有着重要的现实意义。

一、传统的教师学习与发展的范式影响农村学校的教学质量

一直以来,我国学校的课程开展和教师教学依循这样一种范式:国家制定课程标准和课程政策,然后由专家设计课程及各门课程的内容,提出开展课程教学的知识与技能要求,通过对教师的培训使之掌握这些知识和技能,再由教师开展课程教学,实现课程教学的目标。这种统一内容、统一教师、统一教学的模式,实际上是把学校视为"工厂",把教师视为"操作工人",把学生"加工"为统一的产品。通过对这种方式进行认识和探究,人们不难发现,其背后隐含的是"工具主义"的理念和模式,在课程教学中,学校的自主性丧失殆尽,教师的专业权利被剥夺,缺乏主体性的发挥和教学创造性。基础课程改革受制

---

[*] 作者简介:吴回生,广东第二师范学院教师教育学院教授。该文发表于《广东技术师范学院学报》2013 年第 4 期。

于这样的模式，不仅学校的教育教学特色难于形成，而且农村学校教师的发展也被迫"城市化"，个体教师的专业发展得不到"补弱增强"。在这种状态下，农村学校开展新课程改革，教师的专业素养无法得到突破，影响着教育水平，造成教学质量低下。

农村学校应当坚持为"三农"服务的方向，努力提高农村人口的素质，更好地促进农村社会主义现代化建设。因此，保证学校的教育教学质量，首先要提高农村适龄儿童的入学率，实现大面积提高农村人口的科学文化水平的目的。然而，当前农村学校教学质量低下，农村地区的适龄儿童入学率较低。国务院新闻办公室发布的《中国人力资源状况》白皮书（2010年）数据显示，2009年，全国15岁以上人口平均受教育年限接近8.9年；主要劳动年龄人口平均受教育年限为9.5年，其中，受过高等教育的比例为9.9%；新增劳动力平均受教育年限达到12.4年。与全国平均水平相比，农村义务教育的差距较大，整体农村教育薄弱的状况还没有得到根本性转变。尤其是在一些贫困农村地区，学生的入学率还非常低，小学适龄儿童入学率仅为87.31%，初中适龄儿童入学率不到20%。除了入学率较低以外，农村地区的适龄儿童的辍学率高，巩固率低。虽然农村地区适龄儿童的入学率、平均受教育的年限等的影响因素很多，但最直接的原因在于教师教学的吸引力不足，教学内容和教学目标无法满足学生接受教育的需要，农村与城市的教学质量差距过大，或者说相对于城市而言，农村学校的教学质量较低。① 对农村学校教学质量的大量研究结果表明，农村中小学生各学科的及格率平均在50%左右，全科及格率比例十分低。② 更有甚者，在一些贫困农村小学，课程没有开设齐全，作为"主课"的语文、数学的双科合格率只有32.7%。农村学校教学质量低下，导致学生的升学率与城市学校的差距拉大。③ 2007年，我国初中毕业生升学率从2000年的51.2%提高到79.9%，提高了近29个百分点；全国高中阶段教育在校生达到4481.4万人，高中阶段的毛入学率达到66%，比2000年上升了23个百分点。但是，2007年农村初中毕业生升入普通高中的比例仅为33.3%，农村高中阶段教育普及率为

---

① 王嘉毅，王连照. 西北地区农村小学教学方法现状个案调查［J］. 课程. 教材. 教法，2005（11）：15-18.
② 聂劲松，彭天文，陈坚. 农村义务教育发展调研报告［J］. 当代教育论坛，2005（10）：12-15.
③ 李颖. 农村学校义务教育教学质量研究：现状、问题与思考［J］. 内蒙古师范大学学报（教育科学版），2008（10）：35-37.

50%。① 农村学校的教学质量低下，很大程度上与教师队伍整体素质偏低、专业素养达不到实施新课程的要求有密切关系。农村学校教师专业素养的这种状况，主要原因在于教师培训的机会缺失和培训效率的适切性不高，导致农村学校实施新课程的问题多、难度大。虽然新课程改革以来，各级政府和教育行政部门采取各种措施，开展教师的全员培训，但因为没有及时调整教师编制等相关政策，农村学校教师参加培训存在众多障碍和现实困难。最突出的是2001年后的农村中小学布局调整，人事部门核定学校教师编制，把生师比作为唯一参照标准。这种核定方式没有考虑农村学校尤其是寄宿制学校、小规模学校的特殊性，导致农村教师负担过重，不少教师要上4~5门课，周课时在20节以上，寄宿制学校的很多教师还要承担或参与学生生活管理。由于编制紧张和没有足够的经费，能够参加培训的教师人数较少，以至于许多教师的教育观念转变不到位，对新课程改革认识不准确，这就导致农村学校在新课改过程中，教学方法单一，学生学习效果低下。② 正是由于农村学校教师编制紧张，教师工作负担过重，加上农村边远山区地理所限，新课改的集中培训方式影响着教师参加培训的效果。事实表明，现行的教师培训方式和培训内容，无法有效提高农村教师专业素质、促进教师专业发展、积极开展课程改革，也就无法提高农村学校的教学质量。

二、有效提高农村学校的教学质量，需要构建教师专业学习共同体

课程改革理论研究结果表明，课程改革的成败取决于教师的素质，只有教师具备实施和执行新课程的专业素质，才能实现课程改革的目标。③ 因此，提高农村学校的教学质量，进一步推进新课程改革，实现课程改革目标，关键在于提升教师的专业素养。在国内外课程改革实践活动中，提高教师实施课程的专业素养，有着许多的方式和方法。从农村学校和教师工作的实际出发，创新教师培训模式，促进教师的专业发展，加快农村学校的课程改革，有效提高教学质量，构建教师专业学习共同体是切实有效的途径。教师专业学习共同体是教师基于共同的目标以及对所属团体的归属感而组织起来的学习团体，团体成员通过平等对话和讨论，分享专业意见以及各种学习资源，共同完成教育教学的

---

① 曲正伟. 城乡一体化与农村高中阶段教育的发展定位 [J]. 东北师大学报（哲学社会科学版），2009（4）：77-82.
② 于海波. 农村学校布局调整要警惕辍学率反弹 [J]. 云南教育（中学教师），2010（6）：43-44.
③ JONES A, HARLOW A, COWIE B. Teachers' Experiences in Implementing the New Zealand Technology Curriculum [J]. The Technology Teacher, 2003, 63（2）：24-26.

使命，最终实现教师专业发展的目标。这是因为，教师专业学习共同体的协作和分享，一方面有助于教师发展，帮助教师适应变革；另一方面教师共同体的协作，能够更好地完成课程改革。[1]

构建教师专业学习共同体，更好地推动农村学校的课程改革，这是提高农村学校整体教师素质和教师个体综合素质的要求。从新课改的要求来看，课程改革不仅需要实现学生学习方式的转变，而且需要改变教师的教学方式。教师教学行为和教学方式的转变，必须从改革教师学习和发展的范式做起，建立与新课程改革相一致的范式。从新课改的目标来看，教师学习与发展的范式应该突出两点：一是使教师由被动学习者转变为主动学习者，尤其是通过教学反思，有效促进教师的专业发展和创新教学实践；二是能够使教师从单一的知识和技能学习提高，变为创设发展的时间和空间，综合发展教师的专业素养。然而，新课改以来，开展的教师培训方式，很难实现对农村学校教师进行"全员""全能"培训的目标。突出表现为：新课程改革的教师培训，主要采取统一"标准化"的集中培训模式。城市和农村学校的教师的实际教育教学能力、教学水平差异性较大，培训内容和方式以"城市为中心"，对农村学校教师的适切性较低，农村学校教师参训的效果大大降低。这不但没有实现通过教师培训缩小城乡学校教师素质的差距，进而实现城乡学校的教学质量均衡发展的目的，而且出现"距离"被进一步拉大问题，造成新课程教师"全员培训"的效率大打折扣。此外，新课改的教师培训注重理论培训，忽视教师的教学行为等实践指导，出现教师对新课程理论"吃不消"，对新课程的操作"吃不饱"，教师学习和发展出现严重"偏态"。正因为这样，农村学校教师队伍实现全员培训，实现理论与实践有机结合，应该通过构建教师专业学习共同体，才能更好地促进农村学校教师专业发展，提高农村学校的教学质量。

提高农村学校教师的培训实效，促进教师学习和发展范式的转变，必须立足农村学校和教师工作的实际。表面上来看，农村学校教师的学历达标率较高，但教育教学能力、教学水平参差不齐，很大一部分教师整体素质达不到新课程教学工作的要求。在实施新课改过程中，许多教师对课程改革束手无策，仍然采用传统教学模式开展新课程教学，存在"穿新鞋走老路"的情形，严重影响了新课改的教学质量和教学目标的实现。此外，一些农村学校教师来源复杂，

---

[1] ROUSSEAU C K. Shared beliefs, conflict, and a retreat from reform: the story of a professional community of high school mathematics teachers [J]. Teaching and Teacher Education, 2004, 20 (8): 783-796.

专业不对口，专业素质低，业务能力无法胜任岗位工作，但又难于清退这些教师，这就急需加强这些教师的培训。从现实情况来看，常规的教师培训难于提高这些教师的素质，需要从本地的教育实际出发，以符合教师水平的培训内容和方式"改造"这些教师，才有较强的针对性和实效性。所以，进一步推进农村学校新课程改革，提高教师的专业素养，需要加大农村学校教师的培训力度，向教师提供多元化、理论与实践相结合的培训。新课改的实践证明，构建教师专业学习共同体，可以对农村学校教师进行高效培训，促进教师专业发展，从而提高农村学校的教学质量。①

构建教师专业学习共同体，不仅变革了传统的教师培训与学习模式，而且创新了教师专业发展的方式。一直以来，教师的专业发展主要依靠个体的努力和进取，教师群体呈现"离散式"发展，极大浪费了教师群体教育资源，造成教师个体专业发展的速度慢、成本高，以致教师专业素质提高缓慢，从而影响学校的教育教学质量。为适应新课改的要求，促进农村学校教师专业发展，构建新型教师专业学习共同体势在必行。教师专业学习共同体作为教师学习和专业发展的模式，与仅仅关注教师的工作和学习的传统模式相比，它较为关注教师的文化、社群、合作背景等，是一种生态取向的教师学习与发展模式。这种模式能够消除教师"离散式"的工作和学习的种种弊端，以团队协作的方式解决教学问题，促进教师专业发展。因此，在构建教师专业学习共同体过程中，需要创设教师合作文化。要尽最大可能集合教师个体成员的理想与目标，体现共同体成员的使命感与价值观，兼顾学校共同愿景的分解与承担。而且要以网络的交互活动为基础，通过交流、研讨、观摩等方式，形成全员参与、共享共建、互动协作的学习和培训新格局。教师专业学习共同体作为教师的一种学习方式，不仅能使教师个体从共同体成员的互动中获取有益的知识和技能，而且对增进教师之间的信息交流，培养自己与他人的有效协作意识和能力，形成高效的教师团队有着巨大作用。再者，教师专业学习共同体可以将教师在工作中遇到的困难和问题，转化为公共难题，借助共同体的集体智慧解决各种问题，从而加速个人智慧升华和实践创新的良性循环。正是教师专业学习共同体的学习效用提高，促进教师理念的转变和教育教学能力的提升，促使农村学校的教学方式实现根本变革，教学质量水平得到进一步提高。

---

① 席学荣. 云南省小学科学课教师现状调查报告［J］. 课程教材教学研究（小教研究），2004（1）：7-9.

三、构建农村学校教师专业学习共同体的策略与路径

传统的教师培训模式是一种"传授式"的灌输模式,往往是学者、专家讲授,受训教师聆听的形式。这种培训模式游离于学校教育实践,脱离教育的实际生活和情境,忽视教师的内心体验和实际工作需要,容易造成理论和实践的"二元分离",也难以体现教师培训的实效性。教师参与专业学习共同体,既可以对理论问题进行探讨,又可以通过示范、观摩的实践活动,改善专业能力结构和教学行为,充分提升教师的专业素养和整体素质。而且,通过构建教师专业学习共同体,能够高效积聚教师资源,发挥教师集体的作用,提高教师资源的利用效率,充分提高教学质量和教学效率。

自新课改实施以来,许多地方探索和创新了形式多样的教师专业学习共同体。一是学科型或兴趣型的教师合作共同体。它是按相同学科或兴趣相近来组成教师专业学习共同体,共同体成员通过专业研讨、交流经验,实现教学成果与经验的交流和分享。二是区域型教师专业学习共同体。它是将教师集中在地区的中心位置,共同体成员定期或不定期进行集中交流学习,研讨教育教学问题,促进教师专业素质和专业水平的提高。① 三是一线教师与专业人员组成的合作共同体。一线教师通过与专业人员合作,提高自身的理论修养,拓展理论视野和实践认识,有助于教师更新教育教学观念,不断完善教师的教学行为和教学方式,提高教学质量,实现教师的不断成长和学校教育的持续发展。② 四是网络型教师专业学习共同体。这种共同体主要通过互联网,建立教师讨论交流的平台,实现共同体成员之间的自由、平等、开放、立体的远程交流,有利于教育教学资源的充分开发与利用。需要指出的是,教师专业学习共同体绝不是简单的个体教师的合并集中,而是要为完成一个任务和目标,实现教师思想与经验的共享和交流,对教育教学工作进行有效协作的组织。因此,教师专业学习共同体应确立共同的学习目标,成员之间相互学习和交流,在教育教学改革和科研工作方面相互协作,共享优质教育教学资源。当然,在构建教师专业学习共同体过程中,要根据教师的年龄、专业、特长等进行优化组合,达到取长补短,发挥团队和个人最大潜能的目标。

---

① 张茂聪,褚金光.教育组团:区域教育均衡发展的新途径:山东省广饶县教育均衡发展的实践探索[J].教育研究,2008(4):103-107.

② 罗阳佳.闵行区:组建"名师工作站",优化名师辐射功能[J].上海教育,2004(19):13.

创建教师专业学习共同体，使教师专业学习共同体能够发挥教师培训的最大效用，更好地促进教师的专业发展，关键在于做好以下几个方面的工作。首先，要结合学校发展的现状和目标。学校对共同体成员提出明确要求，建立和完善学习共同体的管理制度和管理机制，为教师专业学习共同体实现目标和开展活动奠定坚实基础，确保教师专业学习共同体不会流于形式，能够积极高效开展活动形成制度保障。其次，要创建教师专业学习共同体的学习机制。良好的学习机制是教师专业学习共同体获取高效的条件，需要从教师专业学习共同体的成员平等性出发，通过共同体各种形式的学习交流，拓宽教师的视野，改善教师的心智模式。通过交流和讨论，达成共识，提高教师的教育教学综合素质。最后，要创建学习转化机制，保证教师的学习与教育教学实践相统一，把教师专业学习共同体的学习积累转化为教育教学的技能技巧，提高教学的有效性，让每一位组织成员的自身价值得以实现和超越，让教师在学习共同体中体验成功，提升共同体的成效，从而保证教师个体的不断成功和共同体的良性发展。此外，教师专业学习共同体最终应当体现在教师的教学成果中，实现教学质量水平的提高。因此，学校要建立发展性教师评价制度，及时反馈教师的教学改进和发展的成果。发展性评价能为教师提供学习和交流机会，而教师可以从相互评价中获取有益的信息和经验，帮助教师更好地改进工作，不断促进教师的专业发展。

总之，农村学校要进一步深化新课程改革，提高教师素质和促进教师专业发展，建设高素质的教师队伍。只有从实际出发，不断创新构建教师专业学习共同体的理念，探索教师专业学习共同体高效运行的方法，才能促进农村学校的新课改。

教师实践共同体：内涵、价值与形成机制

苏 鸿*

长期以来，教师的专业发展往往被视为教师个人的事情，这种专业个人主义的观念严重影响甚至压抑了教师的专业成长。有关教师专业发展的大量研究表明，中小学教师的专业成长并不仅仅是教师个人的自我修炼，而且是与其生活的组织文化、同侪群体和环境脉络密切相关。因此，当代关于教师发展的研究日益关注学校组织的变革。其中，教师实践共同体的培育成为教师专业发展研究的热点，也是当代学校改革面临的重大课题。

一、教师实践共同体：内涵与特点

早在 1887 年，德国思想家滕尼斯（Toennies）就建构了"共同体"的基本概念，他把共同体从宽泛的"社会"概念中独立出来作为一个单独的概念予以研究。在《共同体与社会》这本书中，滕尼斯将共同体看作由血缘关系、自然情感或者邻里关系构成的具有浓浓人情味的社区或社群。共同体和社会的最大差别在于有情感纽带[①]。著名社会学家马克斯·韦伯（Max Weber）则进一步对"共同体"和"组织"进行了区分。他指出，共同体不是由理性驱动的，而是建立在感情、情绪或传统的基础上；而正式的组织（如军队、政府、学校、企业等）则是由理性驱动的，并且建立在行政权威、科层架构、利益分配等基础上。

当代知名社会学家鲍曼（Bauman）也对共同体的特征进行了深入研究。他认为，共同体的首要特征是具有情感性，共同体应该让成员有一种家的温馨感，应该成为一个"温暖而又舒适的场所"，可以让成员在里面遮风避雨，让成员舒

---

* 作者简介：苏鸿，广东第二师范学院学前教育学院教授，博士。该文发表于《广东第二师范学院学报》2021 年第 41 卷第 3 期。

[①] 张志旻，等. 共同体的界定、内涵及其生成：共同体研究综述 [J]. 科学学于科学管理技术，2010，31（10）：14-20.

缓自己的紧张情绪，得到心灵的放松。共同体能够让成员之间相互依靠，一个成员跌倒了，其他成员会扶着他站起来。共同体成员之间不会嘲笑彼此的失败或缺陷，而是会相互倾听、相互原谅、相互帮助。鲍曼还指出，共同体并不是一个我们已经获得的、现成的世界，而是一个需要去着力培育、努力建构的组织愿景。这是因为我们生活在一个相互竞争的时代，这种激烈的人际竞争与共同体的愿景相去甚远，因而尤其需要主动培育①。在教育领域，美国教育学者萨乔万尼（Sergiovanni）在《建立学校共同体》一书中也强调，学校变革的重要方向，就是从传统的行政组织转变为共同体。

虽然不同学者对共同体的特点有着不同的理解，但是学术界普遍认为，共同体不同于传统的科层组织。作为与纵向的科层组织不同的组织形态，实践共同体的重要特征包括"共同愿景""深度合作""知识共享"与"民主对话"。

（一）共同愿景

共同体的显著特点是让所有成员能够产生较强的归属感，这种归属感源于共同体成员具有的共同愿景。在共同体中，共同愿景可以表现为成员之间共同的信念、共享的价值或者共同的追求。传统的科层组织大多以外在的功利目标作为组织管理的重要抓手，这种建立在功利性目标基础之上的组织管理虽然有利于提高管理工作的效率，却难以让组织成员对组织产生真正的内在归属感和向心力。与传统的科层组织不同，共同体是建立在更具伦理性的共同愿景基础上的。共同愿景并不是组织在短期内要实现的某种功利性目标，而是组织成员共同认可的某些教育信念或者理想追求。组织成员正是基于对某些教育信念的共同认可才走在一起，成为共同体中的一分子，并对共同体产生认同感和归属感。可以说，离开了共同愿景，共同体就会失去凝聚力和向心力。

（二）深度合作

共同体的培育尤其需要建立合作文化，这是因为共同体倡导的归属感与依赖感只有在合作的氛围中才能形成。分布式认知理论的兴起，使我们从全新的角度重新理解共同体成员之间的学习与交流活动。分布式认知理论认为，认知活动不仅仅是个体大脑内发生的、孤立的认知过程，事实上，有效的认知活动是在个体与个体、个体与环境、个体与文化之间不断双向互动的结果。个体只有与环境积极地互动、与其他成员主动地交流与合作，才能不断生成自己的个

---

① 鲍曼. 共同体 [M]. 南京：江苏人民出版社，2007：4.

人化实践性知识[①]。从分布式认知的视角来看,在共同体中并非只有新手教师在向专家教师学习,所有的教师都会基于不同的任务分工、不同的经验积累、不同的专业特长,在不同的方向、不同的基础上进行相互学习和合作交流,这种建立在尊重差异基础上的合作与交流不仅广泛地弥散在共同体成员之间,而且正是由于尊重差异,这种交流与合作才不会流于肤浅。

(三)知识共享

教师实践共同体强调教师群体内信息、观点、资源等要素的共享。共享机制对于教师共同体的知识创新与教师个体的知识拓展都有极大的帮助。

对于教师共同体而言,知识共享是团队创新能力和适应能力的重要基石。如果教师共同体中缺乏知识共享的氛围,那么个体知识的丰富与团队知识的匮乏就会形成鲜明的反差,这样的教师团队注定缺乏变革与创新的能力。学术界围绕知识共享与团队创新能力的关系做了大量研究。例如,唐建生借鉴仿生学的概念,提出了知识发酵理论,认为知识共享加速了知识在共同体之中的发酵作用,从而产生了"1+1>2"的实际效果[②]。梁启华则认为,知识共享之所以能够促进团队创新,是因为在知识共享的过程中,团队成员之间进行着复杂而多元的隐性知识和显性知识的互相转化。正是由于隐性知识的显性化,才使团队的知识不断丰富和拓展,从而使团队的创新能力和适应能力得到极大提升[③]。

对于教师个体而言,每个人的知识都是由显性知识和隐性知识所构成的,只有不断地将隐性知识(或者说默会知识、潜在知识)显性化,个体的知识才能拓展。个体的隐性知识不可能完全借助个体自我的孤立反思来实现显性化。对于个体而言,只有积极融入共同体的交流和互动,与同伴群体进行语言和思维的碰撞,才能有效地完成隐性知识显性化的过程。换言之,在群体交流的过程中,"我"借助"他人"的眼光才看到了潜藏于"我"自身的隐性知识,从而实现个体知识的拓展。

(四)民主对话

共同体不仅倡导成员之间的友好合作,更重视成员之间的平等对话。这是因为,共同体中的所有成员只有在彼此平等的对话过程中,才能增进对共同体

[①] 周国梅,傅小兰. 分布式认知:一种新的认知观点[J]. 心理科学进展,2002(2):147-153.

[②] 唐建生,和金生. 基于知识发酵理论的组织知识共享问题研究[J]. 科技管理研究,2007(5):230-233.

[③] 梁启华,何晓红. 空间集聚:隐性知识转移与共享机理与途径[J]. 管理世界,2006(3):146-147.

的信任感、依赖感，从而在共同体中形成身份认同。多样性、开放性和差异性是共同体特别强调的组织特征，而民主对话又是这些特征的典型表现。

民主对话要求我们重视差异、倡导多元。为了促进民主对话，后现代思想家尤其反对同一性思维，认为正是同一性思维造成了"世界的平庸"（巴雷特）和"风格的凋零"（列斐伏尔）。正如思想家鲍曼所言，多元性是当代世界的重要特征，面对世界的多元性与异质性，我们需要的是宽容和协同，而不是强制或专断①。在共同体中，民主对话有利于共同体成员之间围绕共同关心的课题进行持续深入的争论和交流，这种民主对话不仅促进了共同体成员的专业发展，更重要的是培育了共同体成员的归属感和凝聚力。

二、教师实践共同体：价值与意义

从教师专业发展的角度来看，教师实践共同体的真正价值在于超越传统专业个人主义的藩篱，重建教师专业发展的新范式。过去，教师的专业发展往往被视为教师个人的事情，有关教师专业发展的研究也大多局限于教师个体的专业素养、个体的自我反思以及个体的能动作用，很少将教师专业发展与其生存的环境和群体联系起来。这种专业个人主义式的教师发展观容易使教师成为孤立的个体，忽视了群体互动对教师专业发展的深刻影响，因而日益受到学术界的批评与质疑。与专业个人主义的发展观不同，教师实践共同体更强调环境脉络、人际互动与身份认同，能够为教师的专业发展提供更持久、更强大的推动力。具体而言，实践共同体至少在如下三个方面对教师专业发展产生深刻影响。

（一）实践共同体有利于生成教师的实践知识

现有研究已经证明，教师的专业知识主要是一种个人化的实践性知识，这种知识内化在教师个人的教育信念中，变成教师个人的隐性知识。教师的专业发展往往需要借助反思的途径将个人内隐的专业信念与教育观念转化为外显的、可言说的知识与能力。过去，我们比较重视教师个体的教学反思，以为通过教师自觉的教学反思就可以促进教师知识的转化。但教师专业发展的实践证明，仅仅依靠教师个体的教学反思往往难以达到预期的效果。

在教育教学实践中，教师对自我的教育知识和教育信念的觉知往往是通过群体的互动唤醒和生成的。社会建构论者指出，教师只有理解自己身处的环境脉络，认同自己所在社群或组织的文化取向，才能对教育实践形成更深刻的理解。可以说，教师群体、教师团队、教师共同体在教师个人化实践性知识的形

---

① 鲍曼. 现代性与矛盾性 [M]. 北京：商务印书馆，2003：148.

成过程中发挥着十分关键的作用。由此可见,教师的专业发展不仅仅是教师个体的事情,也不能仅仅依靠教师自己,更重要的是与他人互动、与环境互动。

(二) 实践共同体有利于提升教师的研究意识

英国著名课程论专家斯坦豪斯(L. Stenhouse)指出,在课程改革实践中迫切需要教师成为研究者,没有教师的研究意识,课程改革不可能深入持久地推进。然而,教师的研究意识是在教师群体的互动过程中才能够有效生成的。社会学家戈夫曼(Erving Goffman)在其名著《日常生活中的自我呈现》中提出了符号互动论的主张。根据其观点,人们正是在人际互动过程逐渐建构了自己的社会角色和社会身份。同样,教师也需要在研究型的团体文化氛围中,不断形成研究意识,离开人际互动,教师就难以对研究者的身份形成一种深刻的体悟。

教师实践共同体是开放的、松散的、平等的社群组织,其为教师教学反思和互动交流提供了宽松的文化氛围,有利于激发教师主动思考、乐于表达的意愿;同时,在以民主和平等为特质的教师实践共同体中,教师的个人意见能够获得教师群体的尊重、接纳和认同,这些都会不断强化教师作为研究者的身份认同。总之,实践共同体激发了教师的表达意愿,提高了教师研究、思考和交流的积极性,从而能够有效地引导教师主动建构研究者的身份意识。

(三) 实践共同体有利于激发教师的改革意愿

实践共同体能够激发教师自我实现的内在动机。共同体以情感纽带为依托,以开放包容为取向,最容易让教师在互动中产生身份认同和团队归属感,从而激发教师学习、思考、研究和改革的意愿。心理学家马斯洛(Abraham Maslow)曾经指出,每个人的内心都有高层次的心理需要,如渴望获得他人的尊重、渴望实现自我的梦想等。教师实践共同体极大地拓展了教师对话和交流的空间,能够让共同体成员主动融入其中,从而在共同体的互动中满足自我实现的需要。

与此同时,实践共同体能够承担教育改革的风险问责。改革和研究意味着不走老路,意味着面临一定的风险,如果这些改革的风险完全由教师个体来承担,教师就会对研究和改革产生畏惧感。实践共同体的存在,能够将分散的教师个体团结起来,并由此形成共同的改革愿景。在共同体中,教师不再是孤独的个体,而是在与群体的积极互动中不断获得成长的力量,不断成为教师共同体的一员,并对共同体产生内在的认同感和依赖感。可以说,正是共同体的存在,才能有效化解教师对改革失败的种种顾虑,从而让教师放开手脚去尝试。

三、教师实践共同体的形成机制

教师实践共同体的形成机制涉及组织维度、教师维度和研究维度。从组织维度来看，学校需要超越传统的科层组织架构，实现组织形态的创新；从教师维度来看，需要唤醒教师的领导意识，提升教师的课程领导力；从研究维度来看，需要超越传统的技术理性主义的行动研究观，重建合作式、对话式的教师行动研究。

（一）学校组织变革与教师实践共同体的培育

实践共同体与学校传统的科层组织具有完全不同的特点，为适应未来社会的挑战，需要学校积极主动地进行组织形态的变革。唯有自觉进行组织重建，学校才能焕发更强劲的生命力。

1. 转变校长的身份角色

学校不是行政性、事务性机构，校长作为学校的管理者、领导者，其身份角色的界定不能仅仅局限于上传下达、执行命令或者简单的任务分工、量化考核。尤其是在信息时代，学校面临着日益增多的不确定性与复杂性的挑战，校长尤其需要从传统的管理者转变为领导者。

美国学者科特（John P. Kotter）曾经对领导和管理进行了深入的实证研究，在《变革的力量——领导和管理的差异》一书中，科特深入分析了领导行为和管理行为的不同。他认为，管理行为重在保持稳定，其指向的往往是确定性的目标或任务，例如，学校教学计划的执行情况、教学工作的具体安排等；而领导行为则强调带来变化，其指向的是不确定性、变革性、创新性[1]。教师实践共同体强调通过研究来推进学校的变革，与教师实践共同体相适应的校长角色应该是领导者角色，而不是传统的管理者角色。

作为领导者，校长要积极进行自我角色的重建。首先，校长应该是学习者、研究者，而不是简单的命令发布者、任务分工者。校长只有先成为研究者、学习者，才能有效地激励教师参与研究，培育学校研究型的组织文化。其次，校长应该是激励者、动员者。校长的领导重在愿景式领导，校长作为领导者的重要任务在于建构组织发展的长期愿景，并且用组织愿景来激励教师。如果校长局限于短期目标的落实，而忽视组织长远目标的建构与激励，就难以调动教师积极参与的能动性，难以实现学校变革的时代诉求。最后，校长应该是授权者、支持者，由于改革意味着不确定性，需要充分发挥教师的积极性和能动性，校长在领导过程中需要主动授权，并且尽最大努力支持教师参与教学研究和教学改革。

---

[1] 科特. 变革的力量：领导和管理的差异[M]. 北京：华夏出版社，1998：4.

2. 培育活跃的教师社群

教师实践共同体是教师自发组成的、松散的专业社群组织，不同于学校常规的行政组织（例如，年级组、教研组等），实践共同体可能是跨学科、跨专业、跨学校甚至跨地域的。教师实践共同体与学校现有的行政组织不同，二者相互补充、相辅相成。

在学校中培育多元性的教师实践共同体，至少有两个方面的重要意义。一方面，教师实践共同体的存在改变了学校单一的组织生态，为教师深度参与学校变革提供了多元化的平台和空间，有利于挖掘学校内在的智慧潜力；另一方面，教师实践共同体的发展体现了当代知识生产的新趋势。英国学者吉本斯（M. Gibbons）等指出，当代社会的知识生产已经不是简单的封闭式生产，而是更强调情境性、开放性、社会性。他用知识生产的模式1和模式2来进行比较，在模式1中，知识的生产主要局限于高校"象牙塔"内，并且由少数学术精英主导；在模式2中，知识的生产是在高度情境化的具体实践环境中进行的，具有情境化和去中心化的特征。[①] 与此观点相似，教师实践共同体也强调在具体的实践中聚焦具体的情境问题来开展研究，并且重视教师的民主参与，反对研究中的话语霸权，这些都反映了当代知识生产的新趋势。

温格（Etienne Wenger）概括了培育教师共同体过程中的若干要素。首先是相互卷入，共同体应该强调多样性，宽容异见，重视差别，让不同性别、不同职级、不同经历、不同专业、不同见解的教师都能够卷入其中，并且为共同的事业和愿景而不断努力。其次是合作事业，共同体中要发展出共同的责任，要形成相互问责的体制，要激发共同体成员的归属感和责任感。最后是共享智库，共同体的智库包括历史叙事、话语方式、教育观念、组织风格、研究成果等[②]。

3. 重建多元的领导结构

传统的学校管理体制强调科层架构与垂直管理，科层体制重视行政权威，强调权力等级，这种封闭式、等级式、单一性的管理体制容易限制教师参与学校变革的主动性。当前有关分布式领导、平行领导等领导理论的兴起，为我们重建多元的学校领导结构提供了全新的思路。

所谓平行领导，是指教师领导者和行政领导者各自承担不同的职责，但是却共享学校发展的愿景和目标。例如，克劳瑟（Crowther）等就指出，"平行领

[①] 吉本斯. 知识生产的新模式：当代社会科学与研究的动力学［M］. 北京：北京大学出版社，2011：4.

[②] 温格. 实践共同体：学习、意义和身份［M］. 南昌：江西人民出版社，2018：68.

导可联结教师领导者与行政管理者之间的关系,激发与维持学校知识生成的能量"。① 行政人员重在为学校争取外部的社会资源,以及对资源进行恰当分配和监督使用;教师领导者则在课程发展与教学革新方面负有重要的专业责任,通过组建教师专业社群,开展教育教学研究,试验新的教学方法等,实现学校办学质量的提升。"平行领导"理念的兴起,凸显了教师非正式领导的意义。

分布式领导主张改变传统的科层制的组织架构,强调组织的柔性化、扁平化、网络化。分布式领导与传统的个体化、"英雄式领导"截然不同。传统的"英雄式领导"研究多关注校长或行政人员的角色,其背后的逻辑是重视个体的作用,忽视教师集体领导的重要性;其关注的焦点多集中于正式领导的职位、功能和角色,而忽视非正式领导的作用。与此相反,分布式领导则强调教师的非正式领导,强调教师专业实践共同体的建构。总之,分布式领导强调集体行动、充分授权与权力分享等概念,它倡导"所有组织成员都可以成为领导者",这就为重建学校多元化的领导结构提供了全新的思路。

(二)教师领导力提升与教师实践共同体的培育

教师领导力和教师实践共同体的形成具有紧密的联系。一方面,教师实践共同体的形成得益于教师群体中领袖教师个人领导力的充分发挥;另一方面,实践共同体又为每个教师的领导力发展提供了空间与机遇。可以说,如何发挥全体教师的领导力,是教师实践共同体形成中的一个重要课题。

1. 教师领导与实践共同体的建设

教师实践共同体不是自发形成的,而是需要着力去培育的。正如鲍曼指出的,在竞争日益激烈的当代社会,共同体仍然是我们的一个愿景,而不是摆在眼前触手可及的事物。鲍曼基于社会学的分析,指出了共同体培育的重要性。在教师实践共同体的培育过程中,教师领导力的提升是至关重要的一个方面。唯有唤醒教师的领导意识、提升教师的领导能力,才能增进教师之间的交流与沟通,促进教师之间的合作、关爱与互动。简言之,教师领导通过营建合作的教师文化,有效推进教师共同体的建设。

首先,教师领导可以推进学校民主建设。传统的科层制管理是垂直的管理体制,其重要特点是权力的高度集中,教师参与的机会少,"领导"这个词主要是指具有行政职务的学校管理者。我们在访谈中发现,很多教师对"教师领导"这个词接触少,而且谈"领导"主要是指校长及学校行政管理者,"如果在校长

---

① CROWTHER F, KAAGAN S, FERGUSONM, et al. Developing teacher leaders: how teacher leadership enhances school success [M]. Thousand Oaks, CA: Corwin Press, 2002: 38.

面前谈教师领导，校长可能会不高兴"（骨干教师访谈记录）。教师领导的兴起，主要就是针对科层体制中权力过分集中的弊端，让教师能够有机会分担领导的责任。

其次，教师领导可以唤醒合作意识。传统的教师发展主要是个体英雄主义式的单打独斗，教师之间少有深度的交流与合作。教师发展的研究已经揭示，教师的成长离不开其所在的学校组织与学校文化。我们经常可以看到这样的现象，一个教师从一所学校调到另一所学校，其发展的速度和质量可能有很大的差别。这说明，教师的成长离不开团队的支撑。教师领导的发展，就是要求教师从自我封闭的狭小空间里走出来，通过与同事群体的互动、合作、交流，发现自我价值，增进职业认同。

最后，教师领导可以激发教师承担职责的热情。教师领导主要是非正式领导，在本质上强调动态生成。也就是说，在团队活动中，领导职责的具体承担者是不断变化的。同样，在教师自发组织的各种活动中，根据任务、个人专长、具体情境的不同，领导职责的承担者也可以不断变化。非正式领导理念对动态生成的强调，有利于教师之间合作文化的培育。传统上，由于科层体制的限制，教师主要是在教研组或年级组的框架下开展教育教学工作或研究，而教研组和年级组都由具有行政任命色彩的科组长或年级级长承担领导职责，其他教师难以发挥领导的作用，因而也不可能有真正深入的交流与合作。非正式领导的理念，则是主张每一个教师都可以在教研组、年级组或者其他更多元的教师社群组织中承担领导的职责，随着教师能力的提升，教师之间的合作与交流也会走向深入。

2. 实践共同体中教师领导者的角色

教师作为领导者，在教育实践过程中扮演着复杂多样的领导角色。例如，席尔瓦（Silva）曾经对教师领导角色的历史演进进行了系统的梳理。他认为，教师领导角色的发展可以划分为三个阶段：第一个阶段是 20 世纪 80 年代，此时学术界尤其强调教师作为"正式管理者"的领导角色，如教研主任等行政岗位的领导角色；第二个阶段是 20 世纪 90 年代，此时学术界更强调教师作为"教学专家"的领导角色，如教学名师、首席教师、名师工作室等；第三个阶段则是 21 世纪以来，教师作为领导者，被赋予了更多社会改造的历史使命，教师领导不仅仅是专业领导，更是文化领导[①]。

---

① SILVA D Y, GIMBERT B, NOLAN J. Sliding the doors: locking and unlocking possibilities of teacher leadership [J]. Teachers College Record, 2000, 102 (4): 779-804.

我们认为，在实践共同体的培育过程中，教师作为领导者，同样扮演着多种角色，具体包括如下方面。

一是"研究决策者"角色。在实践共同体中，教师作为领导者，必须对研究课题的选题方向、研究的视角和思路、研究工作的基本构想等方面进行全面的规划，从而发挥决策者的重要作用。不过，教师领导者的这种决策不同于行政领导的决策，这是因为教师领导是一种分布式领导，其领导权威不是来自教师的行政职务，而是来自自身的专业魅力和人格魅力。因此，教师领导者在发挥其决策权的过程中，往往能够尊重和倾听一线教师的声音，并积极地进行适时调整。

二是"研究领航者"角色。教师领导不同于行政领导，教师领导强调的是专业权威。教师领导者必须具备过硬的专业素养和较高的人格魅力，才能有效发挥专业引领者的领导作用。在实践共同体中，教师领导呈现为分布式领导，强调全员领导，也就是说，所有教师都可以在适当的时间、适当的岗位扮演自己的专业引领者角色。"研究领航者"的角色可以让更多教师在实践共同体中得到锻炼，获得更快的专业发展。

三是"团队合作者"角色。在实践共同体中，领袖教师不仅具备个人的人格魅力，也往往具有较强的合作能力。领袖教师的重要任务，不仅仅是自身专业上的示范引领，同时也需要学习带领团队、打造团队。领袖教师需要对共同体中每个成员的特点有清晰的了解，并能够合理地组织和安排，从而推动每个共同体成员进步。

四是"理论转化者"角色。研究必然涉及理论和实践的相互转化，由于理论往往具有抽象性，因而领袖教师的重要使命在于发挥理论转化者的角色，即将教育教学改革中的抽象理念转化为共同体成员能够接受、能够理解和能够践行的实践范例。英国学者哈里斯（Harris）将教师领导者扮演的这种角色称为"窗口"角色和"掮客"角色。所谓"窗口"角色，是指教师领导者需要广博的知识储备和广阔的理论视野，能够发现教育改革中的新课题、新思路和新问题；所谓"掮客"角色，是指教师领导者需要将抽象的教育理念转化为可以操作、可以借鉴的实践案例。①

（三）行动研究与教师实践共同体的培育

行动研究是教师从事研究工作的主要方式，教师实践共同体的培育必须重

---

① 哈里斯，缪伊斯. 教师领导力与学校发展 [M]. 许联，吴合文，译. 北京：北京师范大学出版社，2007：25.

视教师的行动研究。传统的行动研究模式深受技术理性的影响，将行动研究看作教师个人的研究行为，以为通过借鉴自然科学的研究方法，遵循自然科学的研究程序，就可以有效地收集数据和得出结论。这种以技术为旨趣的行动研究已经受到学术界的深刻批判。科学知识社会学的兴起，更是让我们认识到研究不仅仅是教师个人的行为，更是一种集体实践。行动研究需要从传统个体单干式的行动转变为合作式、对话式的行动，只有在对话与合作的过程中，教师实践共同体才能真正形成和发展。

1. 实践共同体与行动研究的范式重建

在过去，行动研究往往被视为科学研究的范畴，被视为按照科学方法论的程序运作的系统。这种以自然科学方法为蓝本的行动研究模式往往将社会变革视作短期的、单变量的变革，忽视社会变革和教育变革的持续性、复杂性，在教育实践中还容易导致专家话语霸权，不利于教师实践共同体的培育。

当代哲学思潮试图建构全新的科学观念，其中，科学的民主品性、科学与社会的有机联系成为科学哲学研究的焦点，这为我们重建行动研究的新范式拓展了新的思路。例如，杜威（Dewey）就曾经对机械主义的科学观进行了批判，他认为科学探究的过程本身就蕴含着民主的特质与诉求，因为科学探究需要科学家的批判态度、质疑精神以及公开讨论等，而这些正是民主的基本特质。罗蒂（Rorty）则指出，科学发展的方式是说服，而不是压制。衡量科学研究质量的唯一标准是对话与共识，而不是某个专家的独断。自然科学之所以成为科学的典范，是因为自然科学容易达成共识。

当代科学社会学的代表人物拉图尔（Latour）则对科学实验室进行了深度的人类学研究。他指出，科学研究并不像我们想象的那样，仅仅依赖于逻辑推理，事实上，科学研究充满了争论，科学是在对话和争论的过程中逐渐发展起来的。正如拉图尔所言，当我们越是接近实验室这样一个知识制造的场域，我们就越是感受到激烈的争论。局外人往往觉得科学研究是一个逻辑推理的过程，不存在争论和分歧，然而事实上，当我们"从行走在大街上的普通人走向身处实验室的人，从政治见解走向专家意见的时候，我们并不是从喧嚣走向宁静，从激情走向理智，从热烈走向冷静。我们是从争论走向更激烈的争论"。[1]

在当代科学哲学看来，科学研究不仅具有技术的维度，更蕴含着民主、对话和共识的特质。与此相应，行动研究也不应该被看作简单地运用科学方法，而是更应该强调教师之间的对话、协商与合作。只有凸显对话与合作，行动研

---

[1] 拉图尔. 科学在行动［M］. 北京：东方出版社，2005：48.

究才能真正成为教师实践共同体培育的重要抓手。

2. 实践共同体与行动研究的价值审视

以合作与对话为取向的行动研究超越了传统行动研究个人独断的特质，更强调共识、理解、民主等全新的价值取向，这对于教师实践共同体的营建具有十分重要的意义。具体而言，为有效促进教师实践共同体的培育，行动研究尤其应该重视如下价值取向。

第一，倡导共识真理。行动研究的结果并不是获得普适性、抽象性的知识，而是主张在对话中达成共识。思想家哈贝马斯（Habermas）明确提出了共识真理的主张，他认为，真理之所以为真，是因为能够获得其他人的同意。① 哈贝马斯之所以反对绝对真理，是因为绝对真理往往剥离了具体的情境，难以反映实践情境中的复杂情况。从绝对真理转向共识真理，就是要关注具体的语境脉络，体现语言和对话中的有效性要求。

第二，强调赋权增能。从对话伦理的理论视野来看，行动研究首先并不是方法问题，而是政治问题、民主问题，或者说是教师如何真正参与到行动研究中的问题。过去，由于受到技术理性的禁锢，教师在行动研究中往往被边缘化，成为执行上级命令、移植专家话语的被动参与者，教师作为研究的主体是隐匿的。这种研究观不能为教师的主动思考赋权增能，因而难以体现教师研究的真正生命力。

第三，关注实践情境。行动研究中之所以需要对话，是因为每个具体的行动研究都扎根在特定的实践情境中，因而不可避免地受到实践情境的限制。当代科学实践哲学家对此有深刻的论述。例如，劳斯（Rouse）就指出，科学研究并不是始于问题，而是始于机会。科学实践共同体的工作历程可以视作不断寻找研究机会，并且不断进行叙事重建的过程。②

第四，强调诠释理解。传统技术取向的行动研究仅仅关注抽象的理论性知识，忽视教师对实践情境和理论话语的个人化理解。以教师培训为例，长期以来，教师培训的主要方式是理论讲授，但是教师对理论概念的理解程度如何却始终没有得到应有的重视。事实上，面对同一个理论概念，例如，"合作学习"，不同的教师可能会形成完全不同的理解。因此，在行动研究过程中，如何依托教师实践共同体形成教师对教育理论的个人化理解，才是行动研究应该关注的

---

① 哈贝马斯. 对话伦理学与真理问题 [M]. 沈清楷，译. 北京：中国人民大学出版社，2005：51.

② 劳斯. 涉入科学 [M]. 戴建平，译. 苏州：苏州大学出版社，2010：155.

重大课题。

3. 实践共同体与行动研究的模式创新

行动研究的真正生命力在于其表现形式的多样性、创意性和独特性。从教师实践共同体培育的角度来看，行动研究不应该仅仅局限于行政架构中的教研组织和教研活动，而应该有更具"草根性"、开放性和灵活性的组织模式与表现形态。

（1）教育沙龙

教育沙龙是教师自发形成的民间社群组织，在教育沙龙中，教师可以抛弃科层体制下的各种等级隔阂，自由地阐述自己的观点与想法，并且在"头脑风暴"式的交流中激活自己的思维、调动参与研究的积极性。教育沙龙的组织需要有具备领导力的组织者，有价值的研讨话题，能够鼓励参与者提出不同的观点、营建活跃和平等的对话氛围，并适时地点拨和导引研讨的进程等。

（2）网络社群

网络技术的发展为教师开展行动研究提供了全新的平台和空间。在网络环境下，教师之间的合作与交流可以打破时间和空间的局限性。在传统的管理体制下，由于教师工作压力大、工作任务多，研究工作往往严重受制于时间和空间。但是网络社群的发展，使教师时时刻刻都可以沉浸于研究的氛围中，随时随地进行交流、合作和研讨，从而有效解决了工作与研究的矛盾冲突。

（3）教学团队

教学团队是指教师围绕具体的教学研究任务组建的实践共同体。教学团队不同于科层体制下的教研组，它是由具有共同愿景、共同兴趣或者共同任务的教师自愿组合的实践共同体。在教学团队中，不仅有领袖教师，也有新手教师，教学团队在任务解决的过程中，不但发挥了领袖教师的作用，而且使更多的新手教师从边缘性参与者转变为研究的骨干。莱夫和温格曾经明确提出"合法的边缘性参与"这一主张，在他们看来，新手教师正是依托教师实践共同体这一教学团队，才能不断从边缘走向中心，从而成为教学领域的行家里手。换句话说，教师共同体在新手教师的成长过程中发挥着十分重要的作用。①

（4）名师工作室

名师工作室既是教师实践共同体的重要形式，也是教师开展行动研究的重要平台。名师工作室可以超越科层体制的限制，超越单个学校的局限，在更广

---

① 程勇，王丹. 合法的边缘性参与：教师实践性知识管理的新视点［J］. 教师教育研究，2010，22（1）：17-21.

阔的范围内组建教师实践共同体。名师工作室因为有领袖教师发挥示范、辐射和引领作用，所以能够更有效地提升研讨交流质量，推动教师合作向更深层次发展。

  总之，教师实践共同体理论的兴起，有利于超越传统的专业个人主义的藩篱，为未来教师的专业发展以及未来学校的组织变革提供了新的视野，开辟了新的空间。教师实践共同体的发展，也必然会重塑教师专业发展的新形象，并催生出更多新的研究课题。

实践理性视野下的教育行动研究

苏 鸿*

由于深受传统技术理性的影响，教育行动研究一直被描述为移植理论话语、套用科学方法、发现教育规律的过程。这种植根于传统技术理性的研究范式已经使教育行动研究面临深刻的危机。晚近以来，随着实践哲学的复兴，教育行动研究也在发生深刻的转型，教育行动研究急需以实践理性为指导，重建新的认识论基础和方法论范式。

一、传统教育行动研究的问题与反思

从根本上说，教育行动研究的宗旨在于教师参与教育理解和教育改进，让教师在行动中主动解决自身面临的问题，增进教师对教育实践的理解力，提升教师解决问题的行动力，这是行动研究最根本的追求。但是，以技术理性作为理论根基的传统行动研究却可能偏离行动研究的原初诉求，具体表现在如下三个方面。

一是研究对象的抽象化。教育研究的对象是具体的、鲜活的生命个体，但技术理性倡导的量化研究范式容易使研究对象蜕变为简单的数字，因而容易忽略研究对象最重要的特质，这与行动研究倡导的教育理念存在不小的差距。精神分析学派的代表人物荣格指出，科学方法的滥用容易造成人的抽象化。科学方法强调数学化，而数学化关注统计学意义上的平均值，人变成一个抽象的平均数、一个统计单元，于是，"人也有了一幅抽象的图画，只不过在这一抽象过程之中，个体的一切特征都消失殆尽了"。总之，科学视野中的"人"是一个"概念化的平均值"。荣格主张对具体的人的认识要超越科学范式，以自由、开放的心灵面向具体个人独特性的洞察。[2]

---

* 作者简介：苏鸿，广东第二师范学院学前教育学院教授，博士。该文发表于《当代教育科学》2021 年第 9 期。

② 荣格. 未发现的自我 [M]. 张敦福，译. 北京：国际文化出版公司，2007：11.

二是一线教师的边缘化。技术理性倡导的客观性、普适性以及专家话语等，都容易使教师在研究中异化为专家知识的被动接受者、科学方法的简单模仿者，并最终和自身熟悉的教育生活发生剥离，导致行动研究和日常工作的脱离。正如行动研究领域的知名学者艾略特（John Elliott）所言，在技术理性导向的传统行动研究中，教师面临着被边缘化的危险。①

三是教育理解的肤浅化。技术理性强调等级化的知识构架，认为越是抽象的理论知识就越有价值，所谓问题解决往往被视作理论知识的程式化运用。然而教育实践的情境往往是复杂多变的，教育问题的解决过程不可能简化为一套固定的技术程序，更不能看作抽象知识的简单运用。哲学家伽达默尔就指出，抽象的理念只具有"图式"的有效性，能被我们理解的知识一定是在具体语境中显现的知识。换句话说，理论在指导实践的过程中尤其需要实践者的创意诠释和实践智慧，而不是简单、机械地套用理论。当代科学哲学家劳斯也提出了类似的观点。他认为，科学理论知识本质上是地方性知识，"理论"只不过是"对特殊问题的范例性解答"，因此"理论理解的发展是从一个具体的案例转向另一个具体的案例，而不是从理论概括转向特殊的应用"。② 伽达默尔和劳斯都主张恢复实践哲学的传统，并从实践理性的视野重新理解科学研究的内涵与本质。

二、实践理性与行动研究的思维方式

破解传统教育行动研究的危机，首先必须深度反思行动研究背后的思维方式。过去，教育行动研究深受技术理性的宰制，在思维方式层面盲目追崇确定性思维、简单性思维和抽象性思维。这种去情境化的思维方式难以把握教育活动的实践逻辑，也看不到教育实践场域的复杂性，其结果容易导致理论与实践的分离和对立。与技术理性不同，实践理性更强调生成性思维、情境性思维和具身性思维。这是因为实践本身蕴含着时间性、空间性与身体性。从实践理性的视野来审视，行动研究的思维方式迫切需要进行深刻的转型。

（一）时间性与生成性思维

传统行动研究之所以将研究过程看作理论知识的简单运用，是因为它看不到实践活动的时间性。事实上，时间性是实践过程的显著特点，对实践过程的

---

① 普林.教育研究的哲学［M］.李伟，译.北京：北京师范大学出版社，2008：31，119.
② 劳斯.知识与权力：走向科学的政治哲学［M］.盛晓明，邱慧，孟强，译.北京：北京大学出版社，2004：88，93，97.

分析必然和时间存在紧密的联系。海德格尔对人之存在的实践境遇的分析，就是从时间这个维度切入的，其代表作《存在与时间》揭示了时间性维度在阐释个体存在中的重要意义。教育行动研究强调在真实教育实践情境中展开研究，其研究过程必然打上了时间性的烙印。可以说，任何有成效的教育行动研究都必须直面时间性这一课题，并且在时间之流中发现行动研究的生命力量。

具体而言，在教育行动研究中，实践的时间性要求我们用生成性思维来理解研究过程，其典型表现就是对行动研究中不确定性、历史性和时代性的高度重视。首先，行动研究的过程充满着不确定性，我们不可能机械遵循预设的研究计划和技术路线，更不可能简单套用科学方法，因为教育实践的场域是复杂和变化的。面对不确定性的教育实践，我们需要的是复杂性思维，而不是简单性思维。其次，行动研究要重视历史性，尤其是重视教育传统在教育改革中的重要价值。伽达默尔曾经用"效果历史"这个词语来强调传统在理解活动中的重要性。他指出，所有的解释活动都必须依赖于既定的传统，我们不可能脱离传统来理解未来。同样地，在行动研究中，我们不能简单地套用西方的时髦理念，而是应该像陶行知先生、陈鹤琴先生那样，基于中国的传统来建构本土化的改革路径。最后，行动研究的内在生命力不在于研究方法的科学性，而在于研究问题的时代性。正如国学大师陈寅恪先生所言，治学的关键在于"预流"，即预测和把握时代的潮流。[①] 在行动研究中，教师需要进入时代的潮流，敏锐觉知时代的精神，切己体察时代的方向，并且勇于站在时代的潮头来审视和分析自身面临的实践课题。

（二）空间性与情境性思维

实践活动具有空间性，在实践理性看来，个体总是从某一个具体的空间处境来切入世界、认识世界，离开个体身处的空间处境，认识活动就成了无源之水、无本之木。这种认识活动注定是苍白乏力的，因为它游离于我们的生存之外。传统的教育行动研究之所以会在实践中脱离学校和教师的实际，变得千篇一律、缺乏特色，是因为忽视了实践的空间性维度。从实践理性的视野来看，实践的空间性要求我们在行动研究中用情境性思维取代传统的抽象性思维。具体而言，我们可以用"处境式思考"和"机会性寻视"来描述情境性思维的运用。

一方面，情境性思维倡导处境式思考。海德格尔指出，认识活动根植于我

---

① 陈寅恪. 陈寅恪集：金明馆丛稿二编［M］. 北京：生活·读书·新知三联书店，2001：266.

们的生存处境，即使是知识的学习也必须从我们的生存处境来进行理解和内化。唯有如此，知识才能进入我们的生活世界，并且成为我们行动的工具。① 同样地，行动研究固然需要教育理论，但是理论必须和教师的生存处境紧密结合，这种理论才能产生行动的力量。在行动研究中，教师需要自觉扮演"转化者"的角色，即从自身的处境出发，选择、借鉴和吸收外在的理论，并将理论转化为行动研究的有效资源②。

另一方面，情境性思维强调机会性寻视。当代实践哲学家劳斯提出了"机会性寻视"的观点，他认为，问题不是科学研究的最初起点，而是比问题更本源的研究机会。科学家只有从现有的资源出发，积极寻找研究机会，才能形成可行性的研究问题。如果我们缺乏资源、兴趣或合作者等，即使是再好的问题也不可能进入我们的视野。③ 研究始于机会性寻视，这一命题意味着行动研究应该是校本化的、个性化的、多元化的，因为每所学校、每个教师都面临着不同的研究机会，形成了不同的研究资源。那种千篇一律、个性缺失、内容雷同的课题研究，绝不是真正有生命力的行动研究。

（三）身体性与具身性思维

身体性也是实践活动的显著特质，实践理性认为，认识活动离不开身体的积极参与，认识过程是身心合一的，知识具有具身的属性。传统的技术理性否认身体在认识活动中的重要地位，并且将身体实践和认识活动相互对立，认为理解只不过是心灵的任务，掺杂身体的感性只会削弱知识的客观性。这种观点反映在教育行动研究中，就是否认非理性因素在研究过程中的重要价值，忽视甚至压抑研究方法的多元化。这种思维方式不仅使教师在研究中被边缘化，而且导致教师对研究的畏惧感、陌生感。

与技术理性相反，实践理性则将身体置于认识的中心，主张从离身性思维转向具身性思维，认为认识过程不仅仅是理性思维的演绎，更是情感与态度、直觉与想象、感受与体验、实践与洞察的交融。在行动研究中，具身性思维具体表现在两个方面。

一方面，具身性思维强调整体性洞察。在具身性思维看来，认识活动并不是简单的逻辑推理过程，而是充满着主观体验和直觉洞察，是一种整体性的顿

---

① 海德格尔. 存在与时间[M]. 陈嘉映，王庆节，译. 北京：生活·读书·新知三联书店，2006：97.
② 郭晓娜. 论实践取向的教师课程能力发展[J]. 当代教育科学，2018（10）：43-47.
③ 劳斯. 知识与权力：走向科学的政治哲学[M]. 盛晓明，邱慧，孟强，译. 北京：北京大学出版社，2004：88，93，97.

悟。例如，一个有价值的研究问题的提出，并不是源于简单的逻辑推理，而是长时间阅读和思考之后的灵感顿悟。同样地，面对优秀教师的成功经验，我们需要的不仅仅是拆解式的分析，更重要的是整体性的感悟。

另一方面，具身性思维倡导多元化探究。在教育实践中，我们对教育对象的认识其实不仅仅依赖于科学方法。由于教育实践的复杂性，教师往往是透过实践洞察来理解学生，量化的课堂观察方法只是研究学生的方法之一，而不是唯一的方法。由于教育实践场域具有复杂性和交互性，过分追求客观和量化的观察技术反而会使我们远离鲜活的个体，并可能忽略研究对象最重要的特质。总之，具身性思维并不是否定科学思维，而是倡导研究方法的多元性。

三、实践理性与行动研究的知识假设

传统行动研究的困境与其背后的知识假设紧密关联。过去，行动研究以自然科学研究为典范，盲目追求技术化的客观性知识，这种偏狭的知识观反而使行动研究难以产生有行动力的知识。从实践理性的视野来审视，行动研究不应该盲目效仿自然科学，片面追求客观性知识、普适性知识和理论性知识；恰恰相反，行动研究应该更强调意义性知识、地方性知识和实践性知识。总之，只有基于实践理性重建行动研究的知识假设，才能产生鲜活的、有个性的、有生命力的研究成果。

（一）从客观性知识转向意义性知识

技术理性追求知识的客观性、普适性和抽象性，认为行动研究的最终成果是生产可以推广的教育经验。为了实现"可推广性"的研究目的，技术理性往往还会对教育经验进行深度加工，通过套用理论话语、粘贴理论标签、运用抽象概念，使教育经验更具有客观性知识的特点。然而，在将鲜活的教育经验进行抽象化和理论化的过程中，这些教育经验也开始失去其真正的行动力和生命力。

与技术理性不同，实践理性更重视教师的主观体验，反对在行动研究中盲目追求客观性知识。在实践理性看来，行动研究并不是一种简单的方法或技术，而是教师自身的生存方式，教师正是在行动研究中体验其存在的价值与意义，并由此获得专业认同和专业自信。因此，行动研究的知识应该是一种体验性知识、意义性知识。行动研究应该引导教师看到自己在研究中的寄托与希望、困惑与解惑、感悟与体验，而不是剥离教师个人的主观体验，盲目追求冰冷的客观性知识。

与此相应，行动研究的语言也要发生深刻变革。知识与语言紧密相连，特定的知识形式往往需要特定的语言类型。技术理性由于推崇客观性知识，因而在语言形式上偏重于理论性语言、技术性语言和抽象性语言。但是，技术性语言不可能表达我们内在的主观体验，与体验相关的意义性知识也不可能以技术性语言的形式进行呈现。为了更充分地诠释意义性知识，实践理性更倡导诗意性语言，因为只有诗意性语言才能更好地彰显教师作为研究者的主观体验和创意想象。

（二）从普适性知识转向地方性知识

技术理性从追求普适性知识的愿景出发，主张将知识从特定情境中剥离出来，通过剔除知识生产过程中的关联性情境脉络，使知识理论化、抽象化。但是，知识抽象化的过程是一个去地方化、去个性化的过程，这与行动研究倡导的扎根于具体情境的研究导向已经发生严重的背离。与技术理性追求普适性知识不同，实践理性尤其强调知识的地方性。在实践理性看来，行动研究的成果应该是地方性知识，这种地方性知识包含着两层重要的内涵与特质。

首先，行动研究的知识是一种情境性知识，是一种扎根理论。行动研究不应该为了盲目追求研究结论的可推广性而剥离实践情境，恰恰相反，行动研究更应该正视实践情境与研究结论的紧密关联。正如吉尔兹指出的，由于知识生产的主体和场所都是具体的、独特的，知识总是带有地方的烙印，本质上都是地方性知识。[1] 作为地方性知识，行动研究的成果更类似于一种解题的"范例"，其最大的价值在于启发和借鉴，而不是简单的模仿和移植。将行动研究的知识视作一个个生动的启发性范例，这样既体现了行动研究成果的地方性和不可通约性，也反映了行动研究成果的社会价值。

其次，行动研究的知识也是一种文化性知识、历史性知识。地方性就必然意味着文化性、历史性。在实践理性看来，教育世界从根本上说是一个文化世界，教育实践本质上也是文化实践。行动研究的知识应该是一种蕴含民族文化、彰显文化自信的地方性知识。在全球化的时代背景下，我们不仅需要向西方国家学习和借鉴有价值的经验，同时应该充分考虑本土文化的认同，从而更好地使西方的经验为我所用。陶行知先生的学说之所以影响深远，不是因为他引进了杜威的理论，而是因为他在扎根中国文化的语境的同时进行了积极创新。

---

[1] 吉尔兹. 地方性知识：阐释人类学论文集 [M]. 王海龙, 张家瑄, 译. 北京：中央编译出版社, 2004：1.

(三) 从理论性知识转向实践性知识

从理论性知识转向实践性知识往往基于"旁观者"的认识论立场，这种知识很难产生行动的力量。杜威曾经对这种旁观者知识观进行了深刻批判。他认为，旁观者知识观将"知识的对象当作是一种固定完备的实在，孤立于产生变化因素的探索动作以外"[①]，换句话说，旁观者知识观将知识与行动对立起来。这种脱离行动的知识由于将行动者置于被动旁观的角色，也就不可能对改革实践发挥巨大的指导作用。在实践理性看来，行动研究的成果应该是实践性知识，这种实践性知识具有两个方面的重要特质。

一方面，实践性知识具备行动能力。在实践理性看来，实践是一个蕴含着复杂性、过程性、生成性的场域，在实践活动中生成的知识也不同于静态的理论性知识。实践性知识的显著特征是具备行动能力，是"行动"而不是"描述"。正如马克思指出的，传统哲学家只是用不同的方式解释世界，而问题在于改变世界。长期以来，由于技术理性的误导，行动研究往往过分推崇理论性知识，结果导致学校改革中的种种形式主义。例如，教师对于教育改革的各种理论话语特别熟悉，但是落实到自己的教育实践中，总是找不到切实可行的抓手，出现理论和实践"两张皮"的现象。这些现象说明，行动研究不应该盲目追求抽象化、形式化的理论性知识，而是更应该关注那些以案例、隐喻、模型、叙事等方式呈现的实践性知识。

另一方面，实践性知识蕴含实践智慧。舍恩对实践性知识的阐述值得借鉴。他指出，实践性知识本质上是一种具有启发价值和参考价值的范例，因为实践性知识是嵌入具体情境中的。面对一个真实的问题情境，研究者不会简单套用外在的理论性知识，而是会对实践情境进行深度理解，展开诠释和对话，将其视作一个独特的情境，力图发现情境的不同之处、独特之处。舍恩将这个过程称为"重新框定情境"[②]，"重新"两个字意味着不再简单地套用现成的理论，而是充分发挥行动者自身的实践智慧，对具体问题展开实践性洞察。

四、实践理性与行动研究的实践范式

传统行动研究的困境也表现在实践范式的机械单一上，因为传统行动研究

[①] 杜威. 确定性的寻求：关于知行关系的研究 [M]. 傅统先，译. 上海：上海人民出版社，1996：16.

[②] 舍恩. 反映的实践者：专业工作者如何在行动中思考 [M]. 夏林清，译. 北京：教育科学出版社，2005：111.

以自然科学研究范式为典范,追求的是统一化、确定性的技术程序,这与实践活动的复杂性相去甚远,最终严重削弱了行动研究的内在生命力。与技术理性不同,实践理性追求"多"而不是"一",强调"差异"而不是"同一"。总之,多元共生、和而不同,这才是实践理性的基本取向。实践理性为我们创新行动研究的实践范式拓展了无限的视野。具体而言,在实践理性的视野之下,行动研究至少表现为如下研究类型与范式。

(一)伦理性、价值性行动研究

实践理性认为,人类的一切社会实践都具有伦理的意蕴,这是因为人的行动总是关涉目的意义,因而必须在是非善恶之间进行伦理的考量,唯有合乎德行的目的才会生出合乎德行的行动。可以说,在行动研究中,对伦理之"善"的反思比对知识之"真"的渴求更根本、更关键。

恢复实践活动的伦理维度是当代哲学的重要取向。亚里士多德早就指出,实践活动应该以追求"善"作为最高的目的。他说:"如若在实践中确有某种为自身而期求的目的,而一切其他事物都要为着它",那么,"不言而喻,这一为自身的目的也就是善自身,是最高的善"。[①] 到了现代社会,面对技术理性的滥用,伽达默尔更是呼吁回归亚里士多德的实践传统,恢复实践活动的伦理性、价值性维度。他指出,技术的宰制已经使实践彻底"堕落为技术",并造成今日的"文明危机"。[②]

伦理性、价值性行动研究主张重视教育行动的伦理性反思。早期的行动研究倡导者,例如,勒温等,将行动研究看作科学方法的应用,认为行动研究是一种研究技术或者方法程序,行动研究的质量取决于其方法或程序的科学性。但行动研究发展至今,学术界已经越来越坚信,行动研究是一种道德实践,行动研究的旨趣不是追求有效,而是追求卓越。[③] 在教育行动研究过程中,很多问题都需要从伦理层面进行审视。以有效教学为例,教学有效性不仅仅是方法策略问题,更深层次的是伦理道德问题,例如,师生关系、学生利益、民主参与等。有效教学如果失去伦理性规范,就有可能对学生身心健康造成负面影响。由此可见,伦理性也是有效教学研究急需关注的重大课题。[④]

[①] 亚里士多德. 尼各马科伦理学 [M]. 苗力田,译. 北京:中国人民大学出版社,2003:2.
[②] 伽达默尔. 科学时代的理性 [M]. 薛华,等译. 北京:国际文化出版公司,1988:63.
[③] CARR WILFRED. Philosophy, methodology and action research [J]. Journal of Philosophy of Education, 2006, 40 (4):421-435.
[④] 肖庆华. 论有效教学的伦理性 [J]. 全球教育展望,2012, 41 (1):26-29.

（二）对话性、合作性行动研究

教育实践不同于技术实践，教育实践本质上是一种社会实践，涉及事实与价值的复杂关系。面对社会性的教育实践，我们不是追求自然科学那样的客观真理，而是应该强调对话协商，并由此生成共识真理。与此相应，对话性行动研究也不同于传统的技术性行动研究，技术理性导向下的教师行动研究往往将行动研究看作教师个人的研究行为，忽视教师在实践共同体中的身份认同与民主参与；对话性行动研究则主张将研究过程看作对话协商、民主参与和身份认同的过程。

对话性、合作性行动研究强调人际互动在研究过程中的重要意义。马丁·布伯曾经区分了两种关系，一种是"我与你的关系"，另一种是"我与它的关系"。在"我与它的关系"中，"我"只是旁观者，研究对象（如学生）仅仅是我们认识的客体，我们不可能真正进入研究对象的精神世界。只有在"我与你的关系"中，"我"才能成为行动者、参与者，真正走进研究对象的世界。由此可见，只有构建平等的"我与你的关系"，真实的对话才有可能发生。[①] 对话性行动研究尤其重视反思各种不平等的权力关系，例如，在高校教师和中小学教师的合作研究中，必然涉及知识权力的不对等关系，如何将这种不对等的关系转化为民主平等的协作关系，是对话式行动研究需要关注的重要课题。

对话性、合作性行动研究要求我们重视教师实践共同体的培育。英国知名课程论专家斯坦豪斯（Stenhouse）指出，课程改革的实践迫切需要教师成为研究者，没有教师的研究意识，课程改革不可能深入持久地推进。然而，教师的研究意识只有在教师群体的互动过程中才能够有效生成。社会学家戈夫曼（Goffman）在其名著《日常生活中的自我呈现》中提出了"符号互动论"的主张。根据戈夫曼的观点，人们正是在人际互动过程中逐渐建构了自己的社会角色和社会身份。同样地，教师需要在研究型的团体文化氛围中，才能不断提升研究意识，离开人际互动，教师就难以对研究者的身份形成一种深刻的体悟。

（三）叙事性、案例性行动研究

实践活动具有复杂性、不确定性和生成性，实践活动的这些特质不可能用抽象的理论语言来言说，只有在叙事性的深描中，实践的丰富意蕴才能向我们显现。复杂性思维的代表性学者莫兰就倡导从"要素"向"叙事"的转变。莫兰指出，传统机械论的世界观形成了经典科学的三大思维方式，即认为世界是

---

① 哈贝马斯，曹卫东. 马丁·布伯：当代语境中的对话哲学 [J]. 现代哲学，2017（4）：1-8.

"有序"的、可以预测的，研究对象可以"分割"，借助"同一性逻辑"可以透过现象看到本质。① 在这种原子论世界观的支配之下，行动研究往往被看作若干"要素"的集合，忽视了研究过程蕴含的复杂性和不确定性。

叙事性行动研究主张将"要素"降解和还原为"叙事"。唯有通过具体的叙事深描，才能展现实践的复杂性与生成性。在叙事研究看来，行动研究的过程就像"叙事"一样，充满着无法预期的结局。一旦故事的结局被机械预设，就不再是"故事"，而是蜕变为"要素"。总之，教师行动研究不能简单地看作从计划到结果的线性推理。在行动研究中，教师对研究问题的建构、对研究思路的拟定乃至于对研究数据的解释，都具有较强的生成性与不确定性，研究过程是一个充满曲折与反复的魅力之旅。

叙事性、案例性行动研究试图消解本质主义的知识观。按照本质主义知识观的理解，只有借助逻辑抽象，剔除纷繁复杂的现象，才能发现事物的本质。本质主义知识观重视抽象理论和普遍规律，这些宏大叙事遮蔽了教育生活中的鲜活经验。叙事性、案例性行动研究则认为，现象和本质是不可分的，只有借助于具体的案例描述或者经验叙事，我们才能切近教育的真实。正如石中英教授所言，叙事研究也追求教育真实，但这种真实是颇具现象学意味的"经验的真实"，而不是本质主义理解的抽象的理论实体。②

（四）解释性、创意性行动研究

在实践理性看来，实践活动具有解释性的维度，这是因为实践情境是复杂和独特的，我们不可能简单套用某种所谓的"标准程序"，在实践活动中，更需要的是行动者的实践洞察、创意想象和主动诠释。总之，强调实践智慧、推崇创意想象、倡导多元方法，可以说是解释性行动研究的显著特质。

解释性行动研究特别强调实践智慧的生成。伽达默尔就指出，实践活动的目的是生成实践性智慧，而不是形成普适性知识。实践性智慧不同于理论性知识，实践性智慧并不是将普遍性知识简单应用于具体的实践，而是恰恰相反。实践性智慧要求行动者从独特的实践场域出发，通过主动的诠释和创造性理解，将普遍性知识转化和融入独特的实践场域。换言之，解释性行动研究关注的是如何转识成智，而不是简单的理论应用。

解释性行动研究也重视创意想象。伽达默尔在晚年就指出，解释学是一种

---

① 莫兰，陈一壮．论复杂性思维［J］．江南大学学报（人文社会科学版），2006（5）：18-21．

② 石中英．本质主义、反本质主义与中国教育学研究［J］．教育研究，2004（1）：11-20．

想象的艺术。① 他反对将实践看作科学方法的简单运用，而是更强调想象力在实践变革中的重要作用。尼采也有同样的论述，他认为理性的本质不在于"计算"，而在于"理解"与"创作"。② 与此同时，解释性行动研究主张超越科学方法至上的陈旧观念，倡导研究方法的多元性。在行动研究过程中，教师的解释与创意具体表现为教师对课程知识的独特理解、对教育信念的主动诠释、对教学活动的创意设计等。

---

① 洪汉鼎．作为想象艺术的诠释学（下）：伽达默尔思想晚年定论 [J]．河北学刊，2006，26（2）：24-29.
② 海德格尔．尼采 [M]．孙周兴，译．北京：商务印书馆，2002：607.

具身实践视野下的教育行动研究

苏 鸿*

长期以来,教育行动研究深陷于技术理性的窠臼,行动研究被描述为遵循技术程序、追求客观知识的过程,这种以传统理论哲学为根基的研究范式,已经使教育行动研究日益丧失行动的力量。行动研究领域的知名学者艾略特指出,由于深受技术理性的侵蚀,教育行动研究不仅没有获得具有行动力的知识,反而使教师在研究中日益被边缘化。② 随着实践哲学的复兴,尤其是具身实践理论的兴起,为我们重新理解行动研究提供了全新的视野。

一、身体的隐匿:传统行动研究的反思

在技术理性的宰制之下,传统的行动研究从本质上说是一种"离身"的研究,它主张摒弃个人情感和价值偏好,采取"旁观者"的立场去获取客观性的知识。这种"旁观者"的认识理论使教师在改革的过程中难以发出自己的声音,难以表达自身的情感诉求,换言之,教师作为行动研究的主体在改革过程中是不在场的、缺位的。加拿大学者罗斯教授指出,技术理性主义的方法论范式造就了教育研究中"隐形"的主体,例如,用理论标签来曲解复杂的教育生活、用定量方法来制造抽象的统计数据等,正是主体的隐形导致了教育危机。③

在行动研究中,技术理性导致的身体隐匿,主要表现在三个方面。

一是身体处境的剥离。我们的身体总是寓居于具体的生活世界中,生活世界构成我们生存的处境,并赋予我们行动的意义。作为行动研究的主体,教师从事行动研究的初始动机来自教师在具体的生活境遇中遭遇的困惑与疑难。教师能否成为行动研究的主体,首先取决于这种研究是否重视教师面对的真实世

---

* 作者简介:苏鸿,广东第二师范学院学前教育学院教授,博士。该文发表于《中国教育科学》2020年第3卷第5期。

② 普林.教育研究的哲学 [M].李伟,译.北京:北京师范大学出版社,2008:119.

③ ROTHWOLFF-MICHAEL. The Invisible Subject in Educational Science [J]. Journal of Curriculum Studies, 2018 (3): 315-332.

界。然而，技术理性及其理论哲学强调的是生产可推广、可复制的标准化知识、普适性知识，而不是教师具体的生存处境。在技术理性的视野中，身体与处境的原初联系被切断了，世界变成了我们"思考"与"认知"的对象，而不是"寄寓"与"存在"的场域，复杂而具体的处境被简化和抽象为单一的理论图式。社会学家舒茨将这种理性抽象的过程称为"匿名"[1]，具体的个体及其"生动性"不见了，取而代之的是各种类型化的解释图式乃至碎片化的理论标签。处境的剥离使教师迷失在各种理论口号之中，找不到抽象的理论与自身具体的实践困境之间的内在关联。

二是身体经验的缺失。我们的身体首先是感性的存在，哲学家海德格尔指出，人之存在的最原初状态不是认知，而是情感。我们可以悬置"思考"，但是我们不能关闭源自感官的经验与内在的情绪。然而，技术理性对客观性、普适性知识的追求，要求研究者必须剔除感性的经验和情感，做到不偏不倚、客观中立。在理性主义看来，真正确凿的知识源于我们的"心灵"和"理性"，而与身体相关联的感性经验和情感欲望则会"玷污"我们的认识，由此产生的知识是有"瑕疵"的、不可靠的。正如笛卡尔（以下统译为"笛卡尔"）所言，"凭着感官接受的一切都是完全虚假的"，认识"总是受到感官知觉的干扰，被弄得模糊不清"，应该"让我们的心灵养成脱离感官的习惯"[2]。理性主义对客观性的膜拜，使教师普遍对研究产生畏惧和迷茫，因为教师做研究的动力源于他们渴望改善的情感诉求，教师做研究的方法主要依赖感性经验与日常观察。剥离情感诉求与感性经验，就不可能有真正的教师行动研究。

三是身体实践的隐退。技术理性将教育改革视作可以预见、可以推理的理性过程，认为改革只不过是理论知识的简单应用，或者说，理论可以不经身体的媒介而直接转化为实践，这种对理性的盲目乐观不仅助长了专家的话语霸权，而且容易使教师在行动研究中被边缘化。伽达默尔对技术理性进行了深刻批判，他指出，技术理性将实践简化为理论的应用，导致社会实践越来越依赖专家的作用。[3] 事实上，实践并不是理论知识的简单应用，而是高度依赖身体的介入。法国社会学家布尔迪厄强调身体的"惯习"在实践中的中心地位，他认为实践的场域形塑了身体的"惯习"，"惯习"生产着实践，它"每时每刻都像一个感

---

[1] 杨善华. 当代西方社会学理论 [M]. 北京：北京大学出版社，2004：15.
[2] 笛卡尔. 谈谈方法 [M]. 王太庆，译. 北京：商务印书馆，2005：87.
[3] 加达默尔. 哲学解释学 [M]. 夏镇平，宋建平，译. 上海：上海译文出版社，1994：93.

知、评估和行动的框架那样运作"①。在教育改革中，理论灌输之所以效力有限，是因为我们没有看到身体的实践。换言之，实践的场域要求我们用身体来"介入"改革，而不是被动地用大脑来"思考"改革。

二、具身实践：教育行动研究的新视野

技术理性的最大危机在于贬抑身体实践，崇拜离身认知，其对普适性、抽象性的盲求必然导致冰冷的研究、祛魅的研究。与此相反，实践哲学倡导具身实践，主张恢复身体与世界的有机联系，重新构建"返魅"与"暖心"的研究之旅。正是在"返魅"与"暖心"的研究旅程中，教师才能真正成为行动研究的主人。

（一）从冰冷的研究转向暖心的研究

技术理性将行动研究简化为逻辑过程，贬抑研究中教师的主观体验，思想家莫兰称为"逻辑的纯化"，"纯化语言、纯化数学和纯化思维的工作在寻求纯化哲学的努力中达到了极致"②。经过逻辑纯化的世界是冰冷的概念世界，同样地，经过逻辑纯化的研究也是冰冷的理论推演。

与技术理性不同，具身实践主张关注行动者鲜活的生命体验。这是因为身体与世界的联系不是观念，而是体验。身体哲学的代表人物、法国哲学家梅洛-庞蒂就主张从客观思维返回到身体的体验。在实践场域中，每个人对生活世界的体验都是独特的，只有切近个体具体的生活体验，我们才有可能感受到独特生命的个性与魅力。

体验不同于逻辑，在体验中，教师作为研究者的个人动机与情感历程将受到应有的重视与尊重。波兰尼对个人知识的研究有利于我们重新理解体验的重要性。波兰尼首先对追求客观性的科学知识提出疑问，他认为，科学知识的形成离不开科学家的求知热情，例如，"科学家在做出发现的那一刻所感觉到的压倒一切的欢乐，那种欢乐只有科学家才能感觉到"。传统理性主义认为科学热情只不过是心理上的副产品，但波兰尼认为求知热情在于科学认知过程，并具有逻辑功能，因为正是求知热情引导着科学家的研究方向。③ 知识不仅离不开兴趣

---

① 布尔迪厄. 实践理论大纲［M］. 高振华，李思宇，译. 北京：中国人民大学出版社，2017：218.
② 莫兰. 方法：思想观念［M］. 秦海鹰，译. 北京：北京大学出版社，2002：194.
③ 波兰尼. 个人知识：迈向后批判哲学［M］. 许泽民，译. 贵阳：贵州人民出版社，2000：203.

与情感，还是一种信念、一种寄托。在科学探索过程中，大自然并没有贴着"证据"的标签，而是需要科学家依凭自己的科学信念来做出独立的判断。因此，即使是遵循同样的探究程序，采用同样的科学方法，科学家也会因为信念的不同而做出不同的判断，得出不同的结论。兴趣、情感、信念的参与，已经远远超出了传统的客观主义知识观范畴，因此，波兰尼用"识知"这个概念来表达知识形成中的个体能动性。[①]"识知"不是被动的旁观，而是充满热情和信念的能动参与，是一个暖心的研究之旅。在行动研究中，教师一定会遭遇种种挫折和迷茫，能引领教师走出困境并坚守到底的，不是理性的认知，而是坚定的教育信念和深厚的教育情感。

（二）从离身的认知转向具身的体知

技术理性本质上是一种离身认知，它剥离身体的介入，忽视身体在认识中的重要地位。具身理论要求将身体置于认识与实践的优先地位，身体也日益成为现代哲学家关注的焦点。早在17世纪，斯宾诺莎就对传统的理论哲学进行了尖锐抨击，他批评哲学家们"整天喋喋不休地谈论意识和精神，但我们居然不知道身体能做什么，它具备何种力量以及为何要集聚这些力量"。[②] 尼采则猛烈抨击"身体的蔑视者"，他主张将身体置于认识的中心，"身体是一种伟大的理性"，所谓"精神"，只不过是我们"身体的工具"。[③] 到了20世纪，身体开始逐渐走出理论哲学的阴影，与身体相关联的"体知"也日益成为超越离身认知的新趋势。和离身认知相比，体知代表着截然不同的取向。

一方面，"体知"凸显了身体与处境的有机联系。体知要求我们回到具体的实践处境来思考，而不是像离身认知那样冷眼旁观。海德格尔用"上手状态"来阐释身体处境的意义。我们周围的世界并不是在理论思辨中进入我们的视域，恰恰相反，周围的世界之物只有成为"我""手头"的"用具"，与"我"在具体的实践处境中相遇，才能构成"我"关注的对象。离开"我"的身体处境，事物的意义就不可能向"我"显现。海德格尔以"锤子"为例来展开阐释。一把锤子摆在眼前，无论我们做怎样的"理论上"的观察，也无论这种"观察"多么敏锐，都不可能揭示锤子与"我"的生存的联系，因为这种观察只是理论上的旁观，而不是生存论意义上的"寻视"。但是，一旦我们需要用锤子来制作

---

① 波兰尼. 个人知识：迈向后批判哲学 [M]. 许泽民，译. 贵阳：贵州人民出版社，2000：3.
② 德勒兹. 尼采与哲学 [M]. 周颖，刘玉宇，译. 北京：社会科学文献出版社，2001：58.
③ 尼采. 查拉图斯特拉如是说 [M]. 孙周兴，译. 北京：商务印书馆，2012：39.

某个物品，锤子就成为"我""上手"的用具，"我"开始从"旁观"转向"寻视"，并且真正"领会"锤子的意义。① 换句话说，一种理论在实践中是否意义重大，并不是由专家的理论阐述来决定的，这取决于该理论能否与教师"手头"面临的困难相联系。如果脱离教师的实践处境，再好的理论也只能束之高阁。

另一方面，"体知"要求超越种种二元对立。与离身认知倡导的主客二分、身心分离不同，"体知"更强调身体力行、身心合一，在亲历和亲知中将知识的获得和生命的体验融为一体。② "体知"也不是像科技理性那样试图透过现象来把握背后的抽象本质，"体知"反对现象与本质的分离，主张对世界的直觉和洞察。③ 正如教师对学生的理解，并不是透过抽象的数字来抓取学生的本质特点，而是在亲历性的日常交往中洞察学生的独特个性。"体知"的理念，要求我们重新审视行动研究的方法论范式，那种片面迷信科学方法的实证主义范式需要持续的反省与超越。

（三）从理论的应用转向身体的实践

技术理性秉持的知识论哲学传统将行动研究简化为理论的应用，认为行动研究过程就是将技术专家的理论方案应用和移植到具体的实践情境中。总之，行动研究以及教育改革的过程被简化为认识过程，忽视了研究和改革进程中身体实践的重要性。

具身理论则将身体置于实践活动的中心地位：我们不仅通过身体来认识世界，而且通过身体来改变世界。布迪厄等就指出，行动者必须置身于特定的"场域"之中来思考，并且必须依赖身体来感知复杂的情境脉络，从而形成"实践感"。他批评传统的理性行动理论将行动者简化为认知主体，"这是一头怪兽，他有着行动者的身子，上面安着个思想者的脑子，这个脑袋以反思的、逻辑的方式思考着置身行动中的他的实践活动"，而行动者的身体是抽象的、模糊的。④ 这种抽象存在的行动者不仅忽视了具身主体的独特能力与性情倾向，而且忽视了行动者所处"场域"的复杂性。在布迪厄看来，身体是我们与世界交往的中介，无论是知识生产还是信念形成，都与身体密不可分，因为理论的或者

---

① 海德格尔.存在与时间［M］.陈嘉映，王庆节，译.北京：生活·读书·新知三联书店，2006：81，97.
② 景海峰.中国哲学"体知"的意义：从西方诠释学的观点看［J］.学术月刊，2007（5）：64-72.
③ 张再林，张云龙.试论中国古代"体知"的三个维度［J］.自然辩证法研究，2008（9）：92-96.
④ 布迪厄，华康德.实践与反思：反思社会学导引［M］.李猛，李康，译.北京：中央编译出版社，2004：169.

逻辑的东西不仅要契合我们的身体处境，而且最终都必须转化为我们的身体图式，成为我们行动的"惯习"。"知识绝不可能脱离负载它的身体""身体连续不断地参与它所再生产的一切知识"。同样地，所谓实践信念，并不是一种"心理状态"，而是一种身体状态。①

具身实践表明，身体作为一个整体介入实践，并不是先有认识然后才有实践。身体本身就已经是实践，知识和信念是在身体实践中不断生成的。所谓传统，并不是抽象的信念，而是凝固于身体的行为图式。同理，行动研究并非简单的认识过程，也不是理论知识的简单应用，而是复杂的身体实践。正如学习教育学理论并不意味着能直接转化为成功的教育实践，在从理论到实践的转化过程中，身体扮演着至关重要的角色。阿吉里斯和舍恩曾经区分了信奉理论和使用理论，信奉理论是我们在口头上对外宣称的理论，而使用理论则是指导我们身体行动的实际理论。② 信奉理论和使用理论往往不一致，因为使用理论凝结着我们的身体经验和身体习性，不可能透过简单的理论学习来获得。阿吉里斯和舍恩关于使用理论的论述表明，行动研究应该从认识论层面转向实践论层面，行动研究的结果不仅仅是知识上的收获，更重要的是身体体验的积累和行为模式的改变。

三、具身理论视野下行动研究的实践逻辑

具身理论倡导的行动研究重视教师的身体体验与身体实践，研究的根本旨趣不是生产可推广的知识或经验，而是增进教师的专业认同，增强教师在行动研究中的身体感受力和实践洞察力，并最终提升教师变革实践的行动力。

（一）行动研究的问题

在技术理性看来，行动研究的问题往往来自学校教师的外部，简单来说，教师行动研究的问题需要在学术界流行的各种理论话语中寻找挂钩点，从而体现时代性和新颖性。这种对研究问题的理解把握了研究具有的时间性和时代感，但忽视了具体研究赖以展开的空间性与具身性。

具身理论主张将身体处境和身体空间作为我们建构研究问题的起点。梅洛-庞蒂指出，作为具身的行动者，我们一定是从身体嵌入世界的一个具体位置来观察世界、了解世界。身体的位置构成我们观察和思考的"视角"，我们不可能

---

① 布迪厄. 实践感[M]. 蒋梓骅，译. 南京：译林出版社，2003：104.
② 阿吉里斯，舍恩. 实践理论[M]. 邢清清，赵宁宁，译. 北京：教育科学出版社，2008：6.

离开视角来思考和行动。正是在基于特定视角的具身体验中，我们才发现自己所处的空间性，才领悟到具身处境对我们的生存提出的真实课题。传统的理论哲学强调"旁观"，在旁观式的理论活动中，身体是不在场的，这种局外人的立场根本不可能发现局内人的处境乃至困境。只有回到具身体验的深处，"身体和它的周围环境联系在一起的意向之线"才能显现出来。①

同样地，在具身理论看来，行动研究的问题应该紧密关联到教师的涉身处境，只有与教师的涉身处境紧密关联的问题才是教师自己的问题，而不是别人的问题，这种研究才能让教师把自己摆进去，变成"有我"的研究和"属我"的研究。即使是来自学术界的热门话题，也要先唤醒教师作为行动者的主动感知，使教师能够基于自身的特定处境来理解和认同。离开教师自身的身体处境，研究就容易滑向形式主义，蜕变为"无我"的研究。

（二）行动研究的方法

技术理性偏执于科学方法，认为只有运用科学方法才能获得可靠的知识。这种理解忽视了教育实践的复杂性，教育实践不仅仅具有技术的维度，还具有伦理、审美、社会、文化、历史等更复杂的维度。当代科学实践哲学的代表性学者拉图尔用"杂合体"来描述实践处境的复杂性。② 例如，关于合作学习的研究，不仅仅是教学方法的变革，还会牵涉学校传统、教育观念、师生关系等更复杂、更深层的脉络。总之，在教育实践中，我们面对的并不是科学方法假设的机械因果联系，而是感性的、鲜活的生命世界。如果偏执于科学方法，反而会使我们漠视教育实践的丰富意蕴和复杂脉络。

具身理论倡导的"体知"范式要求我们重视研究方法的多元性、综合性、情境性。晚近以来，认知科学领域正在发生新的革命，强调认知是身体化的（embodied）、嵌入的（embedded）、生成的（enacted）、延展的（extended）和情境性的（situated），即"4E+S"认知理论，③ 这与具身理论倡导的"体知"范式不谋而合。"体知"要求我们超越科学方法的窠臼，自觉地从理论逻辑转向实践逻辑，恢复和重建身体与世界的多元联系。

首先，"体知"强调具身领会。我们的身体总是置身于特定的场域脉络之中，外在的观念只有进入"我"的生存实践并被我们的身体领会才会变得有意

---

① 庞蒂. 知觉现象学 [M]. 姜志辉, 译. 北京：商务印书馆, 2001：105.
② 拉图尔. 我们从未现代过：对称性人类学论集 [M]. 刘鹏, 安涅思, 译. 苏州：苏州大学出版社, 2010：14.
③ 李建会, 于小晶. "4E+S"：认知科学的一场新革命？[J]. 哲学研究, 2014（1）：96-101.

义、有价值，否则这些观念只是毫无生气、不能扎根的抽象观念。海德格尔将"领会"作为人生在世的先决条件，我们只有通过理解、诠释和领会这个环节，才能将抽象的观念赋予行动的意义。例如，面对"核心素养"这个抽象的大观念，每个行动者的理解可能是不同的，因而导致不同的行动。如果离开了具身的领会，片面强调理论的移植和应用，就容易导致虚假的研究。对此，伽达默尔曾经进行了尖锐批判，他主张超越科学方法的虚妄，重视与身体关联的实践处境的领会。①

其次，"体知"强调实践洞察。"体知"和认知的差异就在于，认知往往基于理论逻辑，对教育事件的理解容易简化为抽象的概念性推演，忽视了实践脉络的复杂性；体知则基于实践逻辑，实践是杂多而非纯一，所以实践性思维应该是一种整体性思维和直觉性把握。"体知"即体验、体悟、体察、体认，它是基于身体知觉的实践性洞察，包括识别研究中的可能机遇、有利条件、主要困难、复杂联系等，这些实践脉络不可能从局外看清，只有置身于特定的情境之中，我们才能深刻体认问题的复杂性。实践性洞察要求恢复身体原本具有的敏锐的知觉力、丰富的感受力和无限的想象力。在行动研究中，我们不仅依赖理性的推理，也需要敏锐的感知、直觉的判断和创意的想象。

最后，"体知"关注移情理解。具身理论认为，每个身体都具有独特的经验，这种经验的独特性要求我们必须学会换位思考和移情理解。杜威就曾经指出，经验是不可传递的，因为每个具体的经验"都是独一无二的，它就是它自己，绝不会有重复"②。一旦我们脱离具体的身体经验，这个身体就会蜕变为匿名化、抽象化的存在。由于行动研究往往牵涉教师与学生，所以行动研究者尤其需要从教师立场换位到学生立场来进行思考。

（三）行动研究的语言

语言是我们的存在方式，我们如何言说，也就表明我们如何存在。当我们陷于抽象的理论言说，我们的存在本身也是抽象的。技术理性迷恋于科学语言，试图用抽象概念和统计数字来表达研究过程与研究结果。这种抽象化的过程脱离了身体的体验，使教师在行动研究中难以洞察实践的复杂性。

具身理论要求在语言和身体之间建立有机的连接。语言的身体化意味着语言要反映我们的身体体验。我们的身体嵌入在环境中，身体的处境构成我们言

---

① 伽达默尔. 真理与方法：哲学诠释学的基本特征［M］. 洪汉鼎，译. 上海：上海译文出版社，2004：17.
② 杜威. 哲学的改造［M］. 许崇清，译. 北京：商务印书馆，2004：89.

说的语境，我们只能在身体处境构成的语境之中来理解语言。身体化的语言是一种召唤，它唤醒我们的身体知觉，并把我们带到作者的"处境"和"视角"之中。①例如，一个词语之所以成为网络热词，是因为这个词语表达了当代人的生存处境与身体体验。在行动研究中，身体化的语言往往表现为叙事性语言，因为叙事性的语言能够建构行动者的具体时空处境，从而把我们带进行动者的工作现场，让我们身临其境地感受到教师的处境与情感、困惑与希望。

语言的隐喻性意味着抽象概念需要进行身体化的诠释。理性主义者认为抽象概念可以用逻辑语言进行抽象的解释，这种观念受到了具身理论的坚决否定。在具身理论看来，能被理解的语言必须依赖身体体验，任何抽象概念的理解都必须降解和还原到特定的身体图式与知觉经验。概念的意义不是源于抽象的符号，而是源于身体和身体的活动。②行动研究固然需要理论概念的指引，但是这些理论概念只有转化为身体隐喻才能被教师理解和接受。例如，我们可以用"蹲下来和学生说话"这个身体的隐喻来表达"学生主体"这个抽象的概念。事实上，很多伟大教育家的论述都带有极强的隐喻色彩，例如，夸美纽斯在《大教学论》中就经常采用"园丁"的身体隐喻来论证其教学的主张。

（四）行动研究的成果

技术理性将行动研究的成果理解为可以推广的知识或经验，这种理解带有极大的功利性和危险性，因为它忽视了教师成为研究者的真正意义。具身理论要求我们从外在性的、功利性的知识生产转向内在性的、伦理性的生存体验。在具身理论看来，行动研究是教师的一种存在方式，教师在行动研究过程中体验、体悟、体认自身存在的意义。行动研究的根本目的不是生产知识，而是创生意义。海德格尔曾经用"家"的隐喻来批评技术宰制下人类生存的异化，技术理性对功利性目标的追求使我们忘记了生产的根本目就在于人本身，"筑造的真正意义，即栖居，陷于被遗忘状态中了"。③艾略特主张将行动研究看作一种道德实践，认为行动研究不应该追求外在的功利性目标，而应该引导教师在研究中追求内在的卓越，他将追求美德看成是行动研究的真正目标。④

总之，在具身实践的视野中，行动研究的真正成果不在于外在的知识生产，

---

① 庞蒂. 世界的散文[M]. 杨大春, 译. 北京：商务印书馆，2005：147.
② 叶浩生. "具身"涵义的理论辨析[J]. 心理学报，2014, 46 (7)：1032-1042.
③ 海德格尔. 演讲与论文集[M]. 孙周兴, 译. 北京：生活·读书·新知三联书店，2005：155.
④ ELLIOTT J. Educational Action Research as the Quest for Virtue in Teaching[J]. Educational Action Research, 2015, 23 (1)：4-21.

而在于教师专业理解的深化和专业认同的提升。教师专业认同反映的是教师自我对教师角色的体验与觉知，它彰显的是教师个人的教学信念、情感态度与价值观。[①] 在具身实践看来，教师专业认同不是简单的心灵认识过程，也不可能被抽象的宏大叙事形塑，而是教师个体实践的结果，是教师在教育行动中体验、体知、体悟的结晶。具身实践之所以能形成专业认同，是因为具身实践过程中存在着波兰尼所说的"寄托结构"，教师会将自身的情感、希望、价值观等寄托在专业实践之中。杜维明先生曾经以弹钢琴为例来说明体知过程中行动者的情感寄托：真正成熟的音乐家"把自己整个融化到表现体知的钢琴之中——钢琴不再是身外之物，而是凝结自己感情和灵性的神器"。同样地，行动研究也是一项生命的旅程，它凝聚着教师的情感与希望，折射着教师的专业理解与专业认同。

[①] GOODNOUGH K. Examining the Long-Term Impact of Collaborative Action Research on Teacher Identity and Practice: The Perceptions of K-12Teachers [J]. Educational Action Research, 2011, 19 (1): 73-86.

"U—G—S"三方合力，促进区域教育优质发展

周峰 兰晶[*]

自 2018 年起，为期三年，广东第二师范学院与珠海市高栏港经济区合作创建广东省国家教师教育创新实验区。实验区以义务教育办学质量诊断为抓手，推动该区中小学优质化发展，总结出"U—G—S"三方合作模式，即大学（University）、政府（Government）和中小学（School）三方合力，共同促进区域教育优质均衡发展。

一、科学制定《义务教育质量综合评价指标体系》

义务教育质量诊断的目的，不是给学校打分数、定等次，而是进一步给学校把脉问诊，帮学校总结特色亮点，发现制约学校发展的瓶颈问题。

（一）评价的指导思想

本评价依据《中共中央、国务院关于深化教育教学改革全面提高义务教育质量的意见》和教育部《义务教育学校管理标准》等政策要求，深入贯彻落实中共中央、国务院关于《深化新时代教育评价改革总体方案》的精神。坚持以习近平新时代中国特色社会主义思想为指导，全面贯彻党的教育方针，落实立德树人根本任务，建立健全学校办学质量综合评价机制，进一步发挥教育评价的导向性和指挥棒功能，激发办学活力，探索教育治理体系和治理能力的现代化，推进学校现代化建设，引导学校规范办学行为、创建学校特色、提高办学质量，促进学生全面发展和个性发展。

（二）评价的主要原则

1. 全员参与，自评与他评相结合的原则。
2. 民主、公平、公正、公开的原则。
3. 过程性评价与终结性评价相结合，以过程性评价为主的原则。

---

[*] 作者简介：周峰，广东第二师范学院教育学院教授，博士；兰晶，广东第二师范学院学前教育学院讲师，博士。该文发表于《基础教育论坛》（下旬刊）2021 年第 2 期。

4. 定量评价与定性评价相结合，以定性评价为主的原则。

5. 评价引领发展，发挥评价导向性和指挥棒功能的原则。

（三）评价的基本内容

以三级指标搭建评价框架：一级指标 7 项，即党建与廉政、学校文化、"五育"并举、课程与教学、"四有"好老师、办学成果、特色与创新；二级指标 23 项；三级指标 64 项（综合评价观测点），评分方法科学易行、操作性强，并根据实施情况不断调整、完善。

二、义务教育质量诊断实施两年的成效

"U—G—S"三方合作实施两年多来，专家团队先后对高栏港区 14 所中小学进行了两轮诊断评估，以义务教育办学质量诊断为抓手，推动高栏港区域教育整体优化，明显提升办学水平，逐年缩小校际差距，不断彰显办学特色。

（一）实验区建设的主要成效

1. 绝大多数学校综合得分进步明显

从 2020 年与 2019 年的各校综合得分情况来看，在中学组，有 4 所初中进步明显，有 3 所中学综合得分增长超过 10 分。在党建工作与学校文化建设方面的成效尤为突出，在 15 分满分中，大多数学校得分在 12 分以上。

2. 落实立德树人，坚持"五育"并举，学校均衡发展成效显著

全区共 14 所中小学，小学组 10 所学校，全区综合得分前 5 名的小学，分值差距明显缩小，体现出校际差距逐年缩小。

3. 各校因校制宜开展各具特色的教育教学改革

指标四"课程与教学"满分 40 分，与 2019 年相比，小学组中的多数小学该指标得分有不同程度的提升。

4. 各校重视队伍建设，促进教师专业成长

指标五"'四有'好老师"满分 30 分，中小学的得分都在 28 分以上。

5. 学校创建特色课程和特色文化意识得到加强，办学成果进一步凸显

指标六"办学成果"和指标七"特色与创新"的结果显示：中小学办学特色受到了各校重视并初见成效，小学在素质教育旗帜下，特色办学成为新的亮点。

（二）问题与反思

1. 教师队伍结构有待进一步优化，临聘教师比例过高，制约着教师队伍的建设。部分学校尚未建立促进教师成长的激励机制和环境，部分教师的职业倦

怠感与安于现状，影响教育教学工作的开展。

2. 学校品牌效应仍不够突出，省市级名校长、名教师、名班主任不多，港区整体上的教育知名度和影响力有待进一步提高。

3. 有影响力的标志性办学成果尚不多见，区域教育的美誉度有待提升。高水平校长与教师成长慢，优质生源不易留住。因此，打造区域教育亮点，培育并推出有影响力的办学成果，增强区域教育吸引力，刻不容缓。

三、精准施策，指明高栏港区教育发展方向

在义务教育质量诊断的基础上，专家组经过认真分析，对高栏港区中小学整体优化提出了明确的发展建议。

（一）优化教师队伍结构，减少临聘教师比例

教师是学校教育工作的主体力量，对提升教育教学水平起着决定性的作用。高栏港区各学校临聘教师占比较高，个别学校甚至高达1/3以上，不利于教师队伍的稳定，结合广东省教育厅《关于推进中小学教师"县管校聘"管理改革的指导意见》（粤教师〔2017〕13号）等文件精神，通过扩大编制和交流，促进教师合理流动，优化学校教师队伍整体结构。

（二）强化教师激励机制，搭建专业发展平台

努力培养更多名师、名班主任、名校长，继续坚持和完善"三名工程"重点培养与全员培训相结合的机制，加强学科带头人与学校引路人的培养和引进；继续建立和完善教师教学教研奖励评价制度，促进教师专业发展和成长；根据"四有"好老师的要求，引导教师做好专业成长规划。

学校要努力培养接地气的名教师。实施全方位、宽领域、多形式的人才培养机制，为教师创设不同的成长路径与发展舞台；点燃教师自主发展的激情，激发教师自我发展的内驱力；通过开展课堂观察、课例研究、校本教研等主题研讨活动，发挥学校学科组长、备课组长、骨干教师和各类（名）教师工作室的带头和示范作用；立足课堂改革，加强教师业务能力的培养；关注青年教师、临聘教师和薄弱教师的业务帮扶，充分挖掘老教师资源，开展形式多样的奖教活动，建立老教师与新教师或年轻教师的结对关系；鼓励老师们撰写教育反思、教育案例，鼓励教师发表论文，开展校内教学设计评比，开展学校论文、微课题评审等活动，有效提高教师的科研能力。

（三）深化课程改革，实现高效课堂

完善学校课程体系建设，进一步加强"学科核心素养"的学习和研究；积

极围绕课堂教学开展研课、磨课和赛课，不断提高课堂教学效率；关注学生的兴趣点，改进教学方法，启发、引导和激励学生，培养学生自主学习的习惯，鼓励学生主动学习；要重视对核心素养、课程标准的研究，可以开展教学实践相关的"小"课题研究，做到"以研促教"；通过"走出去、请进来"等方式，加大在学校范围内推进课堂教学改革和创新的力度，积极引进和不断创建课堂教学新模式，促进学生的自主学习，从主要关注教师的"教"向更多关注学生的"学"转变。

（四）发掘特色亮点，打造学校品牌

各校要在做好常规工作的同时，着力挖掘自身的特长和亮点。学校一方面要补齐自己的短板；另一方面需要在做好常规工作的基础上"扬长"，找到自己的长处和优势并充分发扬。如此才能激发学校的激情和活力，凸显自己的存在感，并形成自己的特色，产生更大的影响力。高栏港区每所学校都可以从德育、智育、体育、美育、管理模式、教学模式、家校合作、"U—G—S"合作等方面寻找适合自身优势的项目，找准打造自己品牌的发力点，以便在较短的时间里取得更大的成果，快速提升学校的美誉度与知名度。

挪威学前教育师资培养经验及启示

黎晓君*

挪威学前教育经过一百多年的发展，逐渐形成了一套比较完善的师资培养体系，在学前教育法规、保障制度、师资培养实施等方面显示出鲜明的特色。随着教育改革的深化，挪威于2018年出台《教师教育2025——教师教育质量与合作国家战略》，从政府职能、教师教育机构、实践、研究等方面提出教师教育的变革要求。近年来，我国在建构普惠性学前教育公共服务的基础上致力提升学前教育质量。教育部就学前教育法草案征求意见，明确了学前教育的性质与定位，也明确了幼儿教师身份地位、待遇、专业发展等权益保障。《关于学前教育深化改革规范发展的若干意见》提出扩大学前教育本专科层次规模，创新师资培养模式。现阶段，我国经历着教师教育改革，挪威学前教育师资培养的措施与经验，对我国学前教育教师队伍建设具有借鉴作用。

一、挪威学前教育师资队伍现状

（一）挪威学前教育概况

2006年，挪威政府修订了《幼儿园内容和任务框架计划》，该计划规定了幼儿园的价值观、宗旨、课程目标和教育方法，提出幼儿园应提供高质量的教学服务。挪威优质学前教育离不开充足的财政支持与完善的公共保教制度。挪威教育支出占国内生产总值的7.42%，在经合组织国家中排名第四，而学前教育支出至少占国内生产总值的1%①。充足的资金有助于招聘训练有素的教工，以便更好地照顾儿童，支持儿童的认知、社会和情感发展。在挪威教育政策支持与完善的福利体系保障下，超过96%的3岁以上儿童在接受学前教育，1岁儿

---

* 作者简介：黎晓君，广东第二师范学院教育学院、学前教育学院讲师，博士。该文发表于《教师教育论坛》2021年第11期（第34卷）。

① OECD. Education at a Glance 2019 [EB/OL]. （2020-09-08） https：//www.oecd.org/education/education-at-a-glance. Pdf.

童入园率达到73.2%①。

教育与培训局于2019年发布的报告显示，挪威有5788所幼儿园，政府公办幼儿园占47%，私立幼儿园占53%，其中，设有普通幼儿园、家庭幼儿园与开放幼儿园三种类型。普通幼儿园主要为0~5岁儿童提供保教服务，其他两类幼儿园在挪威学前教育机构中占有比例较小，但仍然发挥了重要的补充作用。

（二）挪威学前教育从业人员现状

挪威学前教育工作人员分为教育与保育两类，幼儿园工作人员由园长、教学组长和保育人员组成。作为管理者，园长对整个幼儿园负责，教学组长领导一个部门或负责一班幼儿。根据《幼儿园法》，这两个职位的申请人应接受三年大学学前教育专业培养，并取得学士学位，或完成三年等同于大专水平的幼师进修课程。保育人员须完成四年的高中职业培训课程，包括两年的校本培训与学徒期。2019年8月起，挪威教育与研究部规定保育人员与3岁以下幼儿的比率是1∶3，与3~5岁幼儿的是1∶7。而幼儿园教师与3岁以下幼儿及3~5岁幼儿的比率分别是1∶7与1∶14。此新规定可以降低教师工作负担并保证幼儿获得更多教师关注度，也增加了对幼儿教师数量的需求②。

根据《儿童护理转型——经济发达国家的早期儿童教育和护理的转型》报告反映，挪威在两个指标上低于其他经济发达国家，包括80%受过培训的保育人员的指标，以及50%的教工人员具备认可的学前教育高等教育学历的指标③。具备资质的幼儿教师队伍仍存在较大缺口，为此，挪威政府采取一系列培养优质学前教育师资的措施。如表1所示，2015—2020年，挪威学前教育从业人员从27926人增至32015人，增幅达到14.6%。幼儿园园长从1011人增至4419人，增幅高达3.4倍。两类人员拥有学前教育高等教育学位比率稳定在84%，2020年，获得大专水平的幼师进修证书的幼教从业人员增至29.8%，相比四年前，持证人数比例有大幅度增长。由此数据显示，挪威从事幼教工作的人员数量稳步上升，并保持较高的高等教育学历比例。

---

① The Norwegian Directorate for Education and Training. The Norwegian Education Mirror [EB/OL]. (2020-03-23) https：//www.udir.no/in-english/education-mirror-2019/school/#staff.

② The Norwegian Directorate for Education and Training. The Norwegian Education Mirror [EB/OL]. (2020-03-23) https：//www.udir.no/in-english/education-mirror-2019/school/#staff.

③ UNICEF. Innocenti Research Centre. The Child Care Transition：a League Table of Early Childhood Education and Care in Economically Advanced Countries [R]. 2008：25.

表1 挪威学前教育从业人员人数与高等教育学历比例

年份	学历	幼儿园教师	幼儿园园长	其他幼儿教育从业人员
2015	人数	27926	1011	59672
	学前教育高等教育学位（%）	83.0	86.4	2.4
	幼师大专进修证书（%）	1.7	0.2	19.0
	其他学历（%）	15.4	13.3	78.6
2020	人数	32487	4419	56456
	学前教育高等教育学位（%）	84.8	88.6	2.7
	幼师大专进修证书（%）	2.3	0.2	29.8
	其他学历（%）	12.9	11.1	67.5

资料来源：挪威统计局 Statistic Norway（https：//www.ssb.no/en/），2020。

二、挪威学前教育师资队伍建设的举措

优质的学前教育有赖于良好的幼师队伍及相关从业人员，挪威政府持续对教师教育进行改革，加强政策保障，提升教师专业水平。

（一）形成"三位一体"的学前教育管理体制

挪威学前教育的根基在于一系列学前教育公共服务制度与管理制度，包括对儿童受教育权的保护与施惠，明晰学前教育主体职责。挪威从中央到地方已形成了"三位一体"的学前教育管理体制。从2006年起，教育与研究部（Ministry of Education and Research）负责学前教育国家性指引，郡级政府作为中央政府的地区代表，保证中央教育政策的落实与督导地方学前教育的实施，地方政府监管学前儿童教育和保育服务。从2012年起，幼儿园被纳入教育与培训局的监管范畴，该局作为教育与研究部的执行机构，负责监控国家教育实施质量。2017年修订的《幼儿园国家课程规定》在中央治理机制中体现出明显的指引作用，明确幼儿教育目标和儿童学习领域，对教师教育和在职培训方案的内容产生了重要影响。同时，在《地方政府法》和《公共卫生法》等立法赋予的责任下，地方政府协调城际学前教育机构合作，促进公、私两类幼儿园的质量发展。中央政府与地方政府加强合作，组织全国性教师招聘活动，有助于改变部分地区师资短缺的局面。

（二）提升高校学前教育专业学生培养质量

针对幼儿师资持续短缺的情况，尤其是缺乏具备学前教育大专以上学历的专任教师，挪威制定幼儿园教师专业标准和颁布一系列学前教育专业建设的政策。2012 年，挪威政府出台了《幼儿园教师培养的国家指南》（*National Curriculum Regulations for Kindergarten Teacher Education*），设计了适用于大学三年制幼儿教师教育的国家课程框架，确保高校提供以专业为导向、以研究为基础的幼儿教师教育。2011 年，发起幼儿教师进修的国家项目"GLØD"，每年为 450 名学前教育领导者提供 30 学分的职业进修课程[①]。针对申请幼儿教师课程的学生平均成绩低于其他专业学生的情况，2018 年，挪威教育与研究部建议提高幼儿教师教育课程的入学要求，提高此项目学费贷款计划资助额，并在师资短缺地区选定院校推行幼儿教师教育最低入职要求的试验计划，从而提高生源数量和质量。

（三）构建高校与幼儿园的合作伙伴关系

2009 年，挪威国会推动强制性伙伴关系协议制度，明确教师教育机构与幼儿园等实践机构角色、责任和义务。挪威 21 号白皮书（2016—2017）提出，进一步审查教育与培训局、高校、幼儿园之间的伙伴关系，并建立跨部门协作的教师教育平台，让伙伴幼儿园在幼儿教师培养中发挥更突出的作用。比如，奥斯陆大学和特罗姆瑟大学设立了教师教育学院，旨在提高实践培训的质量。奥斯陆大学与阿克什胡斯大学应用科学学院与伙伴幼儿园加强实践研究的协同合作。2010 年，挪威教育质量机构（NOKUT）要求增加幼儿教育研究的资源，明确学前教育研究为政策和实践服务的目的，加强高校研究的实践转化。挪威政府进一步强调教师的双重身份，高校教师教育者进入幼儿园教学实践，幼儿教师接受高校在职培训，从而加强教师教育供需两侧的交流，同时，提升学前教育研究水平与扩大研究成果的国际影响力，并将其转化为教师教育内容，推动教师教育机构的可持续发展。

（四）拓宽幼儿教师继续教育路径

多年来，挪威持续为幼儿教师提供继续教育和在职培训，《未来幼儿园战略能力 2014—2020》提出增加教师培训经费，把幼儿教师继续教育名额增加两倍，并且通过职业教师晋升战略，制定了 12 项新的继续教育培训方案。教育与培训局作为继续教育供给部门，与高等教育机构合作，提供高标准的教师培训服务，

---

① Organisation for Economic Co-operation and Development. Early Childhood Education and Care Policy Review [R]. OECD 2015：63-70.

并在课程指引、员工反馈和质量发展方面收集信息以做持续评估①。挪威为提升初任教师专业素质,制定初任教师上岗培训方案与导师培训指南,力求为导师与初任教师建立研究性与实践性兼并的培训环境。挪威注重幼师人才协同培养模式,一批机构如挪威阅读教育研究中心、挪威数学教育中心提供教师教育资源,同时,奥斯陆与阿克斯胡斯大学为在职幼儿教师开设了关于教育法的非全日制学士课程,并为幼儿园管理者提供教学监督与领导技巧的培训课程②。

(五) 加大培养与配备男性幼儿教师力度

为解决学前教育领域男女教师性别失衡问题,挪威政策采取多项措施增加男性幼儿教师的数量。2020年,挪威统计数据显示:幼儿园教师共有32487人,其中,男教师3024人,占9.3%;园长4419人,男园长302人,占8.4%。报考幼师教育的男生比例有所上升,从8.5%上升到14%。但是与欧洲儿童保育委员会20年前提出的20%目标相比,挪威男性幼儿教育工作者比例仍有待提高。挪威政府为了推动社会对男性工作者参与幼儿生活的共识,通过挪威的法律、法规和课程制定了两性平等的目标,在幼师培训和实践中强调中性化性别概念,使幼儿工作者对专业精神具有跨越性别意识的理解。挪威教师工会在部分城市建立幼儿园男性工作者网点,提供工作聚会场所,对招聘男性幼师起支援作用,也有助于留住外地的男性工作者③。挪威幼儿园注重自然和户外游戏,愿意雇佣更多男性员工,以使幼儿从互动中体会到性别差异提供的教学多样性。为此,针对男性幼儿教师工作的政策倡导与社会认同度提高均有助于改善幼儿教师性别结构。

三、挪威高校学前教育师资培养经验

为切实提高高校人才培养质量,挪威政府于2017年发布《高等教育质量文化》白皮书,对高校教育教学确定了质量目标。随后若干政策文件强调了教师教育对师资培养的影响,要求高校提供国际前沿的教学内容,加强与实践基地的战略合作。现有24所挪威高校施行教师教育工作,其中,14所提供幼儿教师

---

① Norwegian Ministry of Education and Research. Teacher Education 2025:National Strategy for Quality and Cooperation in Teacher Education [Z]. 2013:10-31.
② Organization for Economic Co-operation and Development. Early Childhood Education and Care Policy Review [R]. OECD 2015:63-70.
③ PEETERS J, ROHRMANN T, EMILSEN K. Gender balance in ECEC:Why is There so Little Progress? [J]. European Early Childhood Education Research Journal, 2015, 23 (3):302-314.

教育，包括综合性大学，如斯塔万格大学与特罗姆瑟大学、以教师教育为特色的诺德大学与奥斯陆城市大学。《幼儿园教师课程的国家法规》规定学前教育全日制本科课程为期三年，共180学分，课程包括六个重点领域、选修课和学士学位论文。每个重点领域都以专业为导向，侧重幼儿教师教育的学科知识，让学生修读后具备在幼儿园从事教学工作的资格[①]。

表2 挪威学前教育专业本科课程计划

学年	内容	教学法	学分
第一和第二学年	儿童发展、游戏和学习	整合到所有知识领域	20学分
	社会、宗教、哲学和道德		20学分
	语言、书写与数学		20学分
	艺术、文化与创造力		20学分
	自然、健康和运动		20学分
	加强前两个领域的整合		20学分
第三学年	关系、合作和发展		15学分
	选修课		30学分
	学士论文		15学分

资料来源：Ministry of Education and Research. Regulations on the Curriculum for Kindergarten Teacher [Z]. 2012：3-4。

挪威学前教育师资培养以本科为主，各高校学前教育本科培养计划在教学安排与具体内容方面存在着差异，但都服务于打造高质量教师队伍的终极目标。以下对挪威高校学前教育培养目标与培养内容的特点归纳分析。

（一）制定"知识—技能—研究"一体的培养目标

挪威学前教育本科教育目标是培养一批具备资格的幼儿园或学前教育机构的教育教学工作人员与教育领导者。在美好童年的共同价值观指导下，《幼儿园教师培养的国家指南》指出，幼儿教师综合素养包括儿童成长的理念、本土文化的认同、多元文化的理解、实践能力的提升。基于挪威教育立法和现有的幼儿教师培养指南，挪威高校采用顶层设计和系统整合，制定以专业为导向、以研究为基础、具有完整学习观的幼儿教师培养计划。在符合欧洲资格框架（EQF）前提下，挪威不断更新教师教育课程体系，旨在提升幼儿教师现代专业

[①] Norwegian Ministry of Education and Research. National Regulations on Curriculum for Kindergarten Teacher [Z]. 2012：2.

能力，涵盖儿童理论、教学法、教师动机、信念、自我调节技能与学术反思的能力，并强调了北欧融合教育和护理的传统。计划体现人才综合素养培养要求，囊括基础理论、实践技能、课题研究与国际交流的主要培养内容。

（二）构建综合性探究为主的跨学科课程体系

挪威幼儿教师本科课程包括六个知识模块和一篇学士论文，前两年学习采用统一的课程框架，以便学生在第三年进行实践活动。课程侧重于拓展跨学科领域的知识，旨在反映当今社会中，幼儿园日常工作的科学性与复杂性。必修课程模块涵盖教育理论、语言学科、宗教教育、自然学科、人文艺术与挪威萨米文化等。选修课程兼顾本土特色与国际热点，包括户外生活、自然与当地环境、北欧与国际视角下的教学、职业道德与儿童权利、领导协作与发展等。跨学科知识领域培养有助于学生接触学前教育前沿观点，让学生在开阔的视野中对本专业进行综合性探究与批判性反思。教学组织形式包括集中教学、小组学习、自学、讲座与研讨等，在每个学年，设有课题项目和研讨会的必修课，学生必须做好演讲准备，并对其他学生的作业做出评价，从而提升反思评判能力。斯塔万格大学与特罗姆瑟大学均设有欧洲交换生计划，让学生在一个学期内，在欧洲其他高校获得30学分，并有机会在国外实践基地进行专业培训，有助于全面提高学生综合应用的实践能力。

（三）建立以专业驱动的实践教育长效机制

挪威高校学前教育实践时间长，注重学生在不同幼儿园环境下体验各年龄段幼儿的保教工作。《幼儿园教师培养的国家指南》规定学前教育师资培养不少于100天的实践时间，至少95天在幼儿园，5天用于专业实践。比如，诺德大学学前教育专业实践在三年本科学习中分配为第一年35天，第二年40天，最后一年25天。学生必须先通过第一年实习考核，才能在第二年继续实习活动。挪威教育部门强调幼儿园是一个学习型组织，情境学习理念和实践共同体的原则赋予学生更多实践机会，学生通过完成任务将理论知识落实到实践中。教育与研究部和挪威教育协会签署了一项自觉工作的协议，以确保地方学校与幼儿园提供专业导师指导。学生每周必须留出1.5~2个小时与幼儿园导师交流，或参与小组研讨。每门实践课程都有完整计划，包括合作幼儿园责任、实践任务内容与评估方式，学生在以专业为驱动的实践学习中融会理论知识，激活对专业本质的认识，以专业反思提升实践品质。

（四）深化教研一体的教师教育培养模式

挪威强调教研一体的学前教育师资培养，学生在导师引领和任务驱动的基础上开展课题，以提升学生自主成长的动力。《教师教育2025——教师教育质量与合作国家战略》指出，研究是幼儿园教师培训和幼儿园质量发展的关键，未来的教师应具备高水平的学术研究能力与教学实践能力，鼓励地方幼儿园发挥利益相关者的作用为教师培育提供实践研究平台[1]。挪威教师教育注重培养学生的研究思维，学生运用适当的研究方法来计划、开展、记录和反思专业任务，在实习过程中积极参与幼儿园实践课题。学生选择感兴趣的学士论文题目，在高校课程导师与幼儿园实践导师联合培养下，开展幼儿领域研究，归纳儿童发展规律及教育特点，为未来成为研究型教师做准备。

（五）实施科学规范的人才培养质量评估

为确保专业培养的质量，挪威对高等教育设定严格规范的质量评估。大学考试规定要求学生在前两年通过所有课程考核，特别是重点领域"儿童发展之游戏与学习"，以便第三年开展基于研究与经验的实践学习。《关于高等教育的适用规定》要求在整个学习过程中对师范生的学术和个人资格进行全面评估，对幼儿的身体、精神健康、安全构成潜在危险的学生，认定为不适合教师职业。另外，挪威政府设立质量保证机构（NOKUT），对挪威高等教育质量进行评估，包括制度、招生、课程、教学、奖学金、学位授予等方面，如果NOKUT认定大学的教育实施情况不能令人满意，便把评估报告送交教育与研究部，教育与研究部将根据《大学和大学法》撤销该机构课程设立的授权。为此，通过高校内部与外部科学严格的质量评估，有利于保证高校学科建设水平，健全挪威教师教育培养体系，推动高素质教师队伍建设[2]。

四、对我国幼儿教师教育改革的启示

（一）完善学前教育师资培养体系

挪威早年建立"普惠、公平、优质、多样"的学前教育制度，并陆续通过学前教育立法与加大财政投入，完善职前与职后的教师教育机制，以保障学前教育事业健康发展。我国应进一步加快学前教育立法，明确政府与相关机构实施学前教师教育的主体职责，健全学前教育师资培养制度，为学前教育规范化与专业化提供坚实的保障。学前教育师资培养体系的重要实施主体是高校，各级政府加大支持高校设立学前教育专业的力度，通过提高学前教育教师队伍的

---

[1] Norwegian Ministry of Education and Research. Teacher Education 2025: National Strategy for Quality and Cooperation in Teacher Education [Z]. 2013: 10-31.
[2] 杜丽静. 挪威早期教育师资培养的有益探索及启示 [J]. 外国中小学教育，2014（11）：41-48.

招生起点，进一步区分学前教育专科、本科、研究生三个层次的师资培养梯度，提升办学层次。完善幼儿教师教育体系在于改变培养机构的单一化，除了支持师范大学和师范专科学校作为应用型学前教育人才的主要培养阵地，还应继续推动综合性大学开办教育学院，设置学前教育本科专业，同时，引入相关社会机构协同培育，有条件的院校增设婴幼儿护理相关专业，多种途径扩充幼儿教师与托育人员队伍。建立幼儿教师职前职后一体化的培养体系，增加学前教育在职硕士学位授予点，拓展幼儿教师职后培训途径，对职后培训内容、培训课时、经费使用等制定政府指引，对职前与职后师资培养设立分层次的评价体系，引入第三方评价机构进行质量评估，全面保障幼儿教育师资培养质量。

（二）建立以实践为导向的综合课程框架

挪威高校学前教育课程框架比较完整，以教育学学科为基础，强调跨学科领域学习与综合素养培养，重视课程的实践比例，注重幼儿园在师资培养过程中的伙伴关系。我国传统学前教育专业本科课程体系分为理论类课程、应用类课程以及见习、实习环节，应转变过往学前教育课程碎片化、割裂化的状态，进一步优化现有的培养课程体系，夯实专业基础课，设立模块整合式的必修课与选修课，传授反映学前教育前沿的新内容，开展形式多样的教育教学见习、实习训练，逐步提升学生反思性的实践能力，建立"高素养、厚基础、强实践"的学前专业应用型人才培养路径。学前教育人才培养应整合跨领域的基础理论与实践综合活动，加强幼儿园、高校与科研机构三者合作，建立学前教育育人联盟，在实训功能场所建设、教材开发、毕业论文指导、师范生技能大赛、职业生源发展等环节扩大教师教育供需两侧的交流，提升学前教育教师的实践智慧。

（三）注重基于国际合作的研究反思

挪威学前教育具备国际化视野的特色，支持高校开展国际交换生项目与国际硕士项目，在强调教研一体化指导的策略下，以研究促进教学，加强国内外研究项目的合作与交流，鼓励挪威教师在国际期刊发表文章。我国师资培养应改变"重理论、轻实践、重观念、轻研究"的理念，高校关注学前教育专业本科生研究能力的培养，创建导师制课题小组，在本科阶段帮助学生掌握教育研究方法和毕业论文撰写要领，以课题为抓手融贯培养全程，让学生在实践活动的研究、反思中构建新知识，有利于学生职业长远发展。高校通过组织国际学术交流活动、国际交换生项目、中外联合培养等多种方式，把国际学科新理念渗透到教学、实践、论文指导等环节，让学生及时了解国外专业发展前沿动态，提升教研一体的人才综合素养。对于在职教师教研能力提升，教育部门可提供学前教育专项课题经费，在幼儿教师职称评定或绩效分配中增加教育研究成果的比重。幼儿教师职后培训课程可引入国际学前教育前沿研究的热点与难点，邀请国际幼儿教育专家授课，加强专业发展与幼儿园教学相关的科研训练，让教师在研究中反思、在反思中实践。

（四）大力培养男性幼儿教师

挪威通过政策支持和福利保障，提升了社会对男性幼师的认同，吸引了大批男性报考幼儿教育课程并加入幼儿教育机构，增强了幼儿户外活动与性别互动的多样性，提升了教学质量，对幼儿的性格养成具有积极影响。相比挪威男幼师9%的占比，我国幼儿园男教师数量少，主要担任体育学科的教学活动，较少担当主班带教。由于幼师工资普遍不高，男幼师流失率较高。我国应从政府层面与社会层面转变幼儿园保教工作由女性担任的认识，给予男幼师充分的理解与支持。政府可继续加大对男幼师的培养力度，比如，江苏省率先实行免费男幼儿师范生的培养政策。高校可实行学前教育男学生的培养试验，根据男学生阳刚气质与学习特点设计选修课程，进一步发掘他们在信息技术、体育、艺术等领域的技能潜力。幼儿园找准男教师培养定位，挖掘其性别特质，帮助他们打造职业优势并提供职业进修与职务晋升机会，甚至可以考虑设立一定额度的"男教师津贴"，提升其待遇，降低男幼师流失率。

实践篇

第三编

"绿色教育"：基于绿色发展理念的学校高质量发展探索

崔学鸿[*]

当前，建设高质量教育体系已成为中国教育的战略性任务。"高质量发展"是对发展状态的一种事实与价值判断，意味着教育在"质"与"量"两个维度上达到优质状态，表现为教育享用价值与质量合意性的提升。它既涉及教育增长方式和路径的转变，也是一个教育体制改革和机制转换的过程。[①]

笔者在 40 年的从教生涯中，从教师到校长、从小学到大学、从单体学校到教育集团、从中部省份到深圳特区，在不同地域、不同时期、不同学段的不同工作岗位上，始终围绕"和谐""高效"两个关键要素，着力探索教育增长的有效方式和崭新路径，逐步形成了促进师生及学校和谐、高效、可持续发展的绿色教育理念与实践。在此，笔者拟从质量观、学习观、课程观、治理观四个维度，对"绿色教育"的思考与实践做一个简要的全景梳理，以诠释自己对教育高质量发展的理解。

一、理念形成——基于"和谐、高效"价值表达的质量观

40 年来，笔者的"绿色教育"观是在国家社会经济发展战略的影响启发下萌生与发展的，与国家 40 年的改革开放同频共振，也推动笔者的教育教学思考与实践不断实现新的突破。

（一）从绿色教学到绿色教育：与绿色发展时代同频共振

1993 年，笔者代表马鞍山市参加安徽省青年教师课堂教学大赛并获得最高奖。在这节课的教学分析《和谐、活跃、扎实、高效——〈手〉的教学追求》

---

[*] 作者简介：崔学鸿，深圳市第二实验学校党委书记、校长，正高级教师，特级教师，深圳市特级正校长，教育部"基础教育教学指导委员会"德专委委员，全国教育创新"杰出校长"，安徽省"十大杰出青年"，享受省政府特殊津贴专家，广东省名校长。荣获首届基础教育"国家级教学成果奖"二等奖。该文发表于《中小学管理》2022 年第 5 期。

[①] 柳海民，郑星媛. 新时代中国教育改革发展新路向［N］. 中国教育报，2021-04-01.

一文中，笔者提出了"构建和谐师生关系，获取高质量教学效果"的教学主张。

1995年，笔者在自考本科毕业论文《试论教学过程结构之和谐性》中论述："美是和谐。教学过程结构作为教学过程的形式，要引起学生的审美体验和愉悦情感，以增强教学过程的有效性，就需要是和谐的。"这是笔者对"和谐""高效"之间内在关系的进一步思考，是笔者教学质量观的萌发，也是"绿色教育"观的滥觞。

2005年，十六届五中全会将建设"资源节约型"和"环境友好型"社会确定为国民经济与社会发展中长期规划的一项战略任务。同年，《国民经济和社会发展第十一个五年规划纲要》被清华大学胡鞍钢教授称为中国第一个"绿色发展规划"，绿色发展成为中国发展的现实需要、时代呼唤。那一年，笔者刚调到广东省深圳市筹建育才教育集团第四小学，这些战略论述给了笔者醍醐灌顶的启示："和谐""高效"的课堂不正是"环境友好型"和"资源节约型"的课堂吗？

2007年10月，党的十七大报告指出国民经济发展存在着"三高两低"（高投入、高消耗、高污染、低产出、低水平）现象，这又触发我的深刻反思：我们的教育是否也存在"三高两低"现象？如果存在，那么教育高投入、高消耗的是什么？高污染的又是什么？我们的教育产出水平如何？学生的分数是不是绿色的？

这些深层次的反思让笔者认识到，绿色发展时代，经济发展不能以资源高投入、高消耗和环境高污染为代价，GDP应该是绿色的；教育发展更不能以师生时间精力高投入、高消耗为代价，学生的分数更应该是绿色的。倡导实施绿色教育，正是中国教育跟上中国绿色发展时代步伐的需要。绿色发展理应成为中国教育的时代选择、时代命题，"和谐、高效"理应成为教育绿色发展的价值追求。

（二）界定绿色教育的内涵：和谐、高效、可持续发展

由绿色GDP"环保、和谐、节约、效益、可持续发展"的内涵，我们概括界定绿色教育的核心内涵为和谐、高效、可持续发展。这三者之间是相互关联、相辅相成的：和谐是基础，是前提；高效是手段，是保证；可持续发展是目标，是方向。和为贵，效生益，和谐致美，效益至善。和谐生高效，高效促和谐，和谐、高效则可持续。三者共同构成了绿色教育的基本架构。笔者在深圳育才第四小学的办学实践中，开始全面构建以和谐为基础、以高效为保证、以可持续发展为目标的绿色教育学校工作体系，并以绿色教育的理论实践推动了一所新建学校的跨越式发展。

在实践中我们强调，与生态教育关注环境的可持续发展不同，绿色教育关注人的可持续发展。绿色教育的"和谐"主要指人与人之间以及人和自我之间的和谐；绿色教育的"高效"指的是"高效益"，而不是"高效率"，既包括微观层面的单位时间内的教育教学效益，也包括中观层面的学校整体办学效益，还包括宏观层面的社会效益；绿色教育的"可持续发展"既指学生身体、知识、能力、情感、态度、价值观等方面的可持续发展，也指教师、家长、学校、家庭以及社区的可持续发展。①

2015年3月，中共中央、国务院印发的《关于加快推进生态文明建设的意见》首次提出"绿色化"概念。同年10月，十八届五中全会提出"创新、协调、绿色、开放、共享"新发展理念。2016年，全国教育工作会议强调"以绿色发展引领教育风尚"。这让笔者进一步意识到，推行绿色教育，必将成为促进传统教育方式改变、推动新时代背景下教育可持续发展的新常态。

二、学堂再造——基于"可持续发展"能力生成的学习观

党的十八大之后，我国教育工作进入发展新时期，以人为本的理念更加深入人心。以人为本理念体现在课堂上应该是以生为本、以学为本，课堂应该成为"学堂"。我们聚焦"减负"，探索构建"节能降耗"的绿色学堂，让学生成为学习的主人，由此促成学生与教师的内在和谐，提升学生的学习效益，促进学生的可持续发展。

（一）立足"4S学程模型"，提升"学堂"效益

顺应新一轮课程教学改革大趋势，笔者在育才第四小学倡导由"课改"走向"改课"，提出课堂应以生为本、以学为本，主张变"独白式教学"的课堂为"对话式教学"的"学堂"，构建"绿色学堂"，让学习真实发生。"绿色学堂"的基本逻辑是"4S学程模型"。其中"S"是指"Step"和"Study"，即"我想学—我学会—我会学—我还想学"，突出学生对学习全程的自我主导能力，引导学生在"我们想学"的状态下实现"我们学会"，在"我们学会"的过程中实现"我们会学"，进而持续促进学生"我们还想学"。

一方面，我们引导教师改变教学方式，改进"满堂灌—满堂问—满堂动"的教学表面化现象；引导学生调整学习方式，促使他们从个体学习走向共同学习、合作交流学习，走向深度对话，实现深度学习。在此过程中，教师以核心

---

① 崔学鸿. 教育应该是绿色的：由绿色GDP想到的[J]. 中国教师，2008，67（12）：28-29，62.

素养培养为目标，引导学生学会解释、思辨、推理、验证、应用，去理解世界、解决问题、学以致用，培养学生的健全人格，促进学生的精神成长。

另一方面，我们号召教师把"学堂"作为减负的主阵地，把为学生精心设计"学堂"练习和家庭作业当作对学生的"日行一善"；从教科研的角度实施减负，把提高"学堂"效益作为减负的关键。教师以学生为主体、以"学"为主线进行教学设计，精心设计"学"的练习（包括听、说、读、写、想、演算等）；"学堂"上力求精讲精练，提倡"当堂解惑、当堂消化、当堂作业、当堂校对、当堂订正"，提升"学堂"上师生投入的时间效益，提升学生的学习效益，杜绝"课内损失课外补"，由此减轻学生的课外作业负担，确保"减负不减质"。

经过九年的探索与实践，深圳育才第四小学因其优秀的办学质量一跃成为区域备受关注的新星，笔者主持的绿色课堂文化建设研究成果也因此荣获首届基础教育国家级教学成果奖二等奖。

（二）确保素养与分数同步提升，追求绿色质量

2014年以来，笔者相继担任校长的深圳南山外国语学校（集团）和深圳市第二实验学校都有高中部，为此，笔者基于"绿色学堂"理念，在高中阶段进一步提出了"以绿色备考获取绿色质量"的主张。

在具体教学中，我们要求教师力戒课上"满堂灌"、课后"题海战"，还给学生更多自主学习的空间；我们以实施新课标、新教材为契机，在教育教学管理、课程体系建构、课堂教学改革、信息技术应用等方面积极主动探索，促使学生核心素养和应试能力双提升。在绿色备考观念引领下，南山外国语学校（集团）高考一本率从2014年的46%提升到2018年的72%，深圳市第二实验学校高考高分优投率从2018年的60%提升到2021年的75%，两所学校的学生成绩"提升率"均居全市前列，真正实现了"绿色备考，绿色质量"。

三、课程重塑——基于"五育互育"模式构建的课程观

学生的全面发展依托课程的丰富性，因此，学校树立"一事一物皆教育、时时处处有课程"的大课程观显得尤为重要。

（一）整合"五育"内容，构建绿色大课程

在实施"4S学程模型"提升学生学习效益的基础上，深圳育才第四小学提出了"'40保4'课程策略"，即在提高课堂40分钟教学效益的基础上，确保每位学生的"4个1小时"，包括学生每天家庭作业≤1小时（中年级≤40分钟，

低年级≤20分钟)、每天参加体育锻炼≥1小时、每周参加社团活动≥1小时、每周平均参加"红领巾小区"活动≥1小时。

"'40保4'课程策略"强调面向全体学生、促进学生全面发展，突出德育为首和教学为中心，整合了德智体美劳的教育内容，融绿色学堂、阳光体育、学生社团、"红领巾小区"活动于一体，体现了综合学科课程、活动课程、社团课程、实践课程、环境课程的大课程观，也取得了学生喜欢、家长支持、社区欢迎的共赢效果，较好地回答了"减负之后做什么、如何做"的问题，实现了"减负增效"，促进了师生与学校整体的和谐、高效、可持续发展，学校也因此获评深圳市、广东省多项荣誉。2014年6月15日，"中国中小学绿色教育联盟"成立大会暨首届年会在深圳育才第四小学举行，顾明远先生欣然为学校题词"教育是绿色的"。

（二）推进"五育互育"，提高课程育人效能

2019年1月，笔者调任深圳市第二实验学校校长，当时正值全国教育大会召开不久，为了落实大会精神，我们深入研究"五育并举"的内在联系，探索从课程建设入手落实新时期育人目标。

基于党的十九大对我国社会主要矛盾的新判断，笔者开始思考如何"让每一位学生得到充分发展"，提出教育要"着力解决发展不平衡不充分问题"，就要切实做到"五育并举"，解决德智体美劳发展不平衡的问题；同时，大力倡导"五育互育"，解决德智体美劳发展不充分的问题，高效促进学生德智体美劳全面发展。"五育互育"是指根据五育在教育内容和教育方式上的相互包容、交汇、渗透、补充等特点，强化五育之间的动态联系及相互作用，使"五育"通过"互育"实现共生与融合，进而提高五育的整体育人功能。[1]

基于此，笔者在深圳市第二实验学校开始构建"五育互育"的"5·20综合素养提升"课程体系，提出"3年时间，达成5大类20个成长目标"的育人构想。课程内容覆盖德智体美劳五育，实施方式强化"互育"，突出参与性、多样性、交互性和实践性。在具体实施中，我们采用"书院制"供给模式，以弹性学制和扁平化组织架构打破固化的学校组织形态，让教师和家长与学生合作策划课程，并且和学生同学习共成长，让学校成为美好生活的策源地。我们还运用互联思维构建网络课程，拓展智慧化线上学习空间，突破教室和校园边界，打破封闭的办学模式，与世界互联。

---

[1] 崔学鸿．"五育互育"：高效促进学生全面发展［J］．中小学管理，2020，351（2）：37．

2019年12月30日,我们首次把低时延、高可靠性的"5G+激光全息技术"应用于课堂,让远在上海的复旦大学教授和深圳市第二实验学校以及我们所帮扶学校的师生,近乎零时差、犹如面对面地在线上畅快交流大亚湾核电站的核废料处理问题。2020年,深圳市第二实验学校"突破信息孤岛、构建智慧校园"信息化应用案例被教育部基础教育司和中央电化教育馆联合评为基础教育信息化应用典型案例。

四、治理变革——基于"和谐共生"文化演绎的治理观

建立现代学校治理体系是激发学校办学活力、推动学校高质量可持续发展的重要支撑。"和谐、高效"的绿色文化,也一直贯穿笔者的学校管理工作。

(一)立足可持续发展,探索学校绿色管理新模式

2004年,在深圳育才第四小学建校之初,我们就提出了推动学校可持续发展的绿色管理目标,树立每一个人都是管理者的意识,鼓励人人参与管理、实施自我管理。同时,我们探索将科学管理与人文管理相结合,实现管理的服务、指导和引领作用;通过夯实教学流程、培养良好习惯、落实校务监督等管理环节,强化过程管理;完善评价激励机制,实行管理任期目标考核制、管理岗位目标责任制、项目计划完成评价制、教育教学质量增值评价制、学生全面发展赏识激励制等。在此过程中,我们尤其强调要遵循民主、简约、易行的"不多于十条"原则制定制度和公约;通过建立学习型组织,举办校本管理培训,普及基础管理知识,引导教职工积极参与学校民主管理,让师生在"和谐共生"的文化浸润中自主管理、充分发展。

(二)基于和谐共生理念,构建集团化办学治理新格局

2014年,笔者调任深圳市南山外国语学校(集团)总校长,为了让这所有近20年办学历史、拥有8个校(园)区12个学部万名师生的教育集团产生"1+1>2"的集团化办学效益,笔者尝试运用绿色教育理念,推动"'小'校徽撬动集团化办学'大'治理"的绿色校园文化建设。我们由校徽的外形提炼出"像树一样成长"的学校文化内涵——"向下扎根、向上生长、和谐共生"。这3个方面与后来颁布的中国学生发展核心素养中的"文化基础、自主发展、社会参与"3个方面不谋而合,成了核心素养的"南外表达",并且成为建构集团学校文化体系的核心理念和文化基因。

我们改革集团治理机制,通过"简减放权",总校减员下放人财物权;通过"建健增员",扩大分校办学自主权,分校成立党支部和工会、建立教代会制度、

健全行政部门，承接集团下放的人财物权。集团最终形成了"12345"治理机制，即实现 1 个目标："1+1>2"。理好 2 组内部关系："总校—分校、分校—分校"。创新 3 类管理体制：人事、财务、资源管理体制。推行 4 种管理模式：分权制衡制、授权自主型、协调参与式、责任管控化。实施 5 大治理方式：统筹、授权、协调、整合、共享。① 由此开启了集团化办学内部治理的"南外模式"，既充分调动了分校每一个"1"的积极性，促进各分校特色个性发展，做到"各美其美，美人之美"（和谐），又充分发挥了集团的整体优势，逐步发挥集团化办学"1+1>2"的效应（高效）。通过 4 年时间，集团逐步解决了人员严重超编、机构设置欠科学、横向联系不紧密、纵向沟通不深入、运行效益不高的问题，发展成为包括内生型、加入型、联盟型、委托型的 12 个校（园）区 15 个学部的"美美与共，和而不同"的大家庭。

如今，在深圳市第二实验学校，为更好地落实"五育并举"，我们正探索运用系统治理的理念，建构适应"五育互育"的治理机制及课程体系、教学方式、评价方案等，形成"五育互育"学校文化，实现五育融合，落实五育并举，促成校内外各类元素"和谐共生"，以新型学校治理体系构建和谐、高效、可持续发展的新常态，真正实现学校的高质量发展。

---

① 崔学鸿．集团化办学的关键问题分析与策略选择：基于多所集团学校办学实践的理性思考［J］．中小学管理，2019，341（4）：5-8.

一起来，教育更精彩

张怀志[*]

家庭是社会的基本细胞，是孩子成长的起点，是孩子的第一所学校。2021年10月，第十三届全国人民代表大会常务委员会会议通过《中华人民共和国家庭教育促进法》，标志着家庭教育从"家事"上升为"国事"，对家长也提出了更高的要求。在"双减"的政策背景下，家长应树立正确的育人观念，为孩子的幸福人生保驾护航。学校和社会要为家庭教育提供专业支持，家庭、学校和社会要形成三位一体的育人模式。

家庭教育不同于正式的学校教育，它没有课程表，却发生在每时每刻。家庭教育最神奇的地方在于，它在父母不知不觉中就发生了。理想的教育从父母的自我改变开始，因为父母是孩子的第一任老师，孩子从呱呱坠地那一刻起就开始接受家庭教育，父母的每一句话渐渐变成孩子未来的模样。最好的家庭教育应该是免费的，它存在于父母和孩子的每一次互动中。

一、家庭教育是最基础的教育

笔者从事教育工作30余年，担任校长20余年，其间一直在思考一个问题：同一所学校，同一位校长，同一批教师，同一个班级，什么都相同，但孩子之间的学业水平差距为什么如此之大呢？经过大量的实践和思考，笔者领悟到学校教育基本上是相同的，但每一个孩子所处的家庭却是截然不同的。同一个班的孩子之间的差距，更多的是来自家庭。

父母是孩子的第一任教师，也是终身教师，父母对孩子的影响至关重要。教育家马振翼先生曾经在《人民日报》发表过一篇文章——《教育改革从家长

---

[*] 作者简介：张怀志，珠海市香洲一小教育集团党总支书记、总校长，正高级教师，特级教师，兼任广东省中小学校长联合会副会长，华南师范大学及广州第二师范学院兼职教授。担任校长25年，先后获得广东省南粤优秀教育工作者、省中小学校长培训指导专家、省中小学校长工作室主持人、省中小学家长学校优秀校长等称号。

教育开始》，他提到我们对教育非常不满，在很大程度上归因于家庭教育的缺位①。孩子出了问题，更多的是做人的问题。而做人的问题更多的是非智力因素，取决于家长的养育。

马振翼先生指出，家长要形成正确的教育观念和人才观念。教育改革首先应该从改变家长入手，让家长明白自己的责任，掌握育人知识，获得育人技巧，提高育人水平，真正懂得如何引导家长成长成才。②苏联教育家苏霍姆林斯基说："教育的效果取决于学校和家庭教育的一致性。如果没有这种一致性，学校教学和教育过程就会像纸做的房子一样倒塌下来。"③ 教育工作是设计人的工作，依据苏霍姆林斯基的观点，设计人的工作，不仅要成为教师的事业，也要成为家长的事业。

习近平总书记也对家庭教育发表过许多重要讲话。习近平总书记强调，家庭是社会的基本细胞，是人生的第一所学校。无论时代发生多大的变化，无论生活格局发生多大变化，我们都要重视家庭建设，注重家庭、注重家教、注重家风。④ 家庭教育应该传承优秀的传统文化。中央党校王杰教授提到在中国优秀传统文化中有许多严格家教的案例，是传承好家风的典型。家长可以将《孟母三迁》《陶母退鱼》《岳母刺字》和《画荻教子》以故事的形式展示给孩子，让孩子掌握中华优秀传统文化的内核，在良好的家庭氛围中成长。

家庭教育也由家事上升为新时代的重要国事。《中华人民共和国教育家庭教育促进法》于2022年1月1日正式实施。家庭教育由以家规、家训、家书为载体的传统模式，迭代升级为以法治引领和驱动，以立德树人为根本任务的新模式。⑤ 孩子之间的差异，归根到底是家长综合素质和付出心力的差异。父母是孩子的第一任教师，也是最重要的一任教师。现在很多学校都开设了家长学校，但家长到学校来参加活动，更多的是开家长会或讨论班里的各种事务。家长学校真正的任务，应该是不断提高父母们家庭教育的修养和水平，引导家长努力地一步一个台阶往上攀登，提高做父母的层次和水平。

---

① 马振翼. 教育改革从家长教育开始［N］. 人民日报，2013-10-31（18）.
② 马振翼. 教育改革从家长教育开始［N］. 人民日报，2013-10-31（18）.
③ ［苏］苏霍姆林斯基. 给教师的建议［M］. 杜殿坤，编译. 北京：教育科学出版社，2001.
④ 习近平. 习近平著作选读（第一卷）［M］. 北京：人民出版社，2023：544-548.
⑤ 李健，薛二勇，张志萍. 家庭教育法的立法议程、价值、原理与实施［J］. 北京师范大学学报（社会科学版），2022（01）：62-71.

二、家校共育是最精彩的教育

2018年，笔者出版了一本家校共育的专著——《一起来，教育更精彩——学校家庭社区共建共育的实践和探索》，书中提到在新时代追求学校优质发展的路径：内涵发展，外力推动。[1]

内涵发展就是要努力营造高效优质的课堂教学。按照国家规定，小学生每天在校时间六个小时，其中有五个多小时是在课堂上度过的，因此学校教育的核心在课堂。首先，要按国家要求开齐所有课程，使学生得到全面发展。其次，开足课时，绝对不挤占挪用任何一门课程教学的课时，让学生得到个性发展。在此基础上，追求开好课堂，注重教师人人专业发展，课堂堂堂优质高效。

同时，我们也希望外力推动，借助家长这一强大的推手，促进学校更好地发展。在笔者的家校共育专著中，专门谈及家庭教育的三部曲。一是督教督学，请家长进来学校，这是一种双赢的管理。当家长进入学校，学校会越办越好。二是助教助学，把家长请到学校里来帮助学校教，帮助孩子学，甚至家长可以来当校外的辅导员。学校的家长队伍里有很多优秀的家长，他们可以开设各种各样的课程，成为学校社团的校外辅导员。三是优教优学，努力办好家长学校，将家长请到学校，通过开展线上线下的父母课堂，将家长培养为更优秀的家长，一起教育出更优秀的孩子。[2]

三、自觉自育是最高境界的教育

家庭教育不是规范的教育，不像学校教育有课程、有计划、有课堂、有教师、有固定的教育教学活动。家庭教育没有那么规范，更多地在于家长自觉。评判优秀的家庭教育要从认识家庭教育开始，要先解答以下三个问题。第一，家庭教育起点在哪里？第二，要培养怎样的孩子？第三，怎么样培养优秀的孩子？

第一，家庭教育从父母结婚的那一天就开始了。家庭教育在你不知道的时候就发生了，这是它最神秘的地方。受孕的时候，父母的心绪心情和生活方式都会影响孩子的孕育。如果父母心情糟糕，生活痛苦，那孕育出的孩子则可能

---

[1] 张怀志. 一起来，教育更精彩——学校家庭社区共建共育的实践和探索[M]. 广州：广东教育出版社，2018.

[2] 张怀志. 一起来，教育更精彩——学校家庭社区共建共育的实践和探索[M]. 广州：广东教育出版社，2018.

先天不足。

第二，培养一个幸福健康快乐的孩子，家庭教育远远重于学校教育。[①] 家庭教育里最重要的就是爱的教育，是真善美的教育。我们可以用这样的一句话来描述家庭教育：世界上最好的家庭教育就是爸爸爱妈妈，妈妈爱孩子，孩子爱爸爸妈妈。最好的家庭教育可能就是爸爸妈妈和孩子在一起吃好多顿饭。一个充满爱的家庭，自然就会塑造一个好孩子，培养德才兼备的孩子、宽容待人的孩子，这一点尤为重要。现在的家长更多关注的是孩子的学业成绩，忽视了孩子的道德品质。而孩子的人格和品质发展，恰恰是在父母的培育和熏陶下形成的。

第三，培养优秀的孩子，要为孩子树立优秀的榜样。俗话说，三流的父母做保姆，二流的父母做教练，一流的父母做榜样。父母是复印机，你是怎样的，你的孩子就是怎样的。父母的言行对孩子有刻骨铭心的影响，而且是一辈子的影响，永远都在发挥作用。大道至简，关键在于身体力行。

家庭教育最重要的、最迫切的、最需要大家注意的有以下七个要点。

（一）优秀品德，从小培养

家长往往关注孩子的学业成绩，而忽视品德的培养。学业水平是个体智慧行为的内部调节机制，品德是社会行为的内部调节机制。稳固的道德行为不是一朝一夕就能够形成的，因此良好的品德必须从小培养。叶圣陶先生说过："小学教育就是培养好习惯。"小学阶段是一个孩子形成优良品德的黄金时间。俗话说，三岁看大，七岁看老。每一个家长都要重视孩子优良品质的培养，培养孩子尊敬老人、团结友爱、文明礼貌、待人宽容的品质。良师在先，益友在后，家长要平等和民主地对待孩子，但同时也要立好规矩，培养孩子受用一生的品质。

（二）作息时间，合理安排

笔者在学校教育实践的过程中发现，有些孩子一到学校就有条不紊，而一回到家却一团糟，其中一个非常重要的原因就是作息时间的差异。学校有规律的作息时间，孩子按照课程表上课。家里没有详细的时间安排，父母也不管孩子，或是管不了孩子，无法规律作息。解决这个问题，父母要在家设置几个比较重要的时间，比如，睡觉时间和起床时间。教育部办公厅在《关于进一步加强中小学生睡眠管理工作的通知》中提到，小学生就寝时间一般不晚于21：20，每天睡够10个小时，才能更好地生长发育。这个要求看似简单，却很少有家长

---

① 崔学鸿. 家庭教育是一切教育的基础［J］. 人民教育，2022（Z2）：80-83.

能做到，孩子的作息时间总会被作业或者其他安排打乱。家长应该和孩子约定好作息时间，雷打不动地坚持。只要坚持了这一点，孩子就能养成好习惯，早早地把作业完成。

（三）热爱劳动，服务社会

习近平总书记提到劳动是一切幸福的源泉。孩子通过劳动，能体验幸福生活来之不易，获得生活的技能，凭借自己的双手创造幸福。著名教育家魏书生在论述劳动的重要性时提到，孩子做家务劳动是头等大事。我们现在的孩子，如果对父母不好，对同伴不好，对同事不好，归根到底就是从小没有养成服务他人的习惯。父母为孩子服务越多，将来孩子回报父母就越少。所以，凡是孩子能做的事，家长一定要让孩子去做。凡是从小热爱劳动的孩子，将来一定更有出息。

家长应该让孩子投入到家庭日常劳动中，让孩子服务父母，服务他人，孩子就能从中找到幸福感。这一点特别重要，然而这恰恰是当代家庭教育缺失的一个非常重要的环节。

（四）勤奋刻苦，树立理想

笔者经常听到家长抱怨自家孩子不刻苦，别人家的孩子却不用扬鞭自奋蹄。其中一个重要的原因是孩子没有树立远大的理想，因此孩子就没有刻苦学习、勤奋进取的内驱动力。周恩来总理从小就有一个远大的理想，为中华之崛起而读书。乒乓球世界冠军容国团先生从小就树立远大的理想，为中国夺得荣誉。

家长要引导孩子多读名人名家的传记，在名人故事中汲取伟大的精神力量。要多去学习身边优秀的人，可以带着孩子去著名高校，还有当地的优秀高中、初中去访问，让孩子从小就树立远大的理想，志存高远。有了远大的理想，想成为一个优秀的人，成为一位名家名人，孩子自然而然地就能找到内心的动力和勤奋刻苦的力量源泉。

（五）锻炼身体，发展大脑

脑科学研究表明，身体锻炼不仅对身体有益，对大脑同样有益，而且是终生有益。笔者在学校一直强调一个观点：体育第一。在孩子所学的十门课程中，有一门课程特别神奇，学好了它，就能带动其他九门都取得进步，这一门课程就是体育。它能强健体魄，改善精神状态，帮助大脑发育。

家长一定要督促孩子积极参加体育锻炼，除了在学校锻炼，在课外也一定要留出时间锻炼。笔者的学校每天都有体育家庭作业，但是我们通过检查，发现家长鼓励孩子积极完成体育家庭作业的风气不够浓厚。我们学校补短板的工程中，第一个就是体育，坚持了五年时间，让孩子们的身体素质得到了比较大的提升。

（六）课外阅读，拓宽视野

在孩子们所学的十门课程中，还有一门也很神奇，学好了它，除了不能促进体育之外，能够促进其他八门。这一门课程就是语文。语文学习的根本在于阅读。所以我们学校的第二个补短板工程就是阅读。苏州大学著名的教育学者朱永新教授说："人的精神发育史就是他的阅读史。"阅读对孩子的精神生命发展有着深远的影响。[①] 全国著名校长李希贵校长的两个孩子在他的指点下阅读了大量的图书，取得了超乎同龄人的好成绩。

要想让孩子爱上阅读，愿意阅读，有几点非常重要。第一，父母做榜样，放下手机拿起书本。如果孩子不喜欢读书，家长首先检讨自己。第二，营造良好的阅读环境和氛围。将孩子的图书馆建在课室和家里。在家里一定要准备一个书柜，让孩子随时都能找到适合他读的书。阅读的种子是在家里播下的，但是阅读不能强迫，而应该适当引导，从而让孩子爱上读书。笔者在初中读完了四大名著原著，对笔者之后的学习产生了深刻影响。第三，阅读要分享，读写结合。有长则长，无长则短，每天坚持写日记，写读书笔记。孩子读书越多，知识背景就越雄厚，他的知识在大脑和身体里产生的连接就越来越多，到了某一天，它就会产生爆炸式的绽放。

（七）主动学习，质变发展

被动学习只能带来量变，而主动学习却能带来质变。笔者上初中时，由于近视看不清黑板，只能依赖自学。笔者从初一的暑假开始自学，万事开头难，刚开始学得很吃力，一个暑假才学了一章。笔者没有放弃，克服重重困难，渐渐尝到了自学带来的成就感。到了初二和初三，一个月就可以学完一本书，物理、化学、数学全部是自学的。从自身的经历来看，父母能引领孩子主动学习，孩子就一定会尝到学习的快乐，一定会钻进去，发生原子爆炸般的质变。

怎么唤醒孩子的自主学习能力呢？非常重要的就是要让孩子尝到成功的甜头，尝到学习的快乐。刚开始也许很难、很慢、很累、很苦，但一旦尝到学习成功的甜头以后，孩子就能进入另外一个境界，给学习带来质的改变。学习的金字塔理论提到被动学习的留存率非常低，而主动学习的留存率非常高。孩子不能只是听讲，也不能单纯去靠读、看和演示，一定要自己去学。教授他人是最高层次的学习。如果孩子在学校里去辅导其他同学，知识的留存率就会更高。有的家长认为老师让他的孩子去当"小老师"，是浪费时间的行为，这种想法是

[①] 朱永新. 我的阅读观 [M]. 桂林：漓江出版社，2022.

错的。孩子如果能去当"小老师",他就进入了学习的最高境界,就进入了学习金字塔的最高层。

当一所学校有了优秀的教师,又有了优秀的家长,那么这所学校一定是一所优秀的学校。如果我们每一个家长都掌握家庭教育的秘诀,并身体力行,为孩子付出时间和精力,成为孩子学习的榜样,相信孩子一定能够健康快乐,茁壮成长!

深度学习——学校教育的核心发展力

项　阳*

当新一轮课改经历十年后进行整理、总结与反思的时候，教育者发现，课程确实是学校落实改革的重中之重，但是随着时代的进步，科学领域不断进步带给教育巨大冲击，我们开始意识到有比课程落实更核心、重要的微观要素，它以更重要的方式不容许我们忽略，它才是学校教育的核心发展力，也是教育真正的内涵所在，这就是人的——深度学习。而对深度学习的研究在依托课程设置的基础上，常常因我们缺乏观测的方法与手段，而被束之高阁。

最近"深度学习"被不断提起，源自人工智能（AI）技术的突破，特别是对人工智能的研究，科技不断通过各种算法，研究计算机模仿大脑的神经元之间传递、处理信息的模式。关于"深度学习"，教育界早在 20 世纪 70 年代就出现了这个词，由瑞典哥德堡大学研究者费伦斯·马顿（Ference Marton）等基于学习本质的层级理论提出。近年来，国内相关学者也开始对深度学习进行较深入的研究。对"深度学习"这一概念公认的理解"是指在教师引领下，学生围绕具有挑战性的学习主题，全身心积极参与、体验成功、获得发展的有意义的学习过程"。

将以往定义和现在人工智能发展结合来看，笔者认为教师首先要在激发学生学习乐趣的同时，提升全神贯注的学习力、超容量的记忆力，获得来自需求的主动学习力，这种学习力最终以不断循环的方式进行深入学习，不断突破学生原有学习能力的天花板，学生开始具备超创意地解决复杂问题的能力。而在这个过程中德育的渗透、自我价值实现的愉悦生活体验也同等重要。笔者也在教育实践过程中，通过"寻找一种载体去破解'深度学习'的瓶颈、辅助一种办法去助力'深度学习'的发展、探索一种技巧去创造'深度学习'的供给"

---

* 作者简介：项阳，正高级教师，教育硕士，江苏省特级教师。从教 30 年，从事学校教育管理 16 年，坚持教育公益 20 年，全国知名校长。现任深圳市福田区实验教育集团驻校督学，民进深圳教育委员会副主任。曾获"2018 感动江苏教海十大人物""2018 感动深圳十佳爱心人物"等荣誉，主持过 4 个名师工作室，8 次作为教育杂志封面人物。

渐渐提升学生的"深度学习"能力，真正实现"要我学"到"我在学、我想学、我会学"的改善，教育更接近本质，这将是一所未来型学校体现教育价值的核心发展力。

一、深度学习的运行载体——学科融合

跨学科整合方式、项目式学习、情景问题解决、理解力学习模式……是这几年媒体不断介绍西方发达国家的教育模式，而很多学校也在进行相关的探索，这种学习方式就是典型深度学习可以运行的载体。

近二十年，笔者从最初对综合实践学习、研究性学习、以单一学科为主导的学习的融合学习研究，再到如今对全课程教学、项目式学习这些教育教学方式摸索，发现其核心离不开"完整学习"这一概念和"生活化学习"这一情境。

深度学习第一步，首先是对"需要"的满足，才能激发"学"的渴望，其次是对好奇内容的相关信息获取。因此，碎片化、割裂式的学习会"破坏"儿童学习乐趣，这样深度学习是很难产生的。

我们以生活在深圳的一年级儿童学习方式来举例说明。一年级下学期的学生数学知识点是认识百以内的数，熟练20以内进退位加减法，以及列竖式学习百以内两位数加减法等。生活在现实中的儿童，有很多现象已经融入他们的生活，如父母每天带着他们锻炼身体，计步器记录着他们行走的千位数甚至万位数步伐，他们生活的楼层有地下负楼层，他们乘的公交车有的带英文，有的用三个数字表达。这些实际存在于孩子生活中的数学潜移默化地发生着。因此，我们在一次"赏大湾区国际花展"活动中设计了一个深度学习的跨学科教学，其中关于数学学科的知识点，是以整体概念融进。

出发前学生讨论出这些数学问题：从学校乘公交车到公园，路线图如何看？进公园如何按照地图找到大湾区国际花展处？方位如何认识？准备的简易午餐花掉多少元？乘公交车要花掉多少元？门票多少元？我们大人票和儿童票的差额，以及一共用掉了多少元？一百步大概有多远？一千步有多远？（因为当天游人较多，上山游车取消，全部徒步而行，一年级学生行走了上万步。）你认识多少种花？走过多少个展区？

这些问题已经远远超过一年级学生认知，但恰是需要在生活中解决的，我们可以整体引导学生去探究。另外，把这些问题进一步梳理，再融入其他元素。如当你的钱丢失了，你要学会写借条去指定义工那里借款；当你不认识门票采购点时，你需要独立寻找或请教他人等，这样的问题就显得复杂得多，思考也

变得更有深度。

在整个游学过程中除了生活数学的渗入,还融入音乐欣赏与歌唱教学、体育行走和冥想教学、美术创作与科学发现、口语交际和诵读美篇等多元素。整个过程学生是投入的、专注的,想象力与创造力凸显,对自然的热爱,对一天努力的学习是幸福感倍增的,这样的学习才是真实发生的,是深度表达的。这种跨学科融合式学习,让学生在玩中学习的不仅仅是薄薄教材的那点枯燥知识点,是全身心细胞在活跃中的发展,这是深度学习的表现,而跨学科能很好串联起学生学习的知识体系,给学生适时、及时的知识补给,这使他们得到极度高涨的吮吸式学习成长。

二、深度学习的辅助依托——多语种干扰

笔者作为语文老师,曾一度因狭隘的视野,而有学汉语拼音与学英语会彼此产生负面影响的错误认识,对多语言教学产生了误解。也和很多教育者一样认为,外语学习最好等大一点懂事了再刻苦学习。20世纪80年代英语在初中开始授课,20世纪90年代中期在小学中高年级段开设,近几年开始在小学一年级开设。因为对英语的重视,中国基础教育整体英文水平在提升,随着人民生活日益富裕,留学热潮在中国兴起,这都成为教育者思考外语对教育的作用所在,到底是不是越小学习越好?

这几年,中国在国际上的影响力有目共睹,中国愿意承担"世界发展命运共同体"这一使命,意味着中国的今日实力与未来勇气。从"一带一路规划"到"国际大湾区建设",让教育者嗅到了我们教育也需要蓬勃发展的态势。随着笔者在海外教育领域的学习,对发达国家教育的了解,对多语言学习规律的了解,竟发现"多语言学习是深度学习的最好助手",一个能掌握多语言的儿童,深度学习会自然发生。这归结为多语言学习的优势不仅是增加自信、为未来奠定基础,更重要的是不同的语种表达方式就是不同的思维方式,多学几门外语,可运用多种方式进行思维,从而提高大脑的思维能力。另有研究表明:多种语言的刺激能够改变大脑的解剖结构并增加脑灰质,让学生变得更聪明。那何时是启蒙的最佳时段,研究表明5~10岁。发达国家的精英化教育均在入学乃至幼儿园就进行三到四门语言的学习。

笔者所在学校在一年级七个班级进行了实验,学生分别掌握除英语外的"日语、俄语、德语、西班牙语"等第三种语言,特别优秀的学生还可以自己进行以色列的犹太语、法语、韩语等第四种语言的学习。课程内容多是日常用语、儿歌、儿童动画片、儿童绘本等。学习目标以了解该国家文化、初步有语感为主。七个班级中有一个班级选择日语语种，除了有专职教师，还有日本留学回来的研究生进行辅助，这个班级的日语水平明显提升，孩子表现也特别聪明，思维活跃。在日本考察团来访期间，孩子能进行简单对话。

另外，学习语言需要环境，各班级有一天为全英文浸润式学习，当日所有学科均为英语教学。一年级学生参加区合唱比赛也分别唱中文和英文歌曲。经过近一年的尝试，在学校儿童群体外出与其他学校儿童比较的时候，表现出对未知事物的求知欲更高，学习过程的持久性更强。多语种学习每一次的开始都是一次轻柔的深度学习，不同语种间的转换刺激着学生大脑不同区域的发展，一种看不见的作用由此而产生，进而影响到其他学习领域中。

三、深度学习的隐性技巧——脑能开发

笔者曾在15年前就学生说与写不均衡问题进行研究，试验后有部分学生发生改善，还有一部分学生最终因脑科学研究的浅薄无法改善。如今科技越来越进步，对大脑的研究也从未止步，教育的一切发生皆来自脑部的思考与全身的协调。也可以说人类的发展进化就是大脑的发展，未来的教育必须思考关于"脑的教育"，随着人工智能技术的发展，人脑与机器脑的比较、对抗、关联技术的发生，都将引起我们教育者的深度思考，今年畅谈的"未来教育"如何能少了对"脑的关注"，21世纪的教育更应该勇敢去探索"基于脑、适用脑、爱护脑和开发脑"的教育。

用普通肉眼看不见的脑变化对深度学习产生怎样的影响，同样对脑开发后的潜能也是一种隐藏的技能，表面上常人是看不见的。我们需要通过客观的学习结果比较，通过世界认可、知名的量表调查和科学仪器脑像图等方式来开启大脑进行深度学习的神秘一角。

关于大脑潜能开发其实有很多以前我们使用过的方法，但随着学生学习内容的加深与增广，学生疲于应付相关的作业，为了考一纸好分数，不断进行机械记忆和枯燥的重复练习，很多教育忽略了那些脑能开发的方法。

如果我们简单点表述，脑力开发就是那些让孩子玩着迷的东西，且对他们有积极的情绪影响。比如"扑克牌游戏""魔方游戏""迷宫游戏"，10岁前儿童的脑力开发是人生最重要的时间段，因为这阶段大脑的氧分十分充足，脑细胞处在人生最重要的高速发展过程中，因此让孩子会玩，未来才能会学且轻松地学。

以"扑克牌"为例，让学生从记住五张牌到一副牌，到五副牌，这是多少的记忆力和专注力训练，用扑克牌学习英文、学习数学、学习编故事、学习各

种玩法,当训练一段时间后再看数学口算、竖式学习及乘法学习,就有了显著提升。

以"拧魔方"为例,从认识面、棱、角,绘画找空间感,从会复原一面到六面,再到盲拧,学生的仔细观察力、记忆力、想象力等相关脑能力都得到训练,这时让学生去画画、去表达、去写书法都有显著进步。

类似这种看不见的脑能力训练,还有融入课程的,如笔者学校开设的必修课程"乒乓、陶笛、国际象棋",这些课程最大的特点是手脑并用,手脑并用的练习是实现深度学习的基础条件,当然"一心二用"更是一种理想的深度学习愿景。纵观古今中外在终身学习上有大成就者均是从小接触了各种动手动脑的艺术和体育活动,或者其他益智的游戏。

笔者所在学校发现,经过益智游戏开发过的学生学习更为主动,专注力、记忆力在学科检测中都有所提升,最显著的例子是一个进行过"韦氏智力测试"并被测定为愚钝的学生经过训练后,学习能力得到突飞猛进的变化,他自信地说:"我是个聪明的孩子!"

教育的终极目标是"唤醒自我教育",笔者工作前十年关注"教材、教参和考试成绩",第二个十年关注"课程变革、教师行为、学生心灵",第三个十年关注的是"尊重人类的深度学习",这才是未来教育的一个典型特征,脑像图显示,每个人的潜能均不一样,这是真实存在的。如今那些忽略脑能力开发,一味遵循和追求考试结果的教育,是不尊重天性的教育,更是无视如今科技进步、人类进化的教育。愿深度学习能让教育者成为幸福的探索者,让学生成为对生命热爱的成长者,让学校因它的存在而更富有核心发展力。

学校特色发展策略探析

——以广州市花都区狮岭镇育华小学为例

钟丽香*

随着教育改革的不断深入，创建特色学校已成为中小学发展的普遍追求，也成为教育界持续关注的问题和不断探索的课题。

一、特色办学始于心

中小学校只有坚定教育追求与办学初心，结合学校的发展历程、人群关系，以及学校所处地域文化等因素来确立办学特色和设计战略规划，才有可能在区域学校竞争中有所崭露。① 笔者所在学校——广州市花都区狮岭镇育华小学秉承办学初心，从所处地域人文环境及所处社区建设理念中挖掘教育内涵，提炼出"心华教育"特色办学思想。

育华小学位于狮岭镇洪秀全水库旁，风光秀丽，绿意盎然。狮岭镇是盘古文化的核心区域，盘古开天辟地，勇于建立新世界、迎接新挑战的精神深深烙印在地域文化之中。洪秀全水库因纪念太平天国领袖洪秀全而得名。从金田起义揭竿而起，洪秀全把斗争矛头指向清王朝，以推翻旧制度、追求新世界为目标，最终沉重打击了清王朝统治。育华小学秉承初心，从传奇或历史人物内心对光华美好新世界的追求中汲取养分，以"心华"之名成就学校教育之美好。

与此同时，育华小学是秉承"以心建家"理念的御华园小区的配套学校，学校的开办不仅弥补了区域教育资源的缺失，体现了教育的大爱情怀，也让育华小学在创建之初，就浸润在极具亲和力的心灵家园——御华园小区中。大教育家苏霍姆林斯基曾说："教育者的关注和爱护在学生的心灵上会留下不可磨灭

---

* 作者简介：钟丽香，小学思想品德正高级教师，荣获全国教育系统先进工作者、全国中小学优秀德育工作者、全国教育系统巾帼建功标兵称号，省特级教师，省人民政府督学，省名校长工作室主持人，市名教师工作室主持人。

① 吴志可. 教育现代化背景下学校特色创建的思考和实践［J］. 名师在线，2018（36）：32-33.

的印象。"这种发自内心、滋养心灵的光华美好的教育成为育华小学教师的共同追求,"心华教育"办学特色得以确立。其以培养师生心灵的美好,使师生的行为气质展现精彩光华的基本价值追求,时刻诉说着学校创办者的教育初心。

二、特色办学成于略

《韩非子》,"善张网者引其纲",[1] 即做事需制定根本性的行动纲领,教育同样如此。围绕学校特色办学思想内涵,从宏观的角度设计、细化实践战略,是创建特色学校的前提性条件和必经之路。[2]

育华小学"心华教育"中的"心华"本意是指心灵所呈现出的华彩、光华,心之光华美好表现在行为气质上便是讲道德、重实践、有潜能、富学识等素养。育华小学结合教育部总结的"中国学生发展核心素养",以"心华"为切入点,将"心华教育"细化至四个战略方向上:其一,以道德教育为本,追求立德树人的教育理想,将学生培养成为有爱心、爱国爱民族、感恩父母师长、有责任担当、德才兼备的人;其二,以体验教育为重,追求知行合一的教育哲学,不仅强调学生心灵上的成长,更强调学生在活动体验中展现出来的行为气质,学中做、做中学,心行合一,手脑并用,帮助学生养成真正的自主学习习惯;其三,以潜能教育为主,追求多元和谐的教育情怀,倡导成立多种社团,举办多种活动,为每位学生的潜能展示和志趣培养搭建舞台,追求学生全面素养的发展;其四,以学识教育为根,追求真才实学的教育实践,为每位学生提供自主发展的机会,建立完善的课程体系,注重学生自主学习能力的培养。四大战略方向为育华小学教师的具体教育教学行动指明了方向。

三、特色办学实于华

特色办学思想及特色发展战略是学校可持续发展的工程蓝图,其落地与落实还需要学校从不同方面制定具体的实践举措,以促使学校特色开花结果。[3] 对此,育华小学从校园环境、德育活动、课程体系和特色项目几个方面具体推进"心华教育"的实施,使每位师生都能展示出璀璨与光华。

---

[1] 韩非. 韩非子 [M]. 北京:中华书局,2015:499-525.
[2] 郑志生. 区域性推进学校特色创建的实践探索 [J]. 中国教育学刊,2011 (11):31-33,44.
[3] 崔海友,蔡莉玲. 试论新创办学校的特色创建 [J]. 基础教育参考,2016 (04):19-20.

（一）校园环境打造心灵花园

荀子在《劝学》中言，"居必择乡，游必就士"，[①]告诉人们不可忽视环境对人的重要作用，在学校特色实施中，良好的校园环境能陶冶情操，净化心灵。

学校应根据校情，围绕学校特色文化主题进行校园环境或校园文化环境的建设与改造。育华小学在建校之初，便以高标准、高规格来建设校园硬件环境，无论占地面积还是建筑面积都达到了高标准，且配有20个功能专用场室、500多平方米的独立图书馆、含200米环形跑道的运动场以及标准室内体育馆，配套设施一流、教学设备先进，这都为学校的文化环境建设奠定了高起点。在标准化硬件环境建设的基础上，育华小学注重环境细节的打造，努力使其特色化，以彰显学校办学思想。如学校建造了主题雕塑——"心花"，寓意"心华教育"的初心和理念。此外，学校还通过对建筑和景观的命名及微改造来呈现学校的办学理念内涵，如教学楼命名为"花语楼""花韵楼""花品楼""心华楼"，校道命名为"立志路""行知路""行远路""立品路"，文化景区命名为"心华园""心悦廊""和雅广场"等，使师生在赏心悦目的花语环境中学习生活，使校园成为适合师生成长的心灵花园。

（二）德育活动孕育花品少年

立德树人是教育的根本任务，德育工作不仅是其中的重中之重，更是推进学校特色发展的重要一环。

育华小学结合"心华教育"特色，实施"花品德育"策略，开展"有礼有节""有家有爱"两大系列德育活动。"有礼有节"系列德育活动既包括开笔礼、敬书礼、童盟礼、少年礼、开学礼、散学礼和入队仪式等"萌芽礼仪活动"，也包括体育节、科技节、艺术节、English Day、心理教育节等学校节庆活动，以及教师节、六一节、劳动节、母亲节等大众节日组成的"芳华节庆活动"，利用每一个节日契机，夯实学生的道德素养，使其真正学会"有礼有节"。育华小学开展的"有家有爱"系列德育活动，则包括家长体验日、家长开放日、家长童乐共享活动等"护花家校活动"，校外实践、志愿者服务、学雷锋义卖、研学活动和劳动技能竞赛等"爱花实践活动"，以此构建全员德育、全程德育、全面德育体系，将德育贯穿到校园内外。

育华小学以学校特色为主线，在德育活动中融合学校、家庭、社会等德育资源，汇聚少先队、班集体、班主任等多方德育力量，构建了一个全方位的德育网络，培养了一批批具有花一样高尚品格的"花品少年"。

[①] 荀子. 荀子［M］. 北京：中华书局，2016：13.

(三) 课程体系浸润学子成长

课程体系的建立与实施，是学校教学工作的关键环节，也是学校特色创建的重要途径。学校在特色创建的实践道路上，应构建具有自身特色的课程体系，使学生在课程浸润中健康成长。①

对此，育华小学除了按要求实施国家课程和地方课程外，还构建了心华校本课程体系，设置了"育花学科课程""新花活动课程""心花环境课程"三大系列校本课程，以培养心志远、行光华的育华学子。其中，"育花学科课程"开展环保课程、科技课程、种植课程、PMI 脑力开发教学、心理教育、趣味数学、亲子阅读等学科课程，"新花活动课程"则包含社团活动、家校活动、节庆活动等课程，"心花环境课程"除了包含校园环境课程外，还将特色科技系统、特色班级文化建设等课程纳入其中。三大系列课程的构建与实施，既彰显了学校的教育特色，也夯实了学生的综合素养。

(四) 特色项目绽放学校光彩

特色项目的开展是提升学校教育特色内涵、为学校发展增色添彩的一环。为此，学校应结合自身优势，探索和开发特色项目，使其成为一抹独特的亮色。

对此，育华小学开展了心理教育、书香校园和科技教育三大特色项目。其一，创建了"儿童心理发展指导中心"，配备专业心理教育场地、设施和师资，并开展感觉统合训练、游戏心理教育游园活动、家校互动心理训练、心理教育节、心理教育亲子阅读活动等活动，帮助学生人格得到健全发展，形成良好的个性心理品质；其二，推动学校书香校园创建，让书香浸润师生心房，让好书伴随学生健康快乐成长；其三，通过科技教育提升学生综合实践能力、解决问题能力及创造性思维。多元化的学校特色项目，不仅有利于开发学生潜能，还能使学生对学校办学思想产生文化认同，使学生综合素养和学校特色齐发展。

"大鹏一日同风起，扶摇直上九万里"，确立并发展学校特色是学校在区域竞争中脱颖而出的羽翼，只有抓住机遇，以特色带动全面发展，才能实现学校的腾飞。但无论学校如何发展，都要秉持教育的初心，即以人为本，将学校特色创建落脚于学生综合素养的培养上，通过校园环境建设、德育活动开展、课程体系构建和特色项目开发等举措的实施，使学校绽放风采光华。

---

① 杨月萍.中小学校本课程开发应用与学校特色发展 [J]. 文教资料，2019 (06)：189-190.

指向学校改进的自我评估与诊断

——"4D"模型与"4自"法则构成的独特路径

余志君[*]

来自督导部门的外部评估以整套成熟的程序和技术为学校评分定级，尽管也具有某些激励竞争、促进改进的初衷，但总体上它是终结性的。当一个校长有强烈的学校改进愿望时，会在政府部门主导的督导评估之外，主动自觉寻求更富有发展性的学校评估与诊断，即以学校改进为目标的自我评估与诊断。

2013年春至2018年夏，笔者担任珠海市香洲区实验学校校长，在五年半的学校发展中始终坚持自我评估与诊断，找到一种笔者称为"4D"模型与"4自"法则构成的独特路径，促使学校全面深入持续地变革，走上优质学校发展之路。

一、"4D"模型：以积极的态度分享成就与梦想

我们常有这样的经验，学校面对外部评估时习惯性展示比较好的一面，哪怕不自觉掩盖了某些问题，甚而在高利害性的督导评估中还会有些造假行为。自我评估不是为了应对外部问责，当然也就不需要文过饰非，当一位校长开启自我评估，意味着更真诚勇敢地直面学校问题，更积极主动地寻求学校改进方案。

在笔者看来，自我评估首先要有正确的观念。校长的经验和策略都是有局限的，唯其观念正确，自我评估才能真正成为促进学校改进的发展性评估。因此，2013年笔者初到香洲区实验学校时，重点从三方面考虑从怎样的观念出发来实施校长视角的学校评估和诊断。

——发现优势，还是关注不足？

---

[*] 作者简介：余志君，全国优秀教师，正高级教师，特级教师，南粤优秀教育工作者，广东省名校长工作室主持人。曾任海口市第二十六小学、珠海市香洲区实验学校、珠海市香洲区潮联学校校长，现任珠海市香洲区教师发展中心副主任。该文发表于《新校长》2021年第6期。

——尊重需求，还是强调要求？

——描绘梦想，还是囿于现实？

任何一所学校，缺点与不足都是绝对存在的。之前笔者已在当地担任5年教研员，对香洲区实验学校有基本的观察：建校仅8年，迅速扩张至60多个教学班，学生3000多人，教师140多位，抽考成绩达到区平均线。校园里随便走一圈，触目皆是问题：墙壁地面斑驳，窗帘桌椅破旧，信息化设备落后，师资年青稚嫩（30岁以下的教师有72位），时有家长投诉。笔者只要稍微摆出一点开门谈话的姿态，中层及资格老点的教师就来传递各种抱怨不满，大量青年教师则普遍沉默。

第一场座谈会面向35岁以上的教师，笔者设置了3个座谈问题。第一个问题："您到实验学校工作多久了，最值得自豪的是什么？"这个问题很好，有的教师谈到建校8年的故事，激动得落泪了。第二个问题："您觉得学校目前面临的困难和挑战有哪些？"讨论非常激烈，把学校从管理层到学生说得很是糟糕，还越说越激动，有的教师最后声音提高再提高，几乎是怒斥学校。第三个问题："作为实验学校的一员，您希望学校办成什么样，希望学校的未来是怎样的？"经过前面的震荡，展望未来、描绘梦想已无可能。第一场座谈在沮丧中结束。

第二场座谈面向35岁以下的青年教师。笔者将3个问题做了调整："您到实验学校工作多久了，在自我学习、向他人学习方面做了哪些工作？工作3年内，在自己的课堂上有哪些突破点？关于课程改革，你有什么想法？希望得到哪些帮助？"前两个问题是欣赏自我的已有成就，且引向新教师比较关注的课堂教学，第三个问题是谈谈梦想。接下来是家长座谈、学生座谈，也都按照"欣赏自己""欣赏学校""畅想未来"进行问题的设置。

笔者意识到：笔者不喜欢被新同事看作聆听抱怨的对象，笔者也不希望每位同事给笔者的第一印象只是倾泻情绪而忘却正面沟通。如果说有的校长一上任就专注于聚焦缺失、诊断问题和解决问题，那么笔者则更愿意发现优势、展开梦想、精心设计和实现目标。笔者愿从这样的观念出发来开启身为校长对所在学校的评估。

——发现优势，而不是关注不足。

——尊重需求，而不是强调要求。

——描绘梦想，而不是囿于现实。

基于此信念，笔者迅速展开访谈，并设计了一份面向全体教师的书面问卷。

香洲区实验学校"种子计划"教师兴趣问卷

□您的姓名_____

□请依次列出学校工作中你最喜欢的三项内容。

①_____ ②_____ ③_____

□请依次列出学校工作中你最不喜欢的三项内容。

①_____ ②_____ ③_____

□您是否有以下兴趣爱好或特长？有的话请打"√"

看书（　）　看电影（　）　钓鱼（　）　喝茶（　）　烹饪（　）

摄影（　）　健美操（　）　徒步（　）　音乐（　）　纸艺（　）

活动策划（　）活动主持（　）　电脑美工（　）　电脑编程（　）

航模（　）　骑行（　）　球类（　）　戏曲（　）　戏剧（　）

篆刻（　）　种植（　）　女红（　）　美妆（　）　书法（　）

其他_____

□如果您是班主任，您对班级管理尚有什么新的计划？

_____

□您对自己的课堂教学，有什么想要尝试的内容？为了实现这个想法，您希望得到怎样的支持？

_____

□您对学校设置的课程（包括您任教的课程）有什么好的创意想法？请尽量描述。

_____

□您希望学校为教师搭建怎样的交流平台？开展怎样的活动？

_____

两周时间迅速过去，笔者完成了初步评估，包括：座谈4场（对象分别是中年教师、青年教师、学生、家长）、访谈30人次（行政以及年级学科组长）、问卷145人（全体教师）。

学校即将放寒假，笔者召开上任后的第一次全体教师大会，做了一个讲话，题目叫"发现"。笔者告诉大家笔者作为一个外来者由远而近走进这个群体的一层层发现：8年前创校的艰辛、年轻学校年青队伍蕴含的无限活力、办学规模急剧扩张以及数千学生早午餐午休托管带来的沉重负担与坚韧奉献……笔者道出大家的成就，共情大家的那份创业自豪，也揭示走近大家后的另一层发现：忙碌而无序、辛苦却没有成就感、渴望专业进步却看不到希望、日复一日重复的焦灼以及失望。笔者列出数据统计:"您在这所学校工作最讨厌的事情是什么?"排列前3位的是:分早午餐、看午休、做评估档案。是的,这所学校每天3000多个学生早餐、2300个学生午餐、2300个学生午休,全都是由教师承担管理服务!笔者在大屏幕上列出了教师年龄结构图,30岁以下72人,50岁以上仅3人,这是多么年轻的队伍,然而如此年轻的队伍中却弥漫着无尽的疲惫与怨怼。这个时候,笔者仿佛和全体教师同呼吸,不禁叩问:一所以"实验"命名的学校,却一直以"午休服务"为名片!建校8年,学校接下来应当走向何方?这所珠海市规模最大、人数最多的公办小学,应当如何转型?进一步展示笔者的发现:教师的经验、教师的梦想、教师的愿望……原来,在我们的心里对自己、对学校都有更美好的期待,香洲区实验学校不应该仅仅是一所大校,还应该是一所强校、名校,是一所受人尊重的优质学校!

笔者至今难忘首次大会全场屏息而目光灼灼的场景,经历两周的学校自我评估,笔者的身心也融入这个群体,从此与大家同呼吸共苦乐走过五年半的任期。"发现"—"梦想",这是此次自我评估和诊断中的关键要素。这只是个开始,后来笔者检索资料才知道有个美国人大卫·库珀里德提出一个工具"欣赏式探询"(Appreciative Inquiry),其核心内容是"4D"循环:发现(Discovery)、梦想(Dream)、设计(Design)、实践(Destiny)。笔者将之用于学校组织内部的改进,写成:自我评估与改进="发现"—"梦想"—"设计"—"实现"。

随后几年,笔者着重做3件事。

一是从"发现"—"梦想"中找到学校的教育哲学——活力教育,诠释"让教育激发生命活力"的内涵。活力教育以"爱"为核心,构建健康力、学习力、思想力、行动力、创造力等活力要素,指向人的全面发展与个性发展。

二是围绕"梦想"构建活力教育六大支柱,即活力课程、活力课堂、活力师生、活力评价、活力制度、活力文化,以此夯实牢固活力教育基础,提升保障活力教育品质。

三是展开活力教育六大行动,包括活力环境改造行动、活力课程变革行动、活力课堂创生行动、活力教师孵化行动、活力班级草根行动、活力文化建设行动,通过全方位系统变革丰富活力教育内涵与外延,让活力教育的目标得到实现。

在4D模型的实践运用中,"发现"—"梦想"成为一个起点,帮我们搜寻每个人以及组织内部最美、最积极的一面,奠定成员与组织激情创造、共同发展的基础。"设计"—"实现"则是唤醒活力的学校组织持续地、系统地、由浅入深地进行变革,通过涉及学校的物质、制度、文化等不同层面的系统变革促进人的发展——学生的全面发展和教师的专业发展,让大家梦想成真。

二、"4自"法则:创想城课程的奇迹与秘密

伴随欣赏式探询之旅,笔者在学校逐步看到一幅斑斓活跃的"活力教育"图景。围绕"知行日新、活力实验"办学理念,以国家课程校本化实施为基础,生长出多个充满个性特色的课程板块,其中最具代表性的是包含80个选修项目的"创想城"课程,将学校的办学理念、课程设置、课堂变革、教师发展、师生评价以及环境构造交织在一起,让每一位师生感受到极大的丰富性和创造性,置身其中,笔者每天都深受鼓舞。

渐渐有省内外同行来参访,"创想城"成为学校的代名词。2016—2018年,有上百批次来访者,北京、上海、广东、深圳、重庆、内蒙古、青海、湖南、云南、福建、江西……他们有个共同的目标——探询香洲区实验学校"创想城"课程的秘密。这个秘密,笔者称之为"创想城"的"4自"法则。

一是自我成长的土壤,即学校从僵化的教学机构变为适合师生自我成长的场所,成为一片勇于猜测、擅于构想、充满创造活力的自由土壤;

二是自然生发的秩序,即鼓励教师和学生由互动而自然生发新的课程,自然淘汰,"物竞天择",以自然生发和优化;

三是自纠反思的方法,欢迎师生家长和社会对课程提出意见和建议,允许课程经历试错、检验,以确保课程得以科学健康地发展;

四是自由融合的结构,在自由开放、自然融合的状态下,以课程各自拓展和课程之间的相互连接,保持课程可持续的发展远景。

"4自"法则,令学校摒弃僵化功利的计划,充分发挥师生学习的自主性、课程的自然创生性,顺势引导和扶持,允许出错,允许失败,鼓励竞争,鼓励榜样与创造。在"底线+创造"式的课程实施中,全体教师课程领导力呈现出质的飞跃。例如:

创想城里的师生总是共同寻找课程学习的需求,教师从自身生活与学习的阅历出发,充满热忱地寻找学生的学习需求,而学生的需求能够被多角度、多形式、全过程、多轮次地倾听并回应,成为课程发展的活力源泉;

创想城里,兴趣是课程的起点,资源是课程的条件,理想是课程的方向,课程的目标、内容、实施、评价,在与兴趣、资源、理想三者的结合中,实现自然的生发、生长;

创想城里反对僵化刻板的强制计划,允许试错与修正,鼓励尝试与更新,任何一个课程的内容都不天然地具有不可更改和永久性,每一个课程都在实践

中经历试错、验证和更新；

创想城还将互联网思维用于课程建设，教师在 80 个课程之间连线，进行课程联谊、开展课程合作，每个教师、每个课程之间，在自由的连接中碰撞出火花，创生更多的课程资源，每个人都是分享者，每个人都是生产者、贡献者，互联、互通、共创、共享——学校的课程生态、文化基因因此而改变。

"4自"法则——自我成长、自然生发、自纠反思、自由融合，就是创想城最大的秘密。"4自"法则，也为"欣赏式探询"4D 模型在经历了美好的"发现"—"探索"之后，为"设计"—"实现"环节提供了最为需要的思想方法。如果没有"4自"法则，"欣赏式探询"就会令教师和团队停滞于空想、消退于激情，重陷失望与抱怨。这也是许多校长面临的困境：不是不能够评估与诊断自己的问题，而是心里知道问题在哪里，却不知道如何去做学校的改进！过于自信的校长也许会强化某种整齐划一的口号、冠以某种名称的课堂模式、无差别的师生发展计划，视而不见的是组织内部本就蕴藏的无限创造激情和群体智慧，这是笔者在做教研员期间走进许多学校、被邀请扮演评估专家去到一所所不同学校看到的遗憾。

当校长有了强烈的学校改进意愿，笔者建议：先用"欣赏式探询"的 4D 模型来开启梦想，充满激情地展望和描绘未来与梦想；然后运用"4自"法则，让你的学校告别僵化与功利，以无限的创造迸发教育的活力，形成可持续的发展图景。

三、组织的进化：学校自我评估与诊断的核心关注

不要将学校的改进窄化为课程、教学或环境等某个局部。学校改进的实质，是学校组织的全面变革。而"4自"法则可以作为一个思想方法，运用于学校的组织进化。

与同类型公立小学相比，我们的年级管理步子迈得比较大，加大授权与赋能，尽量减少组织层级，实现管理中心下移，令个体有更多的自主性，组织文化也更有人性。借鉴弗雷德里克·莱卢给组织标记的不同颜色，学校组织由琥珀色组织、橙色组织向绿色组织、青色组织进化，香洲区实验学校的组织经历几年的自我改进，正在实现这种进化。

仍以创想城课程为例，谈谈在组织的进化中，如何关注课程实施背后蕴藏的关乎组织的某些关键要素。

第一，更加宽容课程的"碎片化"。当所有的课程都由教师和学生共同进行构想、构成时，必定显现出各自不同的爱好、倾向、选择，从而使众多的课程

呈现出形式各异的碎片化状态。也许有人认为碎片化的课程充满不确定性、模糊性，笔者认为这恰恰显示我们的课程是充满活力的，它是非封闭化的。在一个开放的课程结构中，从开始设计就避免定义概念、规定目标。课程在具体设计与实施过程中本身是有其目的性的，其中蕴含着更丰富、深远的创造。虽然看起来多个课程之间没有呈现出直接或间接的联系，甚至看不出内在逻辑关联，但从长远来看，众多的课程在实施中必然与其中某些课程发生各种联系，碎片之间会产生竞争、协同、合作、分工……这种联系，就是活力创造的开端。每一个课程都在实践中经历试错、验证和更新。某些课程可能会因其自身的矛盾及困难难以为继甚至终止，这是正常而自然的，而那些能够有效实现兴趣、资源、理想三者结合的课程，终将实现自然的生发、生长。

第二，更加重视校园内各种专业"自组织"的力量。在我们的课程图景中，活跃的不是行政组织，而是大大小小难以计数的自发性组织。我们的课程主旨是发挥教师和学生的主动性，而非依靠行政化计划、指令。去中心化，意味着不同课程的设计与实施之间是平等的，各自独立的，有各种不同兴趣方向，发挥各自的伸展性和联系性。

第三，更加强调课程发展的"递进性"。在丰富的碎片化与自组织中，课程在不断的变化中实现更新与超越。我们需要在课程的设计实施中时常进行检验、检讨、反思、省视。活力的创造，创造的活力，是我们的理想，虽然这个理想的目标在实践与发展中很可能具有一定不确定性。但是，正是这样一个过程，不仅锻炼和发展了我们的勇气与坚韧，而且让我们的理想之船于不断地更新递进中找到前瞻的方向。

在创想城的 80 个课程中，实现了真正的零层级、零恐惧，每个课程的教师带领几十个学生组成课程团队，自己来确定课程名称、目标方向、教学计划，自己来决定什么时候对外开放、什么时候与其他课程联谊合作、什么时候进行期末作品设计和评价。2015 年，学校曾组织对所有课程的星级评价，曾评出钻石课程、黄金课程、待改进课程若干，此后学校再未组织过类似的评价。课程质量确实会有优劣之分，但所有的教师在学生选课的热情度、微信传播的热评度、被其他课程邀请开展联谊活动的热门度上都能接收到各种反馈信息，并自发自愿做出某些调整。每周从各地涌来参访创想城的教师客人不仅看课程现场，还邀请我们的教师讲述课程研发故事，越来越多的教师走上分享的舞台，提炼表达自己的课程理想和实施经验。每年的引擎论坛和主题教学节，都有大批教师与学校管理者一起分享自己的精彩故事，在一次又一次的发表中诠释自己工作的意义，也前所未有地激发了自己的创造潜能。

就这样，香洲区实验学校的组织日渐进化，从欣赏式探询的4D模型，到创想城中的"4自"法则，学校的自我改进日益全面、深入、持久。当教师完全不用担心学校的各种要求和评价时，学校管理者就倾听与欣赏教师的智慧，也更加确信我们有能力实现教育的梦想。笔者相信，随着学校的自我评估与诊断日益成熟，未来将在内外结合的综合评估中为学校改进发挥更大的作用。

让教育闪现德行的光辉

黄志煊[*]

黄志煊是一位年轻的"老"校长。截至 2022 年，从教 30 年，担任校长时间长达 24 年，在办学中积累了丰富的经验。作为优秀传统文化的爱好者，黄志煊坚持在民族教育传统中"提纯"，同时在中西教育交流中汲取养分，形成了自己独特的办学思考。2011 年，在水云轩小学任校长时，黄志煊即提出了"德行教育"的办学理念。

"德行教育是教育的核心内容，"黄志煊说，"古今中外一切优秀的教育者都是注重德行教育的典范，如今文明鼎盛，教化昌隆，但功利主义和人性异化也侵蚀着校园，教育的实效性被泛化，而'合道德行'则多被忽视。"黄志煊提出了"推行德行教育"的口号，大力培养学生的"自育品格"，提升教师的"乐教品性"，建设校园的"化育品位"，构建了完善的育人体系。经过多年探索，远洋学校的德行教育已从理论探讨演进为对教育本真的追寻。如今的远洋学校校园里，到处弥漫着温馨儒雅的人文气息，呈现化育德行的温婉情致，跃动自由成长的声声拔节。恰如黄志煊所言："每个孩子都熠熠生辉，像星星一样闪亮。"

一、做孩子天性的守护者

在古人看来，上天给予人的气质叫本性，依照本性去做事叫道，修道的方法就是教化。所以，教育是一项以人为出发点和归宿的事业，生命的发展复杂难料，但一定有其规律。每位教育者都须充分认识并遵循这种规律，否则就不能"道法自然"，生命的自育也将变成空谈。黄志煊认识到，教育的过程应是一

---

[*] 作者简介：黄志煊，广东省中山市东区街道教体事务中心副主任（原东区远洋学校校长），特级教师，正高级职称，广东省名师工作室主持人，广东省教育厅"百千万人才培养工程"名校长，全国骨干校长班"优秀学员"。曾主持多个省级科研课题成果并获省二、三等奖，在各级教育刊物发表论文 30 多篇，著有《德性教育》等 7 部著作。该文发表于《中小学德育》2019 年第 7 期。

个"生命+"的过程,始终要求教育者眼中有人、手中有人、口中有人、心中有人,让受教者保持尊严,拥有自信,一切变得和洽舒畅,这才是真正的教育之道。

从这一理念出发,远洋学校的教师坚持做学生天性的守护者。他们愿意让学生在自由发展中振翅飞翔。多年前,陶行知先生就强调要"解放孩子"。远洋学校的德行教育让学生从"这不许动,那不许干""这不许多说""一定按要求做"等传统规训中解脱出来,鼓励学生自由发展。他们的课堂倡导"自主",让"小鬼当家"成为常态。他们的课间是"自觉"的,在浓郁的氛围中学生沉浸在书海里。他们的文娱锻炼是"自达",校园内可见多个表演的舞台和多种学生健体娱乐器材。他们开设义卖店,为的是孕育诚信品格。他们的评奖喜欢"自荐",让每个学生都展现闪光的一面。他们的校园管理是"自治"的,让每个学生在"管"和"被管"间体验感知,提升自我。他们的社团是"自选"的,每个学生都能在研炼中自在成长。与此同时,每个月的主题教育活动,每学年的艺术节、健体节、感恩节等,为学生搭建了振翅飞翔、追逐梦想的平台。如此,充分发挥每个学生的先天潜能和个体优势,让德行教育之光闪现迷人光彩。

他们懂得让学生在享受成功中快乐成长。美国心理学家威廉·詹姆斯说:"人性中最深切的需求是渴望别人的欣赏。"德行教育要求教师树立"天生其人必有才、天生其才必有用"的育人观念,强化学生优势,修正学生缺点。黄志煊说:"在教育中,教师要睁一只眼睛看优点,闭一只眼睛看缺点,用多把尺子量度不同学生,使每位学生都有机会展示自身才能和享受成功的快乐。"由此理念出发,远洋学校坚持评比"每周进步之星""每月文明之星""学期达人"等,还设立了"学习小主人""环保小卫士""父母小帮手""红领巾小领袖""才艺小明星"等多个奖励项目,让每个学生每学期都有机会获奖,在校园生活中感受到成功的快乐,并树立"努力就一定会成功"的信念,让学生群体呈现出和而不同的发展态势。

"学校里没有废品,只有摆错位置的财富。"黄志煊说,"我们不放弃任何一个孩子,因为野百合也有春天。"学生小语,患有严重的先天性精神障碍,入读初中部后没法静坐下来听课,但对美术和书法有着超乎寻常的热爱。学校为此专门给他"量身定做"了美术和书法课程,让其学有所长。经过近三年的努力,小语的书画水平大幅提高。2019年12月,学校专门为小语举办画展,并让其作品在全校的义卖集市上拍卖。拍卖会上,不善用长句表达的小语破天荒地说了许多话,神采奕奕,露出了难得的笑容。小语的成长,是对"让每一个孩子都能像星星一样闪亮"宣言的形象诠释。

对德行教育，德育专家杜时忠教授评价说："从学生一张张灿烂的笑脸，家长一句句感动的话语，校园一幕幕精彩的画面，就充分感受到德行教育不是一种小德的教育，是一种大德、玄德的教育，是一种本真的教育。"

二、用道德的教育培养道德的人

2000年，被提名为"全国十杰教师"的李镇西说，教育学是迷恋他人成长的学问。一个迷恋他人成长的教师，一定是懂得享受幸福的教师，一定是有德行的教师。有德行的教师一定是善用道德之法施教的教师。

"有德行的教师一定是大爱之师。"黄志煊说，"因为只有心中有大爱，才能把小学办成'大道之学'。"德行教育倡导教师要有大爱情怀，将德行渗透在每个教育的中，让大爱温暖每个学生的心灵，弥漫于教室的每个角落。

学生心灵稚嫩敏感，教师对他们不经意间的一个眼神、一次微笑，或一句暖心话语、一个赞许姿态，都会让他们体会到教师的关心、赏识或悦纳，从而触动敏感心弦，产生愉悦快乐之感，在课堂上获得"炉边谈话"的温馨和舒畅，为其课堂学习提供持续、高涨的精神动力。

远洋学校校园里曾经有三个很特殊的学生：一个是连自己姓名都说不清和听不懂的学生，一个是因脑瘫致残而不能正常走路的学生，一个是连走路都有撞墙隐忧的视障学生。在日常学习生活中，教师和同学给予他们无微不至的关心照顾，让他们都能如愿参与学习活动。另有一位肢残的小女孩，为满足其参加运动会的心愿，班主任用轮椅推着她参加入场式，场面感人。正是这种教育的本真大爱和为师者的无华大美，让德行教育展现出特殊光辉。

"有德行的教师一定是能上'大课'的教师。"黄志煊说，"因为德行的课堂一定是'大'课堂。"在他眼里，大课堂首先要大爱无痕，因为师爱是教育的基本品质，是教师的理智感、道德感、责任感和审美感的总凝聚。只有教师拥有了润物无声的大爱情感，才能激发学生的心理活动和行为动机，有效开启学生思维的大门，促进学生对知识的习得和技能的获取。大课堂要大道至简，让课堂形态回归本真。黄志煊说，教育是有目的的，但目的不能过于强烈，否则会产生"目的颤抖"，影响课堂教学的应有之义，导致教育的失效。因此，要抛掉急功近利的想法，远离"演课"现象，让学生享受到课堂的真正快乐，得到教学的最大实惠。大课堂要大智若愚，让教师思维还原稚化。学生生理和心理有其发展规律，教学中教师不能以成年人的标尺去推测学生，而要像陶行知先生一样具有将自己变成小孩的本领，这种本领是源自教师对学生无私至纯的情感，也是对自身教育素养的修炼。教师要把握时机，敢于"稚化"自己，选取较为恰当的方法，引领学生思维在破解问题过程中与教师思维"同步"生成。

"有德行的教师会让民主成为课堂教学的常态。"黄志煊认为，教育是一项与学生打交道的事业，但在教育的伦理关系上，学生应该被当作"大人"对待。尤其在课堂上，学生必须时刻处于享有民主的姿态。这是有德行的课堂的本质要求。针对传统课堂习惯于"满堂灌"的弊病，有德行的课堂要求从"人为"转向"为人"，从"理论"走向"生活"，从"片面"走向"全员"，从"灌输"走向"顺导"。如此，一切以生本为前提、以生活为基础、以生趣为依托、以生成为目标，使课堂教学成为一个率性而教、顺学而导的过程，让学生在民主的教学过程中孕育德行。

道德的教育让远洋学校正视个体差异的客观存在，淡化学科考试的功利色彩，着眼于学生终身发展。在教学上，学生的愿望不被教师的欲望捆绑，教师为学生搭建才智涌流、德才共生、心灵飞翔的成长平台。

三、让校园涌动和畅之风

《中庸》云："致中和，天地位焉，万物育焉。"[①] 可见"和"之重要。作为一种精神生产活动，"和"在教育中的重要性更是显而易见，因为只有"和畅"的关系才能激发教育的活力，促进个体精神的生长。教育是生命发展的重要内容，教育过程中，教师只有为学生充分创造适宜的"和"环境，才可能为其发展提供助力，激发其面对现实、社会和各种困难的适应能力，让其在人生的顺境或逆境中都能直面应对。

"要建立和畅的师生关系，必须让管理制度成为学生的正当诉求。"黄志煊说。当前，还有不少学校将学生作为工具人看待，把学生看成德育的被动接受对象，用僵化的制度对学生进行管、卡、压，这压抑了学生的个性，导致学生成长的异化。黄志煊认为，要让学生快乐成长和持续发展，必须推行符合学生心理诉求的管理制度，如此才能协调学生心境和教育情境，激活个体道德行为的生成。为此，远洋学校在制度构建中鼓励学生大胆参与，充分倾听他们的心声，最终使学校管理要求与学生心理诉求深度契合。

由于对事物认识的不同，教师中也会有"反对派"。"要让'反对派'成为学校发展的'第三只眼'。"在谈到教师关系时，黄志煊说。教师虽然整体文化素质较高，但来自五湖四海，在各方面存在诸多差异，因此常有教师对学校管理决策见解不一，或有挑剔和反对意见的现象，这些教师是学校管理中的"反

---

① 王国轩，译注.《大学·中庸》[M]. 北京：中华书局，2007：54.

对派"。这些"反对派"普遍不受学校领导欢迎，但在非正式组织教师群体中又有较高威望，这对学校管理者是考验。黄志煊对教师中的"反对派"有自己的看法："在学校发展中必须认真对待'反对派'，因为他反对的原因很多，可能针对校长个人，或者事件本身，也可能出自公心或私心。学校管理者必须追根溯源，有的放矢采取有效措施给予解决。"在黄志煊看来，"反对派"能提出反对意见，肯定有其独特见解，管理者如能换位思考、批判接纳，必然会给学校管理带来启发和动力。

办学中的一大关系是家校关系。近年来，家长对教育的期望越来越高，家校关系比过去更复杂。在如此形势下，如何建立更为"和美"的家校关系成为学校的普遍难题。"让家校合作成为共同的期盼。"黄志煊坦言，要使学生的道德品性得到持续提升，关键在于营造多方共赢、平等互动，有利于学生修身养德的生长环境。

远洋学校从2015年建校之初就开始积极推广使用"志愿中山"平台，每学年新生入学培训时就给新生家长进行讲解，引导他们注册加入学校志愿组织，到目前为止注册家长已达3000多人。在日常的共育活动中，校、级、班三级家委积极引导家长志愿者参与门前交通指挥、慰问独居老人、参与环保活动等，为学校管理提供了极大助力。为了激发家长热情，学校每学年都会根据家长参与志愿服务的时数评选"优秀家长"，用制度引领和洽家校关系发展，提升家校共育合力。

"家校关系出现问题时，我们的办法是用坦诚换来家校和洽。"黄志煊说。有一位新入职的教师在大学时成绩优异，家族中有多人做教师，因此他对教育事业信心满满，但在从事小学语文教学后，由于对自己期望过高，对学生过于严格，又未能争取家长的理解和支持，他产生了入职初期的工作焦虑，被多位家长投诉。为此，黄志煊亲自带着家长观察课堂和深入交谈。校方的诚意和主动赢得了家长的信任和支持，让教师和家长、班级和家庭之间的矛盾顺利解决，班级发展迅速走上正轨。

实际上，为了避免家校共育中的误会或不畅，让家长全方位了解学校，远洋学校多年来坚持开展家长进校"六个一"活动，即随堂听一节课，试吃一日学生午餐，察看一遍校园，检查一项安全设施，与学校行政领导、教师或学生谈一次话，提出一项合理化建议。每周有四位家长轮流进入学校，全方位了解学校办学情况，学校向家长传递学校发展的好声音，凝聚了广大家长的强大教育合力。

黄志煊认为，"和畅"的教育关系要求在受教者的自发性与适应性、个体性与社会性之中找到动态的平衡，促进两者和谐发展。作为一项塑造灵魂的工程，教育是一个协调主观和客观、外因和内因统一发展的过程，本身就存在矛盾。"和"就是化解矛盾，促进主体动态发展、延续适应性的有效秘诀，是德行教育的有力支点。

对于黄志煊精心打造、实践多年的德行教育，教育部基础教育司原副司长傅国亮到学校考察时评价说："德行教育的探索和实践，做得既有特色，又很出色，这是一个难题，也是一个很有价值的研究课题。"如今，远洋学校的德行教育已成响亮的办学名片，引领着师生明性守德，向着更高远的目标前进。

让学生在舒展德育中张开生命自觉的翅膀

余锡垣[*]

一、顺天之木　以致其性，让"幼树苗"舒展地长成"参天木"

弹指一挥间，从教三十载。一直在探寻激发学生生命自觉的"密码"。

乘新时代基础教育高速发展的东风，在以笔者为"掌舵手"的实践中，广东省肇庆市第一中学实验学校尊重学生成长规律、遵循教育教学规律，精心构建舒展教育理念下的校本课程——"生长课程"，仅注重培养幼小衔接的"引桥课程"，注重培养习惯养成的"舒展启航课程"，注重提升学生学习效益和综合能力的"小先生进阶课程"，推动学生个性化多元发展的"素质课程"就达30多门。

从2017年建校至今，硕果累累。除了笔者获得广东省"百千万人才工程"名校长培养对象外，学校还拥有省名师工作室1个、省新一轮"百千万人才培养工程"小学名师培养对象1人、省新一轮"百千万人才培养工程"中小学智能教育名师培养对象1人、市名师工作室3个、市名班主任工作室2个……学校从不足300人的单一校区发展成5000多人的一校三区的集团化名校，声名鹊起。

潮平两岸阔，风正一帆悬。2014年6月9日，习近平总书记在中国科学院第十七次院士大会、中国工程院第十二次院士大会上的讲话指出："要按照人才成长规律改进人才培养机制，'顺木之天，以致其性'，避免急功近利、拔苗助长。"

"顺木之天，以致其性"语出唐代柳宗元的《种树郭橐驼传》。文章讲述了长安人郭橐驼善于种树，成活率高，果树挂果早，还很茂盛。人家问他有什么诀窍，他说自己并没有什么诀窍，不过是"顺木之天，以致其性焉尔"。

笔者认为，我们倡导的舒展德育理念正是"顺木之天，以致其性"的大道

---

[*] 作者简介：余锡垣，肇庆市第一中学实验学校教育集团党总支书记、校长，广东省新一轮"百千万"人才培养对象名校长，肇庆市名校长。

之行,与著名教育家陶行知的教育理念一脉相承:"要解放孩子的头脑双手脚空间时间,使他们充分得到自由的生活,从自由的生活中得到真正的教育。"①

学生如同花朵,各有花期与规律。舒展德育也是"顺木之天,以致其性"的教育显化,需要保持循环往复的耐心,需要依照自由成长的规律,在春温秋肃中精耕细作,在舒展自觉中知行合一,让学生成为"更好的自己"。

舒展德育是展现生命的德育,更是一种生活化的德育。生活化德育,就是在德育过程中,以尊重生命为前提,以学生发展现状为基础,以德育活动为载体,让学生在活动中,不断体验道德情感,认同道德标准,内化道德信念,衍生道德行为,最终实现育生命自觉的教育目的。

"扬舒展力量,育生命自觉"的办学理念已成为学校推动基础教育高质量发展的精神长灯,恒久照亮每个学生走向生命自觉。

在满庭芬芳的校园中闲庭信步,舒展昂扬之风迎面扑来。草木,廊屏,墙瓦,每一帧景致均是一位无声的教师,成风化人。每位学生如同新苗,饱蕴生命自觉,充满舒展力量,朝气蓬勃。

二、知行合一　即知即传,人人争当"小先生"让"深度学习"成为可能

《尚书·说命中》曰:"知之非艰,行之惟艰"。②

这一由知及行的千古难题在"小先生"的倾情演绎中迎刃而解。他们即知即传、自觉觉人,实现了知与行的通达,体验到知行合一的境界。

初心如磐,从建校之日起,广东省肇庆市第一中学实验学校结合舒展德育全力实施"小先生制",让学生变身"小先生"将当天所学传授家长,让学生学会后去辅导小伙伴,让学生自学后去教别人……真正让学生从被动接受走向主动学习,从浅表学习走向深度学习,大大提升了学校德育工作成效,有力推动基础教育迈向高质量发展的"快车道"。

笔者认为,"小先生制"的优势在于"即知即传",最大限度地相信学生的能力,推行知行合一,它也是一种做中学、做上教的自觉觉人的过程。"小先生制"的学习方式是基于深度学习理念下的一种高阶思维的学习。让思路可见,让成果彰显,激发学生的内生动力,是学校舒展课堂的重要特征。

不出所料,学生"入戏"很深,很有成就感,家长也很配合。学生在家做"小先生"的视频比比皆是,效果极佳。目前,学校已形成了人人争当"小先

---

① 陶行知. 陶行知谈教育 [M]. 沈阳:辽宁人民出版社,2015:1.
② 王世舜,王翠叶,译注.《尚书》[M]. 北京:中华书局,2012:421.

生"的生动局面，"小先生制"也成了舒展德育的一块"金字招牌"。

自我认同的萌芽是其他潜能生发的起点。"小先生"通过淋漓尽致的舒展，收获了巨大的自我认同感，他们的"小宇宙"被真正激发了。

学校出现了"故事小先生、口述日记小先生、生字小先生、古诗小先生、预习小先生、复习小先生、出题小先生、解题小先生、词汇小先生、范读小先生"……每个学生都根据自己的优势特长来当"小先生"，"学生教学生"成为校园里一道道亮丽的风景线。

"小先生制"还从学科走向德育，从校内走向校外。在"舒展德育课程群"的落实中，让学生在体验中形成良好的生活方式、交往方式、行为方式，促进好品格的生长。新冠肺炎疫情防控期间，"防疫小先生"教家长"六步洗手法"，"研学小先生"担任讲解员走进肇庆市红色教育基地和社区……

不仅如此，为了促进学生整体提升，一同走向深度学习，学校改良"小先生制"理念下的"伙伴式合作学习"，将各班学生按"学生自愿组合，教师适当调整"的原则分成若干小组，以"个人自学—组内互学—小先生领学—师生研学"的流程展开课堂学习。在教师引领下，"小先生"组织小组成员围绕具有挑战性的学习主题或任务，全身心参与、体验成功、获得发展，变接受式学习为探究式学习。

如同一个百花齐放、舒展成长的"大花园"，广东省肇庆市第一中学实验学校的每个学生都争当"小先生"，互为"小先生"，人人都是"小先生"，"小先生"闪烁着"大智慧"之光，"小先生"有"大学问"，成风化人，舒展成长，蔚为大观。

三、双师齐行　家校合力，教师成为学生"摆渡人""关怀者""守护人"

生命的自觉基于教育的自觉。如何让每位教师在良好的职业习惯养成中成为制度管理的主人，是笔者多年来苦苦思索的命题。

遵循"教育实施的主体是教师"这一科学规律，广东省肇庆市第一中学实验学校创造性地实行"双导师制+双班主任制"，努力为教师搭建一个舒展、包容、开放的平台，为他们创设舒展成长的空间。

一石激起千层浪，四两拨动千斤重。"双导师制+双班主任制"构建起双师合璧的管理大格局，大大缓解了"单班主任制"下教师的压力，有效破解了新教师占比较大、进步缓慢的难题，也让学生教师家长之间有了更宽松的时间互动。

学校实行"双导师制"，为每名新教师安排一位师德导师和一位师能导师，集众人之力对新教师的教育教学给予针对性的指导。老师傅们将丰富的教育教学经验和资源无私分享给年轻人,也在不经意间传授着他们的为人处世之道。

学校注重团队精神,推行团队捆绑式评价,倡导人人互帮互助,争做"先生的先生"。在和谐融洽的氛围中,教师争做"先生的先生",懂得了成就他人就是成就自己。梁建盈老师刚入职就代表学校参加市级比赛,当时她的导师就有10多人。

学校实施"双班主任制",一个班配备两名教师做班主任,不分正副,不分早晚,不承包,不轮岗,共同管理一个班,既有分工承担,更有沟通合作,在互助互融中切切实实提高班级管理工作的效益。"双班主任制"使教师有更多的时间和精力投入教学工作、研究学生和家校互动,让学生同时得到两位班主任的爱,真正让教师在教育教学上、在班级管理上、在家校共建上,达到"1+1>2"的效果。

"双导师制"犹如一把"金钥匙",真正打开了教师践行教育自觉的"潜能库",搭通了家校互助共融的"天地线"。

教师活力的全面激发,也让"师生一条心,家校共同途"变成了现实。5年来,学校通过课程育人、实践育人、整体育人,有力推动了家校的互信互融互通互动,为学生舒展成才提供了坚强保障。学校始终坚持尊重学生成长规律、遵循教育教学规律,激发学生潜能,成为学生梦想的摆渡人、心灵的关怀者、生命的守护人。

党的二十大报告提出,教育是国之大计、党之大计。培养什么人、怎样培养人、为谁培养人是教育的根本问题。育人的根本在于立德。

学校延续"端溪书院"百年文脉,秉承"扬舒展力量 育生命自觉"办学理念,用"舒展"之精神培育"舒展"的学生,遵循人的成长规律,唤醒人与生俱来的潜能和智慧,让每一个生命自由、愉快、阳光、全面地正向成长。

朱熹曰:"习于智长,化与心成。"笔者坚信,有百年名校优良文脉加持,有舒展德育强大力量引领,广东省肇庆市第一中学实验学校必定能打造成为粤港澳大湾区基础教育高质量发展的新高地,源源不断地为国家培育有道的君子、有德的栋梁,让学生在舒展德育中张开生命自觉的翅膀。

办学亮点｜和善的种子在校园里发芽

刘玲芳[*]

"和善"是全面发展的人必备的基本素养，更是一种难能可贵的精神气质。近年来，广东省惠州市龙门县龙城第三小学确立了"让和善的种子生根发芽"的办学理念，实施和善教育。"和善"的内涵是：与自我和谐，善待自己、接纳自我，内心柔和向善；与他人和谐，善待他人，团结合作、乐于助人；与社会和谐，善待生活，适应社会，准备好为社会发展做贡献；与大自然和谐，善待自然、尊重生命，为大自然的美好而努力。我们以培养全面发展的和善少年，落实立德树人的根本任务。

一、让课程体现和善理念

在我们充满和善气息的校园里，学生以愉悦的心情、积极的心态去学习生活；学校站在学生立场，为每个学生获得更好的生命成长着想，构建和善课程体系。我们的教师享有校本课程开发权，学生享有参加和选择课程的权利。

在开齐开足课程的基础上，我们将国家课程、地方课程、校本课程整合成基础课程、拓展课程、特色课程三大类。基础课程指国家课程的校本化，突出一个"实"字：学得扎实、学得深入，全面掌握基础知识和基本技能。拓展课程凸显一个"全"字：全员参与、全面发展，作为基础课程的延伸和补充。比如，以语文课程为基础开发出阅读、经典诵读、故事会、诗歌朗诵会等课程；德育课程则将主题教育与校会、班会、队会、道德与法治课结合，拓展空间，开设了专题教育、主题实践、自我管理、文明礼仪、志愿服务五大课程。这五大德育课程都有具体的活动内容，比如，志愿服务课程包括为低年级学生服务、

---

[*] 作者简介：刘玲芳，小学正高级教师，广东省特级教师，省名校长工作室主持人，现任龙城三小党总支书记、校长，是省新一轮"百千万人才培养工程"首批名校长培养对象，先后被评为全国三八红旗手、南粤优秀教师、省书香校园阅读推广人、惠州市拔尖人才、惠州市十佳校长、惠州教育领军人物等。被聘为广东省中小学培训中心兼职教授、韶关学院客座教授。该文发表于《中国教育报》2020 年 5 月 6 日第 7 版。

图书管理服务、花草树木管理服务、维持放学队秩序志愿服务、社区服务等；专题教育包括爱国主义教育、安全教育、文明礼仪教育、环保教育、遵纪守法教育、生命教育、责任担当教育、劳动教育等；社团活动课程更加丰富，全校有20多个社团和50多个兴趣小组。而特色课程突出一个"精"字：精心策划、精细实施、精准培养。我们精选出龙门农民画、校园足球、民族舞蹈、书法艺术、经典诵读五大特色课程，每一课程的实施都以普及教育为主、以特长发展为辅。同时，为了培养学生的兴趣和特长，促进个性化发展，学生需要什么课程，我们就开发什么课程。

二、让课堂洋溢和善氛围

和善课堂关注儿童的精神生命成长。教师秉承"和衷共济，精业善道"的教风，每堂课都精心选择适合的教学内容，认真制订详细教学计划。我们鼓励教师自创教学模式，和而不同。如思想品德课构建体验式教学模式，语文构建精讲多读课内外有机结合的教学模式，数学课构建开放性思维训练的课堂教学模式，英语构建整体语篇以及运用思维导图提高实效的教学模式，等等。各学科教师教学风格自成一体，各美其美。

学校鼓励教师积极探索适合学生的教学方法，启发式、探究式、体验式、问题式、情境式、互动式等教学法在课堂上百花齐放；学习擂台赛、闯关小猛将、操作小能手、合作学习吧、课中辩论赛、课堂小戏台、童音朗读者、悦读阅丰富、童心写作营等各种学习环节，激发着学生学习的兴趣和热情。学生人人参与、全程参与，充分发挥学习的自主能动性。乐合作、善思考、会学习，形成了"和乐融融，勤学善思"的学风。

三、让活动体现和善品质

和善教育旨在促使学生成长为具有和善品质的人，从而提升生命价值，丰满精神世界。我们开展和善少年微行动，倡导文明礼仪"五个一"，一个微笑、一个队礼、一声问候、一声谢谢、一句称赞，使人与人的关系更加和谐；开展和善少年"十个一"行动，每天做一件力所能及的家务事，每天锻炼一小时，每天给别人一点帮助，每天阅读一小时，每天练字一刻钟，每天诵读一首古诗，每天记一篇日志，每周做一次志愿服务，每月观察记录一种植物的生长，每月参与一次综合实践活动。这些小小的行动，积小善成大爱，积小流成江河，学生和谐向善的品质慢慢形成。

丰富多彩的社团活动，使校园生活更加充实。每周四下午，学校所有社团一起登场，学生自由选择参加。七色花红领巾艺术团精彩纷呈："七彩舞台""星光大道""校园卡拉OK"为学生提供展示才艺的舞台，合唱队、舞蹈队、电子琴、书法、农民画、线描画等兴趣小组让学生的兴趣特长得到发展；快乐体育园地热闹非凡，足球队、篮球队、乒乓球队、羽毛球队、田径队、毽球队、跳绳队各展风姿；文学社、诗词会、读书会、朗诵会润泽童心。

我们还举办和善少年创意节，培养学生的创新精神。每年读书节、科技节、体育节、艺术节和儿童节，都让学生参与设计活动方案，主题活动、节日活动动态化、有新意，以玩促学、以趣导学，着重培养学生的实践能力和创新精神。在校园里，树立身边的榜样，弘扬和善精神：宣传栏展示"最美和善教师""最美和善少年""校园最美风景线"，红领巾广播站开设"点赞我的老师""夸夸我的同学""今日活雷锋"栏目，以榜样激励学生向善向美。我们带领学生参观好人馆，听"龙门好人""惠州好人""中国好人"故事，学习好人精神。和善教育系列活动让学生精神渐渐丰满。

《小学生的抗逆力培养——以多元智能理论下的优势视角为取向》研究报告

林伟贞[*]

一、研究背景

（一）现实背景

小学生是祖国的未来，民族的希望，是中国特色社会主义事业的建设者和接班人。小学生的思想道德修养表现、心理素质状况，既关乎个体的身心健康和家庭幸福美满，又关乎中华民族的整体素质，关乎国家前途和民族命运。

由于小学生正处于身心成长发育的重要时期，生理、心理的发展尚不成熟，没有什么社会阅历，且身处社会大变革时代，面对日益繁杂的社会生活环境、家庭环境和学习环境，面临学习、交往、生活、升学就业和自我意识等各方面的心理困惑和问题。中国青少年研究中心和共青团中央国际联络部发布的《中国青年发展报告》显示，我国17岁以下儿童青少年中，约有3000万人受到各种情绪障碍和行为问题困扰。[①] 由此可见，青少年的心理问题为千家万户所关注的公共卫生问题和紧迫的社会问题。小学教育任重道远！如何遵循心理发展规律，加强和创新青少年心理健康教育工作？如何协助小学生提升自身的心理素质，不断优化心理品质和挫折容忍力，在急速转变的社会中能够获得正面的发展，积极适应社会，健康成长？这些是我们小学教育迫切需要研究和解决的问题。

---

[*] 作者简介：林伟贞，广州市越秀区中星小学党支部书记、校长，正高级教师，教育部新时代中小学名师名校长培养计划名校长培养对象，广东省第二批"百千万"名校长培养对象，广州市名校长工作室主持人，广州市基础教育名教师，广东省第三届中小学心理健康教育专业委员会副主任委员。华南师范大学硕士研究生导师，广州大学兼职教授、硕士研究生导师。

① 张田勘. 对症下药防治青少年心理问题 [N/OL]. 中国教育报, 2019-12-18 [2023-10-21]. http://www.jyb.cn/rmtzgjyb/201912/t20191218_282253.html.

（二）理论背景

"优势视角"是积极心理学属性下的一个工作理念。在优势视角的影响下，心理工作者或者教师不是关注个体问题背后的原因，而是关注人的内在力量和优势资源，将所谓的"问题者"看作一个更加立体的个体，将个人与其所在的文化环境联系，在探索个体出现某种行为的原因时挖掘个体本身的能力和优势，引导其发现自身潜在的能力，并且提出积极地应对生活困难的应对策略。

优势视角是基于这样一种信念，即个人所具备的能力及其内部资源允许他们能够有效地应对生活中的挑战。用优势视角作为工作方法的工作者相信人们天生具有一种能力，即通过利用他们自身的自然资源来改变自身的能力。优势视角着重挖掘个体自身的优点，帮助个体认识其优势，从而达到解决个体外在或潜在的问题的目的。其基本假设有三个方面。一是相信人可以改变，每个人都有尊严和价值，都应该得到尊重。二是认为每个人都有自己解决问题的力量与资源，并具有在困难环境中生存下来的抗逆力。即便是处在困境中倍受压迫和折磨的个体，也具有他们自己从来都不曾知道的与生俱来的潜在优势。三是在实践过程中关注的焦点应该是个体本身及其所在的环境中的优势和资源，而非问题和症状，改变的重要资源来自个体自身的优势，个人的经验是一种优势资源。

积极心理学的"优势视角"工作理念，给予我们一个很好的理论模型和解决问题的指引。因此，我们有理由相信，当我们以优势视角对待每个学生时，尤其是正处于逆境中的小学生，将他们看作一个独立的个体，将他们与其家庭环境、年龄、成长经历等联系，挖掘其本身的能力和优势，帮助其看到自己的闪光点，并且创造恰当的条件，比如，搭建歌唱比赛、书法比赛、担任班干部等平台，给予积极的鼓励和关怀，引导其形成良好的学习习惯和学习态度，掌握问题解决能力和情绪管理等能力后，能够帮助个体发现其自身的潜能，并将潜能发展到更高的水平，从而发展出积极地应对困境、度过逆境的策略和能力，也就是抗逆力。因此我们假设，当以优势视角看待个体，创造积极的条件促进个体的潜能发展有助于抗逆力的提升。

为此，我们以多元智能理论、人本主义心理、抗逆力的优势视角理论为基础，以小学生抗逆力培养为主题，开展本课题的探索研究。

二、相关文献综述

（一）有关"抗逆力"的研究

抗逆力（resilience），其研究最早始于美国。心理学界第一次使用抗逆力这个词是 Block 在 1950 年提出自我抗逆力（ego-resiliency）这个概念。将抗逆力定义为个体在遇到逆境时的一种积极应对的能力，能够协助个体在逆境时保持相对稳定的心态及在创伤后心理的复原。[1] 有不少的学者将抗逆力定义为一种人格特质，有部分学者认为抗逆力是一种积极发展的结果。总结部分学者的看法，可以将抗逆力理解为一系列能力和特征动态交互作用使个体在遭受重大压力和危险时能迅速恢复和成功应对的过程。

近年来，国内对抗逆力的研究受到越来越多的关注，而对抗逆力的研究以探索性和综述性的研究为主，对象方面以大学生和青少年为主。其中，对青少年的研究主要集中在"问题少年""寄养儿童"和"困境学生"等。在研究内容方面以现况调查、相关研究为主。2000 年，有些学者开始把抗逆力与积极心理学结合起来，开始关注并探索抗逆力的干预机制。在对抗逆力探索的过程中，学者把对抗逆力的影响因素分为危险性因素和保护性因素。[2] 危险性因素是指在面对逆境时，那些可以增加非预期的消极结果出现的概率的因素。危险性因素包括气质与人格、冲动性、低智商、低教育成绩、父母的教养方式不佳，父母之间的冲突、破裂的家庭、反社会父母、家庭的人口数量、家庭经济因素、同伴的影响、学校与社区影响等。保护性因素是指那些可以减轻消极环境对人的影响的因素。保护性因素包括自尊、积极的归隐方式、良好的人格、家庭凝聚力、与父母的良好关系、家庭和睦、与同伴和师生等人的良好关系、安全稳定的社会环境等。

也有学者将抗逆力的构成因素根据人们自身的内外条件分为外部支持要素和内部优势要素。抗逆力的外部支持要素是来源自身环境的，比如，家庭、学校、社区等。青少年的外部支持要素主要是家庭、学校和同伴群体。1996 年，美国学者 Henderson 和 Mike M Milstein 提出了"抗逆力轮"的学说（Resilience Wheel），抗逆力轮中包含了青少年的外部支持要素的 6 个因子，即建立正向的连接关系、坚定清晰的规范、教授生活及社交技能、鼓吹关怀支持的气氛、传达合理的期望、提供有意义的参与机会。[3] 内部优势要素则包括效能感、归属感

---

[1] Bonanno, G. A. Loss, trauma, and human resilience: have we underestimated the human capacity to thrive after extremely aversive events? [J]. American Psychologist, 2004, 59 (1): 20-28.

[2] Hollister-Wagner G H, Foshee V A, & Jackson, C. Adolescent Aggression: Models of Resiliency [J]. Journal of Applied Social Psychology, 2001, 31 (3): 445-466.

[3] Henderson, N., Milstein, M. Resiliency in Schools: making it happen for students and educators [M]. Thousand Oaks, CA: Corwin Press, INC. 2003: 7.

和乐观感。

　　已有的研究证明，社会支持、家庭关系、自我效能感、归属感、乐观感等与抗逆力存在着高度相关关系。关于抗逆力和一般自我效能感研究，较多的学者是把一般自我效能感作为抗逆力的一个保护性因素研究。曾守锤等的研究表明，通过对留守儿童进行自我效能感训练可以提高其抗逆力。何玲等的研究表明，乐观感、社会支持和自我效能感与抗逆力均有显著的正向相关关系。[①] 社会支持被认为是应对压力的一种重要资源。曾守锤研究认为当个体面对压力时，高的社会支持通过给予当事人直接的物质、信息和情感支持，使个体在应对压力时具备更多的资源，从而在客观上降低了压力的水平。他推测留守儿童可能由于获得了高的社会支持而降低对压力危险性的评估，或由于得到了社会支持而提高了自我效能感或应对压力的掌控能力，从而对压力的重要性和危险性评估产生重要的积极影响。[②]

　　王淑芳[③]和赵永婧[④]等对儿童的亲子依恋与抗逆力的研究发现抗逆力与亲子依恋之间存在显著性相关，亲子依恋对抗逆力具有显著性的预测作用，亲子依恋是抗逆力的重要预测变量。陈汝梅通过问卷的方式收集儿童的抗逆力和亲子依恋的相关数据并且分析发现，亲子依恋与抗逆力有显著的正相关，亲子依恋能显著性地预测儿童抗逆力的发展。[⑤]

　　目前中国的教育虽然在强调素质教育，也在不断地进行教育改革，但是，现实中教育还是以升学考试为中心的应试教育。以成绩论英雄的现象也是非常流行的。社会上的评价也是一味地追求高学历、高地位、高收入。在这种情形下，中国的父母也会相应地以学习成绩的高低评价自己的孩子，并且将读重点大学作为孩子唯一的出路。在这些评价体系下，大家就会将注意力聚焦在学校语文、数学、英语等学科成绩和排名上，注重的是学生的语言能力和数学逻辑能力的发展，而忽视了学生的其他能力和优势，认为成绩好的学生就是智力高

---

① 何玲．流动儿童的抗逆力与自尊、社会支持、自我效能感的关系研究［J］．首都师范大学学报（社会科学版），2015（03）：120-127．
② 曾守锤．流动儿童的心理弹性和积极发展：研究、干预与反思［J］．华东师范大学学报（教育科学版），2011（01）：62-67．
③ 王淑芳．农村留守儿童的心理弹性及其与依恋应对方式的关系［D］．郑州：河南大学硕士学位论文，2007：56．
④ 赵永婧，范红霞，刘丽．亲子依恋与初中留守儿童心理韧性的关系［J］．中国特殊教育，2014（07）：59-64．
⑤ 陈汝梅，陈美．亲子依恋对初中生心理弹性的影响［J］．中小学德育，2013（07）：57-59．

的，成绩不好的学生就是智力较低的学生。在这种能力价值观的影响下，学生的心理健康会出现两极化的现象。成绩处于弱势的学生会被家长、同伴或者教师拿来跟成绩优秀的同学比较，在不断地对比下，学生逐渐会产生自己处处不如人的认知，降低了自我效能感，自信心大受打击。而成绩优秀的同学会因过于关注自己的成绩，而忽视了其他能力的培养。成绩优秀的学生以成绩为中心，建构的心理结构比较简单，一旦遇到不如意的事情，比如，因为某一次考试考差了而挫败不已，自我怀疑。所以，我们需要寻找更好的评估理念，建构更合理、更全面的评估系统，全面提升学生的抗逆力，帮助他们顺利度过逆境。

（二）关于"多元智能理论"的研究

美国发展心理学家、哈佛大学教授霍华德·加德纳（Howard Gardner）在研究大脑损伤的病人时发现，大脑的不同区域是负责不同能力的，如果大脑皮层的某一区域受到伤害后，某种特定的能力就会消失，但是其他的技能依然能保持不变。在对整个大脑进行深入研究和在对大量的心理学实验数据与实例观察分析的基础上，加德纳提出，人脑有 7 个不同的认知区域与人们的智力相联系，人们的认知能力和认知方式是有差异的，从此指出了，人的智力不应该是一元的，而应该是多元化的。在对孤独症儿童、学习障碍儿童、智力障碍儿童等特殊人群进行研究后，加德纳发现，这些儿童表现出来的认知能力是参差不齐的，大多数的天才是在某一个或几个领域上表现特别出色，而不是在所有的领域上表现出色的。根据这些研究结果，1983 年加德纳在《智能的结构》一书中首次正式提出多元智能理论（Multiple Intelligences Theory）。他认为，一个人的能力不限于学习能力，每个人的能力都是多元化的，至少包含以下 8 种能力，比如，数学能力、音乐能力、空间智力、语言智力，运动智力，人际智力，自省智力，自然智力等。[1]

加德纳认为，"所有类型的智能都是遗传基因的一部分"[2]，人类成员中的每个个体都具备这些基本的多元智能，但是由于遗传与环境因素的差异，每个个体身上表现出来的多元智能存在着明显的差异。但多元智能是能通过改变环境因素等被强化和扩展的。加德纳认为多元智能的发展是存在着阶段性的，每种智能都存在着特定的发展顺序，不同的智能会在人生的不同阶段产生、发展、成熟。同时多元智能的发展存在着不平衡性，每种智能的发展历程和发生的年龄都是不同的，出现的"高峰期"也不同。由于遗传、环境、机遇、训练和运

---

[1] ［美］加德纳. 智能的结构［M］. 沈致隆，译. 杭州：浙江人民出版社，2013：91-324.
[2] 单中惠，朱镜人. 20 世纪外国教育经典导读［M］. 济南：山东教育出版社，2018：292.

用等作用，个体在某方面表现出来的能力就有可能比其他的个体优秀。对于一个人来说，在生活中表现出来的能力并不是全部的智能，有可能表现出来的只是智能的一部分，但当机会来临时，便能使各种智能发展到一定的程度。此外，加德纳认为智能是具有可加工性的，当人们有机会通过高效的学习来挖掘自身潜能时，将在认知、情绪、社会关系甚至生理各方面引起积极的变化。每种智力通过恰当的教育和训练都可以发展到更高的水平。即便如此，智能实质上还是一定的遗传因素和文化环境、学习机会等相互作用下的产物，因此智能的发展会受到环境、学习机会、教育条件、评价体系等的影响。由此可见，当环境条件成熟时，给予机会，个体的潜能会得到一定程度的发展，从而对个体的认知、情绪和社会关系等产生积极的影响。联系抗逆力与个体认知、情绪管理和社会关系之间的关系，我们认为个体潜能的发展会对抗逆力的提升产生积极的作用。

20世纪末，美国当代著名的心理学家马丁·塞里格曼（Martin E. P. Seligman）作为积极心理学的创始人，带领积极心理学在西方的心理学界掀起了一股新的浪潮。积极一词具有"实际""潜在"的意思，这既包含了内心冲突，也包含了潜在的内在能力。西方的心理学家将积极心理学的本质定义为致力于研究普通人的活力与美德的科学。积极心理学主张研究人类积极的品质，充分挖掘人固有的、潜在的具有建设性的力量，促进个人和社会的发展，使人类走向幸福。

三、研究思路、目的和重点

（一）研究思路

本书采用面向全体，发展性干预与预防性结合的方法，以优势视角为取向，在多元智能理论的指导下，挖掘学生的潜能，促进其发展，致力于全面提升学生的抗逆力，并以抗逆力培养的保护因素和危险因素为指引，挖掘更多培养抗逆力的路径。

（二）研究目的

1. 尊重学生的个性差异，追求个性发展，不放弃任何一个学生。

2. 建设强有力的教师队伍：提升学校教师的理论水平，组织教师学习优势视角、多元智能理论和抗逆力的相关知识和理论，学习学生心理辅导知识，邀请专家对教师进行培训，提升教师对抗逆力和多元智能理论的认识，提高对学生辅导的技能和技术，提升教师对学生心理需要的敏觉性，促进教师重视对学生抗逆力的培养和个性发展，并且自主地渗透到学科的教学活动中。培养一批有心理辅导理论知识和心理辅导能力的老师。

3. 发现学生的闪光点，促进学生优势智能的发展，利用优势智能带动其他智能的发展，同时提升学生的效能感。

4. 通过设置家校互动营、助残助困、逆境体验等活动增强学生与家长、社会、同学以及教师之间的联系感；通过团体辅导、个别辅导、家庭咨询等方式提高学生的情绪管理能力、沟通能力、情感表达能力、问题解决能力等，从而提升学生的信念感，进而全面提升本校学生的抗逆力。

5. 开发校本课程，积累学生心理辅导案例，将学科教学与抗逆力的提升、学生的个性化发展相互融合，形成"预防为主，干预为辅"的学生心理健康发展辅导系统。

（三）研究重点

1. 小学生抗逆力的现状调查和培养途径研究。
2. 学科教学与抗逆力的培养与提升研究。
3. 教师队伍心理教育理论水平的养成与提升研究。
4. 小学生个性化发展中的优势智能的开发研究。
5. 实施多元化教学和多元化评价方式研究。

四、研究设计

（一）研究对象

广州市越秀区 1~6 年级小学生 1010 名，其中男生 561 人，女生 449 人。

（二）研究方法

1. 文献分析法

课题组成员搜集、整理和阅读国内外关于多元智能理论、优势视角、个性化发展、抗逆力以及心理健康等多方面的文献，借鉴其相关理论、实践经验和优秀案例。

2. 问卷调查法

在研究前期，采用具有代表性的量表，通过抗逆力的三要素，效能感、乐观感以及联系感了解学生的抗逆力现状，筛选出处于危急状态的学生并进行干预，并根据学生抗逆力的现状，调整学科教学方法，寻找提升抗逆力的途径。在研究后期，采用相同的问卷进行后测，比较后测的数据与前测的数据，分析研究的成效。

(1) 调查对象：1~6年级全体学生和家长

(2) 调查工具

a. 小学生心理健康评定量表：三级计分，选"没有"计0分，"偶尔"计1分，"经常"计2分。将各分量表的项目分数分别相加，即可得到各量表的合计分数。若一个量表的合计分数达到10分以上，一般可以认为存在该方面的心理健康问题。分数越高表明越容易出现问题。本次测量采用学习适应、情绪适应和社会适应3个分量表，分别测量学生学习困难、厌学、情绪困难和人际适应方面的情况。主要是学生父母根据学生的情况进行填写。

b. Rutter儿童行为问卷（父母问卷）：是由Rutter于1967年初步编制而成的。该问卷是由家长来评定学龄儿童在家的健康问题和行为问题。各项目均为3级评分，"从来没有"计0分，"有时出现，不是每周1次"计1分，"至少每周出现一次"计2分。对每个项目，根据被试学龄儿童的实际情况答"是"或"否"。总分大于13分时，可能有行为问题；13分及以下，无行为问题。

c. 学业乐观感问卷：由田纳西州的托尔（Toor）博士改编而成，学业乐观感问卷由一般乐观问卷改编而成，将所有的一般乐观改成学业乐观因子。该问卷有两个维度：积极维度和消极维度，共10个条目，1、3、4、8、10属于积极维度，2、5、6、7、9属于消极维度。问卷采用5点计分法，学生将从"非常不同意""不同意""有些同意""同意""非常同意"选取一个与自己看法相符的答案，分别计1分、2分、3分、4分、5分，得分越高，表明其想法与题目描述越加符合。在计分时先将消极维度的3个项目进行反向计分，然后计算量表的总分，分数越高说明该学生对自己的学习、考试等越乐观。

d. 一般自我效能感量表：一般自我效能感量表（GSES）由Schwarzer等编制，中文版由王才康等（2001）翻译修订。对其信效度进行分析，结果发现GSES具有良好的信度，其内部一致性系数 Cronbach$A$ = 0.87，重测信度 r = 0.83（p<0.001），折半信度为 r = 0.82（n = 401，p<0.001）。GSES只有一个维度。从"完全不正确""尚算正确""多数正确""完全正确"分4级计分，分别计1分、2分、3分、4分。分数越高说明自信心越高。

e. 小学生自我认识问卷：该问卷包括小学生的自我意识、自我感受，以及人际交往等小学生自我认识发展的情况。学生自我回答，适用于小学2~6年级学生。本次测量只用到该问卷里关于家庭关系、同伴关系以及学校态度3份问卷。问卷采用5级评分。被试学生从"完全不符合""有些不符合""不确定""有些符合""完全符合"中选取一项分别计1分、2分、3分、4分、5分。有反向计分条目，计分时先针对反向计分条目进行计分，然后计算总分，总分越高，表明学生在该维度上感觉越好。

f. 儿童社交焦虑量表：儿童社交焦虑量表（Social Anxiety Scale for Children）的条目涉及社交焦虑所伴发的情感、认知及行为。本量表为最新的 10 个条目版本。条目使用 3 级评分制。从"不是这样""有时是这样""一直是这样"中选取一项，计算总分，分数越高表明越有出现焦虑的倾向。

本量表包含两个大因子：其一为害怕否定评价（第 1、第 2、第 5、第 6、第 8 及第 10 条），其二为社交回避及苦恼（第 3、第 4、第 7 及第 9 条）。根据儿童社交焦虑量表的中国城市常模可知，量表总分得分≥18 存在着社交焦虑障碍的可能性。

g. 人际关系量表：是引用陈树婷对 1996 年 Furman 编的人际关系量表进行翻译和改编后的量表，共 18 个题目，量表内容反映了日常生活和学习中，青少年与他人人际关系的基本状况。包括学生与父亲、母亲、班主任、同性朋友、异性朋友、任课教师等的人际关系，经研究，把翻译后的人际关系量表对小学儿童进行施测，具有良好的信度，经过预测发现该量表对小学高年级儿童同样具有良好的信度，其 a 系数为 0.784，改编后的人际关系量表适用于小学高年级儿童，故本书采用该量表。每种人际关系从支持性人际关系（social support）和消极性人际关系（negative interchange）两个因素考察。其中支持性人际关系包括：帮助（Instrumental Aid）、亲近（Intimacy）、友爱（Companionship）、赞赏（Admiration）4 个维度，消极性人际关系包括：冲突（conflict）和敌对（Antagonism）两个维度，每个维度有 3 个题目，每个题目进行 5 级计分。为方便评估各方面的人际关系，在计算总分时先对冲突和敌对两个维度的得分进行反向计分。由此可知，某方面量表的得分越高，则学生在该方面的人际关系越好。

h. 教养方式问卷：本研究用的是学者蒋奖等在父母教养方式问卷（EMBU）的基础上修订改编的简单版教养方式问卷，一共有 23 个条目，4 级计分，被试者从"从不""偶尔""经常""总是"中选取一项。量表反应的是父母在孩子的教养上采取的方式。该量表有拒绝、情感温暖、过度保护 3 个维度，拒绝维度：包含 1、4、7、13、16、21 等 6 个条目。情感温暖维度：包含 2、6、9、12、14、19、23 等 7 个条目。过度保护维度：包含 3、5、8、11、17、18、20、22 等 8 个条目。还有 2 个条目不计分。

（3）数据分析处理

使用 SPSS20.0 对问卷调查进行描述性的分析和显著性检验。

3. 观察法

通过设置团体游戏、家庭作业、互动营等活动，安排学生参与，观察和总结学生的行为，挖掘和发现学生的个性差异。

4. 案例研究法

通过观察学生的行为，安排相关老师对个别学生进行交谈，追踪了解个别学生的问题发展，针对性提升抗逆力，试图研究出能较好帮助学生提升学校适应性，提升抗逆力的有效途径和方法。

（三）研究过程

1. 培训教师，统一认识，夯实知识储备

研究初期，为了统一认识，组织教师参加系统的抗逆力优质教师工作培训活动。教师通过系统的学习吸收了当今心理辅导的前沿知识，更进一步认识了抗逆力对个体的积极意义。培训内容包含多元智能理论、学生的个性发展、效能感、乐观感、优势视角等。为了促进教师自觉地将理论联系实际，落实行动，我们组织不同学科的教师挖掘各个学科中的抗逆力培养的教育点，并设计出学生的个性化发展与学科教学结合教案。

这些活动的设计不仅充实了教师的知识库，提升了教师的心理健康水平，也增强了教师对学生抗逆力的辅导能力。

2. 文献阅读与分析，明确测量指标，前测调查，挖掘优势

课题组通过及时搜集、整理和借鉴国内外教学抗逆力培养的相关理论和实践经验，从抗逆力的构成要素以及抗逆力形成的路径、抗逆力的理论等方面出发，结合已有的量表和小学生的认知特点、识字水平，选用一批量表作为抗逆力的指标，在专业人士通过学校广播的方式对问卷的填写进行指导后，学生将问卷带回家当作家庭作业完成，并在第二天以班级为单位统一收集。录入数据，对数据进行分析，了解旧部前小学全体学生的抗逆力现状。利用常模的区分标准，根据每名学生的调查结果，筛选出状态不佳的学生，并综合其各维度的结果，挖掘其优势维度，从而在辅导中以优势维度带动弱势维度的发展。

3. 创造发展潜能条件，全面营造抗逆氛围

我们以学生的快乐成长为目标，尊重学生的个性和心理需求，根据学生的特点，设计不同的教学目标和教学方法，挖掘学生不同智能的潜能，让学生的个性、特长得到发展，培养学生的能力感，培养学生的自主学习能力，帮助学生学会学习，充分认识自我，让学生在自主成长中感受到快乐，力求让学生在小学这一阶段成为心理健康的、全面发展的、有特长的、阳光的、会学的、艺术的、创新的孩子。

因此我们还做了以下几方面工作。

(1) 营造良好的校园环境和教室氛围

校园环境和教室氛围可以成为一种无形的教育资源，可以在潜移默化中对学生产生作用。旧部前小学以校园环境和教室氛围作为抗逆力培养的载体，通过学校的牌匾、校园和教室中的标语、名言、学校重要活动的照片、桌子的摆设、黑板报设计营造抗逆力培养的环境氛围。本着"让每一块墙壁都说话，每一寸土地都育人"的原则，校园的景色设置、文化修饰做到动静结合，思想内容与艺术形式的完美统一，寓教育于校园美的环境之中。通过黑板报设计，展示学生的优秀作品，增强学生的参与感和能力。同时，通过抗逆力教育的图片和知识的宣传，以及校园中的标语展示，让学生在这样的校园环境中受到抗逆力文化的熏陶。

通过将学校获得荣誉牌匾等摆在校园大门旁边，让学生每天回学校时都能看到，进而对学校产生自豪感，增强学生对学校的归属感。

(2) 班级管理，增强自主管理

教室中的课桌位置可以根据学生的喜好来决定，学生有权利选择自己的学习伙伴。或根据教学需要随意组合成马鞍形、品字形、月牙形、T形等。课桌位置根据实际需要随意摆放，经常变动，既有小组式的集中摆放，又有分散式的摆放，在空间上使学生感觉到不受约束，不仅有利于师生和生生之间的交流和交往，而且将选择交给学生，让学生选择自己的位置，可以发挥学生的自主性。

(3) 岗位负责制，发挥潜能

根据学生不同的性格和特长，安排学生担任"小组长""小纪律员""小图书管理员""小黑板清洁员"……每个同学对班上的各项活动和各岗位全权负责。在落实班级工作时，每个学生根据自己的职责，对其他同学进行管理。在班级管理过程中学生的参与机会越多，他们的责任感就越强，自我管理能力就会很快提高，班级的面貌也会越好。能让每个学生有事干，为班级尽一份责任，大大增强了学生的主人公责任感。同学们在各司其职的同时，增强自己的参与感，发挥所长。

(4) 抓住教育契机，开展主题教育活动

以国庆节、开学典礼、体育科技节、新年活动、心理嘉年华活动周等活动为关键点开展系列教育活动，用积极向上的文化活动开展抗逆力活动。

在每年的国庆节期间，大家围绕着"热爱"等主题进行了歌咏比赛，用歌声和热爱庆祝共和国生日。在活动中各班级或者中队的学生通过歌唱，用歌声表达自己对祖国的热爱。学校通过活动激励同学们继承革命先烈的光荣传统，树立崇高理想，勤奋学习，拼搏进取，成才报国。学生以饱满的热情、嘹亮的歌声唱响时代的主旋律，展示旧部人的朝气蓬勃。

每学年开学初，学校会为一年级的新生进行开笔礼。开笔添智，人生始立。校长会围绕传承中华优秀传统文化，引领和指导学生依次完成"整装习礼""敬拜先师""点智破蒙""击鼓明志""描红启蒙"等活动程序，用心地感受儒雅的中华优秀传统文化，稚气地表达"敬师长、孝父母，讲文明、懂礼仪，好学习、求进步"的求学决心，开启美好的小学学习生活。以隆重的开笔礼，在帮助学生感受中国传统文化，表达求学决心的同时，表达了学校对新生的重视和欢迎，让学生对学校产生浓烈的情感，帮助学生更快地融入学校的学习生活中。

4. 家校联盟，共营"优势视角"

旧部前小学的教学观中坚持以学生为主体，重视学生在学校和家庭中的双向联系，学校教育和家庭教育密切联系相互配合，共同挖掘学生的优势潜能，以优势视角看待学生。为促进家校互动，学校每个学年都会定期召开家长会，定期举行家长开放日，邀请家长到学校参观学生的课室和在学校上课、活动的情况。同时学校老师关注学生在学校中的纪律、学习、交友等情况，并即时与学生家长进行沟通，向家长了解学生在家庭中的表现。对问题表现比较明显的学生，在与家长相互沟通的过程中，不再仅仅反应学生的问题，而是家校共同配合，挖掘学生问题表现的背后原因以及动机，看到学生这种表现背后发展性的抗逆力，帮助学生以更加健康的方式面对发展过程中遇到的困境。

学校会邀请家庭教育专家到学校为家长做"父母成长"讲座、邀请父母参加亲子阅读节、邀请专家做"正面管教"等父母系列讲座，帮助父母了解孩子的心理，丰富父母在儿童心理和孩子教育方面的知识。让父母了解到不以"爱"的名义剥夺孩子对责任的学习机会，也不以无休止的说教替代科学的学习，因为这对孩子来说是极其不公平的，而是以有尊严、不卑微的爱平衡在和善而坚定的环境中，带给孩子安全和积极的成长。通过系列讲座，帮助父母了解孩子的心理，学会与孩子相互尊重和合作，理解和关爱孩子，为孩子营造良好的家庭氛围。

5. 个性化培养，分层性辅导

通过对新生进行开笔礼，对新的少先队员进行入队仪式以及适应性的团体辅导，让低年级学生感受到学校的重视和欢迎，感受到作为学校一员的光荣，从而对学校产生浓烈的情感，帮助学生良好地适应学校的学习生活。

组织高年级学生进行抗逆力的团体辅导，提升学生对情绪的认识和识别，增强学生的情绪管理能力。培养学生相互沟通、相互帮忙和协助的意识与能力，营造关怀的氛围，促进学生之间的交流沟通和团队合作，增强他们相互之间的"归属感"。提升学生解决问题的能力和技巧，帮助学生学会订立目标，体验成功,增强学生的"效能感"。培养学生积极思考和正向看待事物,对发生的事情进行积极归因的习惯,提升学生的"乐观感"。

6. 个别深入了解干预,共性辅导预防

了解学生的心理特点和成长困扰,并且据此制订符合学生心理特点和成长需要的辅导目标、辅导形式和辅导计划等。针对已出现困扰的学生,综合运用个案心理辅导、家庭心理辅导、团体心理辅导、小组心理辅导等形式,并由班主任跟踪,建立长期的、有针对性的心理辅导体系。长期坚持团体心理辅导、小组心理辅导、个别心理咨询等辅导活动。在辅导目标、重点、专题的确定上,坚持做到重点个案跟踪辅导,在个案辅导的基础上,筛选出共性问题,全校开展团体辅导;在原来的校本教材的基础上,研究新时期的学生,设计与时俱进的辅导专题,有组织、有计划地开展针对性的活动。遇到棘手问题,及时求教同行专家,提高心理辅导工作的科学性和实效性。

7. 多元评价,搭建舞台,激发潜能

为了鼓励学生,帮助更多的学生发现自己的闪光点,提高自我认知,增强自我效能感,我们鼓励学科教学教师积极观察学生,以"优势视角"看待学生,引导学生看到自己身上的闪光点,并且鼓励学生参加歌唱比赛、书法比赛、担任小组长等锻炼自己的能力,发挥特长,从而促进学生潜能的发挥,进而提升抗逆力。

为了帮助更多的学生发现自己的潜能,促进学生智能的提升,学校取消了"三好学生"的评优,而是以"八颗星评价"代替,如"健康之星""歌唱之星""书法之星"等。在任何一方面表现突出的学生都可以获得该方面的"星"级评优,一个学生可以获得多颗"星"。同时,学校为了促进学生能力的发挥,积极搭建科技比赛、书法比赛、歌唱大赛、课程超市等多种形式的舞台,供学生选择。

五、研究结果

(一) 前测调查结果

在前测调查阶段发放问卷 1055 份,收回 1020 份。在收回的 1020 份问卷中,有部分量表的数据不全,所以对于每个量表,有效问卷的数量不同,具体看以下分析结果。

1. 学习适应

以下是不同年级学习适应总分的情况。根据量表分类标准,量表总分超过

10分的受测者是有学习适应方面的困难的。有学习适应方面困难的学生在学习上有困难，如算术、认字等方面，也有部分学生有厌学，对学习有焦虑、恐惧等情况。由表1可知，不同年级存在学习困难的学生人数不多，6个年级存在学习困难的学生人数共38人，占总人数的3.7%。

表1 不同年级学生学习适应总分调查情况

项目	1年级/人	2年级/人	3年级/人	4年级/人	5年级/人	6年级/人	总计（人/%）
学习适应良好	146	183	170	173	166	144	982/96.3%
学习适应困难	7	5	12	6	4	4	38/3.7%
总计	153	188	182	179	170	148	1020/100.0%

以下是不同性别学生学习适应总分的情况。由表2可知，不同性别学生在学习适应上存在着差异，男生在学习上存在困难的人数比女生的要高。

表2 不同性别学生的学习适应差异情况

项目	男生/人	女生/人	总计（人/%）	p
学校适应良好	534	428	962/96.2%	0.04
学校适应困难	27	11	38/3.8%	
总计	561/56.1%	439/43.9%	1000/100%	

2. 情绪适应

以下是学生情绪适应总分的情况。根据量表分类标准，量表总分超过10分的受测者是有情绪适应方面的困难的。存在着情绪适应困难的学生有焦虑、恐惧、抑郁等其中一方面或者多方面的问题。

由表3可以看出，整个学校只有14人有情绪适应上的困难，占总人数的1.4%。

表3 不同年级学生情绪适应情况

项目	1年级/人	2年级/人	3年级/人	4年级/人	5年级/人	6年级/人	总计（人/%）
情绪适应良好	149	187	179	176	169	146	1006/98.6%
情绪适应困难	4	1	3	3	1	2	14/1.4%
总计	153	188	182	179	170	148	1020/100.0%

由表4可以看出，男生中存在这情绪适应困难的有6人，女生中存在情绪

适应困难的有8人，通过检验得知，男女生情绪适应困难的人数虽然不同，但并没有达到显著水平。

表4　不同性别学生情绪适应情况差异

项目	男生/人	女生/人	总计（人/%）	p
情绪适应良好	555	431	986/98.6%	>0.05
情绪适应困难	6	8	14/1.4%	
总计	561/56.1%	439/43.9%	1000/100.0%	

3. 社会适应

以下是学生社会适应总分分类的情况，根据量表分类标准，量表总分超过10分的受测者是有社会适应方面的困难的。社会适应反映的是学生在人际交往、面对挫折、应激状态时的情况。

由表5可知，全年级中有社会适应困难的学生有20人，占总人数的2.0%。不同年级之间的人数虽然不同，但是并没有显著性的差异。

表5　不同年级学生的社会适应情况

项目	1年级/人	2年级/人	3年级/人	4年级/人	5年级/人	6年级/人	总计（人/%）
社会适应良好	152	186	177	176	165	144	1000/98.0%
社会适应困难	1	2	5	3	5	4	20/2.0%
总计	153	188	182	179	170	148	1020/100.0%

由表6可知，在存在社会适应困难的学生中，男生有14人，女生有6人。不同性别在社会适应上的差异并不显著。

表6　不同性别学生的社会适应情况

项目	男生/人	女生/人	总计（人/%）	P
社会适应良好	547	433	980/98.0%	>0.05
社会适应困难	14	6	20/2.0%	
总计	561/56.1%	439/43.9%	1000/100.0%	

4. Rutter行为问卷（父母版）

本次调查采用的是Rutter行为问卷（父母版），由学生带回家给自己的父母填写，由家长来评定学龄儿童在家的健康问题和行为问题。量表总分大于13分的可以认为有行为问题倾向，具体属于哪种行为类型需要看具体得分。

由表7可以看出，各年级的行为问卷总分在10分以下。单向方差分析发现，各年级学生的行为问卷总分得分之间的差异并不显著。

表7　不同年级学生的行为问卷得分差异

年级	N	平均数	标准差	标准误	最小值	最大值	F	P
1	150	8.5800	5.49590	0.44874	0.00	28.00		
2	183	9.0710	5.86106	0.43326	0.00	28.00	1.592	0.160
3	168	9.9881	6.74869	0.52067	0.00	53.00		
4	164	8.4329	5.99707	0.46829	0.00	30.00		
5	162	8.8519	5.86094	0.46048	0.00	28.00		
6	139	8.3957	6.21781	0.52739	0.00	32.00		
总计	966	8.9120	6.05480	0.19481	0.00	53.00		

由表8可知，所有年级中，有行为问题倾向的学生有253个，占学生总人数的26.2%。这个水平比较高，具体情况需要在后续的访谈中确定。

表8　不同年级学生的行为量表得分分类情况

项目	行为问题	年级/人						总计
		1	2	3	4	5	6	
行为总分分类	无行为问题倾向	146	147	142	149	89	88	761/78.8%
	有行为问题倾向	43	42	39	40	21	20	205/21.2%
总计		189	189	181	189	110	108	966/100.0%

由表9可知，男生和女生的行为量表得分之间存在显著性差异，男生的行为量表得分显著高于女生的行为量表得分。这表明男生比女生更有可能有行为问题。

表9　不同性别学生的行为量表得分差异

项目	男生（535）M±SD	女生（420）M±SD	t	p
行为问卷总分	9.37±6.00	8.29±6.10	2.757	0.006

5. 学业乐观感

学业乐观感测量的是学生对学习的乐观程度，由学生自评。

由表10可知，不同年级的学业乐观感得分情况不同。单向方差分析发现，不同年级的学业乐观感得分差异显著。事后比较发现，1年级和2年级学生的学业乐观感得分比3、4、5、6年级的高，3年级的学业乐观感得分比4、5、6年级的高。

表10　不同年级学生的学业乐观感情况

年级	N	平均数	标准差	标准误	最小值	最大值	F	P
1	146	39.2260	4.48410	0.37111	28.00	50.00	3.555	0.003
2	182	39.6264	5.08849	0.37718	27.00	50.00		
3	161	38.6211	5.05710	0.39856	21.00	50.00		
4	168	37.3929	7.65658	0.59072	14.00	50.00		
5	163	37.8896	5.43991	0.42609	22.00	50.00		
6	134	38.4701	5.75527	0.49718	24.00	50.00		
总计	954	38.5430	5.72716	0.18542	14.00	50.00		

由表11可知，不同性别学生的学业乐观感得分之间存在着显著性差异。男生的学业乐观感得分显著低于女生的学业乐观感得分。这说明，总的来说，女生的学业乐观感比男生的要好。

表11　不同性别学生的学业乐观感情况

项目	男生（523）M±SD	女生（413）M±SD	t	p
学业乐观感	37.93±5.88	39.34±5.44	−3.772	0.000

6. 一般自我效能感

一般自我效能感是指学生对自己能否做好事情的自信程度。在抗逆力的研究中，会经常作为一个维度衡量抗逆力的大小。一般自我效能感得分越高说明一个人在做事情的时候，越有信心相信自己能将事情做好，将事情完成到自己或者他人期待的程度。

由表12可知，大多数学生的一般自我效能感都处于30左右，处于较好的水平。同时，通过单向方差分析发现，不同年级学生的一般自我效能感之间存在着显著性差异。通过事后比较发现，1年级学生的一般自我效能感得分比3年级、4年级、5年级、6年级学生的一般自我效能感得分高；2年级学生的一般自我效能感得分比3年级、4年级、5年级学生的一般自我效能感得分高;3年级学生的一般自我效能感得分比5年级学生的一般自我效能感得分高。

表12 不同年级学生的一般自我效能感差异

年级	N	平均数	标准差	标准误	最小值	最大值	F	P
1	147	31.0816	4.75209	0.39195	16.00	41.00	8.665	0.000
2	185	32.0216	5.19611	0.38203	18.00	40.00		
3	166	29.9940	4.78317	0.37125	18.00	40.00		
4	169	29.5207	6.49275	0.49944	10.00	40.00		
5	163	28.7546	5.23414	0.40997	12.00	40.00		
6	138	29.5217	5.02870	0.42807	16.00	40.00		
总计	968	30.1880	5.40422	0.17370	10.00	41.00		

将一般自我效能感得分在1~20分的归为低自我效能感水平,得分21~30分的归为中等自我效能感水平,得分大于30分的归为高自我效能感水平。

由表13可知,各年级一般自我效能感在低水平的共有36人,占全年级的3.7%,处于中等水平的有464人,占总人数的47.9%,处于高等水平的有468人,占总人数的48.3%。

表13 不同年级学生的一般自我效能感分类差异

项目	等级	1	2	3	4	5	6	总计
一般自我效能	低	3	5	2	12	9	5	36/3.7%
	中	64	59	96	78	95	72	464/47.9%
	高	80	121	68	79	59	61	468/48.4%
总计		147	185	166	169	163	138	100.0%

注:卡方值为48.946,$p=0.000$。

表14是不同性别学生的一般自我效能感之间的差异情况。由表6-3可知,男生和女生的一般自我效能感得分之间存在着显著性的差异,男生的一般自我效能感的得分比女生的得分要低。这说明,总的来说,女生的一般自我效能感比男生的要好。

表14　不同性别的学生一般自我效能感的差异情况

项目	男生（528）M±SD	女生（421）M±SD	t	p
一般自我效能感	29.81±5.59	30.67±5.13	-2.435	0.015

7. 儿童社交焦虑情况

由儿童社交焦虑量表测得，量表由儿童自评。量表用于评估儿童社交焦虑情况及社交引发的情感和认知。量表得分越高，越有可能存在焦虑倾向。

由表15可知，不同年级学生的社交焦虑水平不同，不同年级学生在社交焦虑量表上的得分存在着显著性的差异。通过事后的两两比较发现，1年级学生在社交焦虑量表上的得分比4年级、5年级、6年级学生在量表上的得分低；2年级学生在社交焦虑量表上的得分比4年级学生的量表得分低；3年级学生在社交焦虑量表上的得分比4年级、5年级、6年级学生在量表上的得分要低。

表15　不同年级学生的社交焦虑情况差异

年级	N	平均数	标准差	标准误	最小值	最大值	F	p
1	145	14.6069	3.64443	0.30265	2.00	25.00	3.771	0.002
2	178	15.1854	4.26050	0.31934	10.00	30.00		
3	162	14.6914	3.76034	0.29544	10.00	30.00		
4	159	16.3648	5.32301	0.42214	10.00	30.00		
5	166	15.5843	3.97440	0.30847	10.00	26.00		
6	132	15.6591	4.30130	0.37438	10.00	30.00		
总计	942	15.3471	4.28147	0.13950	2.00	30.00		

根据儿童社交焦虑量表的中国城市常模可知，量表总分得分大于等于18分存在着社交焦虑障碍的可能性。

根据学生在量表上的得分，得分在18分以下的学生归类为无焦虑倾向，得分大于等于18分的学生归类为有焦虑倾向。由表16可知，全年级有社交焦虑倾向的有258人，占总人数的27.4%。从人数上看，有焦虑倾向的学生人数较多。教师与父母应该及时了解孩子在社交方面的认知与情绪，引导孩子与他人适当地交往。

表16 不同年级学生的社交焦虑分类情况

项目	年级/人						总计（人/%）
	1	2	3	4	5	6	
无焦虑倾向	111	134	127	102	117	93	684/72.6%
有焦虑倾向	34	44	35	57	49	39	258/27.4%
总计	145	178	162	159	166	132	942/100.0%

由表17可知，不同性别的学生在社交焦虑上并没有显著性的差异。即，男生和女生的社交焦虑差不多。

表17 不同性别学生的社交焦虑差异

项目	男生（514）M±SD	女生（412）M±SD	t	p
社交焦虑	15.32±4.26	15.40±4.31	-0.258	0.796

8. 家庭关系

本次调查用的量表是《小学生自我认识问卷》中评估学生对家庭感受的一个分量表。由表18可知，各年级在量表上的得分平均分在14分左右，按照量表得分总分在25分的水平来看，14分属于中等水平。通过单向方差分析发现，6个年级在量表上的得分存在着显著性的差异。通过事后的两两比较发现，1年级学生在量表上的得分显著高于6年级学生在量表上的得分；2年级学生在量表上的得分显著高于3年级、5年级、6年级学生在量表上的得分；3年级学生在量表上的得分显著高于6年级学生在量表上的的得分；4年级学生在量表得分显著高于5年级和6年级学生在量表上的得分。总的来看，6年级学生在家庭关系量表中的得分显著低于其他各年级的得分。

表18 小学生不同年级学生的家庭关系差异情况

年级	N	平均数	标准差	标准误	最小值	最大值	F	p
1	145	14.3310	3.27248	0.27176	5.00	25.00	4.938	0.000
2	178	14.7191	3.63594	0.27253	9.00	25.00		
3	159	14.0503	2.93128	0.23247	9.00	25.00		
4	164	14.5732	3.70717	0.28948	8.00	25.00		
5	170	13.7706	2.39335	0.18356	9.00	25.00		
6	131	13.1985	2.07705	0.18147	7.00	19.00		
总计	947	14.1415	3.12614	0.10159	5.00	25.00		

由表 19 可知，不同性别的学生在家庭关系分量表上的得分差异不显著。

表 19　不同性别学生的家庭关系差异

项目	男生（512）M±SD	女生（419）M±SD	t	p
家庭关系	14.12±3.07	14.18±3.22	−0.312	0.775

9. 学校态度

量表用的是《小学生自我认识问卷》中评估学生对学校态度的一个分量表。由表 20 可知，各年级学生在学校态度分量表上的得分平均分为 26 分左右，属于中高水平，说明学生对学校的看法较好。单向方差分析表明，不同年级学生在量表上的得分存在着显著性的差异，1 年级和 2 年级学生在量表上的得分显著高于 3 年级、4 年级、5 年级、6 年级学生的量表得分；3 年级学生在量表上的得分显著高于 4 年级、5 年级学生的量表得分。

表 20　不同年级学生在学校态度上的情况差异

年级	N	平均数	标准差	标准误	最小值	最大值	F	P
1	146	27.7534	3.46124	0.28645	10.00	37.00	9.817	0.000
2	173	28.3064	3.60778	0.27429	18.00	40.00		
3	165	26.8424	3.54922	0.27631	12.00	40.00		
4	163	26.9141	4.34670	0.34046	14.00	40.00		
5	164	25.8232	3.29889	0.25760	13.00	40.00		
6	133	26.5865	2.98767	0.25906	15.00	37.00		
总计	944	27.0508	3.66774	0.11937	10.00	40.00		

由表 21 可知，不同性别在学校态度分量表上的得分差异显著，女生的量表得分显著高于男生的量表得分。这表明，女生在对待学校的态度上比男生的态度更加积极和正面。

表 21　不同性别学生在学校态度上的情况差异

项目	男生（512）M±SD	女生（416）M±SD	t	p
学校态度	26.75±3.76	27.46±3.56	−2.930	0.003

10. 同伴关系

量表用的是《小学生自我认识问卷》中评估学生同伴关系的一个分量表。由表22可知，量表的最大得分为30分，各年级学生在该量表上的得分平均分在20分左右，属于中高水平。表明各年级学生的同伴关系属于比较好的水平。通过单向方差分析发现，各年级学生在量表上的得分并没有显著性差异。

表22　不同年级学生同伴关系的情况差异

年级	N	平均数	标准差	标准误	最小值	最大值	F	p
1	143	20.5455	5.44463	0.45530	7.00	30.00	1.139	0.338
2	175	21.5657	5.78494	0.43730	6.00	30.00		
3	161	21.0621	5.63991	0.44449	6.00	30.00		
4	161	20.6894	6.81564	0.53715	6.00	36.00		
5	166	20.5000	5.66729	0.43987	6.00	30.00		
6	132	20.1212	6.13715	0.53417	6.00	30.00		
总计	938	20.7814	5.93348	0.19373	6.00	36.00		

由表23可知，不同性别学生的同伴关系之间存在着显著性的差异，女生在量表上的得分显著高于男生在量表上的得分。这说明了女生的同伴关系比男生的同伴关系要好。

表23　不同性别学生的同伴关系差异

项目	男生（513）M±SD	女生（410）M±SD	t	p
同伴关系	20.31±6.21	21.33±5.46	−2.634	0.009

11. 人际关系

（1）父子关系

由表24可知，不同年级学生在父子关系方面的得分不同。通过单向方差分析发现，不同年级学生在父子关系方面的量表得分之间存在着显著性的差异。通过事后的两两比较发现，3年级学生在父子关系方面的量表得分高于4年级和6年级学生的量表得分；5年级学生在父子关系方面的量表得分高于6年级学生的量表得分。这表明了3年级学生的父子关系比4年级和6年级学生的父子关系好，5年级学生的父子关系比6年级学生的父子关系好。

表 24 不同年级学生的父子关系情况的差异

年级	N	平均数	标准差	标准误	最小值	最大值	F	p
3	162	71.0309	11.77397	0.92505	29.00	90.00	4.959	0.002
4	159	66.4843	15.85331	1.25725	31.00	90.00		
5	158	69.1392	13.57614	1.08006	26.00	90.00		
6	135	65.3037	15.78696	1.35872	24.00	89.00		
总计	614	68.1075	14.41603	0.58178	24.00	90.00		

由表 25 可知，不同性别学生的父子关系存在着显著性差异，男生在父子关系方面的量表得分显著低于女生的量表得分。这表明，女生与父亲之间的关系比男生与父亲之间的关系好。

表 25 不同性别学生的父子关系情况的差异

项目	男生（342）M±SD	女生（257）M±SD	t	p
父子关系	65.88±14.03	70.92±14.69	-4.260	0.000

（2）母子关系

由表 26 可知，不同年级学生在母子关系方面的得分不同。通过单向方差分析发现，不同年级学生在母子关系方面的量表得分之间存在着显著性的差异。通过事后的两两比较发现，3 年级学生在母子关系方面的量表得分高于 5、6 年级学生的量表得分；4 年级学生在母子关系方面的量表得分高于 5 年级和 6 年级学生的量表得分。这表明了 3 年级学生的母子关系比 6 年级学生的母子关系好，4 年级学生的母子关系比 5 年级和 6 年级学生的母子关系好。

表 26 不同年级学生的母子关系的情况差异

年级	N	平均数	标准差	标准误	最小值	最大值	F	p
3	160	68.2500	12.40308	0.98055	41.00	90.00	4.251	0.006
4	156	69.2051	14.58754	1.16794	19.00	90.00		
5	157	65.8917	13.98240	1.11592	23.00	90.00		
6	134	64.0149	13.77695	1.19015	22.00	90.00		
总计	607	66.9506	13.81039	0.56055	19.00	90.00		

由表 27 可知，不同性别学生在母子关系分量表上的得分存在着显著性的差异，女生在量表上的得分显著高于男生在量表上的得分。这表明，女生的母子

关系比男生的母子关系要好。

表27 不同性别学生的母子关系的情况差异

项目	男生（335）M±SD	女生（257）M±SD	t	p
母子关系	65.76±13.10	68.45±14.71	-2.346	0.019

（3）班主任关系

由表28可知，不同年级学生在与班主任的关系方面的得分不同。通过单向方差分析发现，不同年级学生在与班主任关系方面的量表得分之间存在着显著性的差异。通过事后的两两比较发现3年级、4年级和6年级学生在与班主任关系的量表上的得分均比5年级学生的量表得分高。这表明了3年级、4年级和6年级学生在与班主任关系上的质量比5年级学生的好。

表28 不同年级学生与班主任关系的情况差异

年级	N	平均数	标准差	标准误	最小值	最大值	F	p
3	158	64.1709	10.74736	0.85501	39.00	90.00	4.285	0.005
4	155	62.6968	13.62312	1.09423	25.00	90.00		
5	156	59.6923	9.70707	0.77719	39.00	84.00		
6	134	62.0821	10.55743	0.91202	25.00	84.00		
总计	603	62.1692	11.36664	0.46289	25.00	90.00		

由表29可知，不同性别学生在与班主任关系方面的量表上的得分存在着显著性的差异，男生的得分显著低于女生的得分。这表明，男生与班主任的关系比女生的差。

表29 不同性别学生与班主任关系的情况差异

项目	男生（333）M±SD	女生（255）M±SD	t	p
班主任关系	60.54±11.23	64.34±11.23	-4.068	0.000

（4）同桌关系

由表30可知，不同年级学生在与同桌关系方面的得分不同。通过单向方差分析发现，不同年级学生在同桌关系方面的量表得分之间存在着显著性的差异。通过事后的两两比较发现，3年级学生在与同桌关系方面的量表得分比5、6年级学生的量表得分要高，4年级学生在与同桌关系方面的量表得分比3年级、5年级、6年级的量表得分都要高。这表明了，3年级学生与同桌之间的关系比5

年级、6年级的要好，4年级学生的同桌关系比3年级、5年级、6年级学生的同桌关系要好。

表30　不同年级学生与同桌关系的情况差异

年级	N	平均数	标准差	标准误	最小值	最大值	F	p
3	154	57.5779	12.32076	0.99283	27.00	90.00	20.976	0.000
4	155	61.3355	14.03580	1.12738	27.00	89.00		
5	155	50.0903	13.80964	1.10922	18.00	83.00		
6	133	55.2782	10.25091	0.88887	19.00	84.00		
总计	597	56.0972	13.40367	0.54858	18.00	90.00		

由表31可知，不同性别的学生在与同桌关系方面的量表得分之间的差异不显著，说明男生和女生与同桌之间的关系好坏程度相近。

表31　不同性别学生与同桌关系的情况差异

项目	男生（329）M±SD	女生（253）M±SD	t	p
同桌关系	56.25±13.03	55.86±13.92	0.349	0.727

（5）任课老师关系

由表32可知，不同年级学生在与任课老师关系方面的得分不同。通过单向方差分析发现，不同年级学生在与任课老师关系方面的量表得分之间存在着显著性的差异。通过事后的两两比较发现，3年级和4年级学生在与任课老师关系的量表得分都显著高于5年级和6年级学生的量表得分。这表明了3年级和4年级学生与任课老师的关系比5年级和6年级学生与任课老师的关系要好。

表32　不同年级学生的任课老师关系情况差异

年级	N	平均数	标准差	标准误	最小值	最大值	F	p
3	152	59.0197	10.81602	0.87730	39.00	88.00	4.187	0.000
4	158	57.8291	13.26179	1.05505	29.00	90.00		
5	155	54.4065	9.71790	0.78056	37.00	85.00		
6	133	54.8722	9.87606	0.85636	33.00	83.00		
总计	598	56.5870	11.20593	0.45824	29.00	90.00		

由表33可知，不同性别学生与任课老师的关系存在着显著性的差异，男生在量表上的得分显著低于女生的量表得分。这表明，女生与任课老师之间的关

系比男生的好。

表33 不同性别学生的任课老师关系情况差异

项目	男生（332）M±SD	女生（252）M±SD	t	p
任课老师关系	55.41±10.87	58.22±11.58	-3.014	0.003

（6）同性朋友关系

由表34可知，不同年级学生在与同性朋友关系方面的得分不同。通过单向方差分析发现，不同年级学生在与同性朋友关系方面的量表得分之间的差异不显著。

表34 不同年级学生的同性朋友关系情况差异

年级	N	平均数	标准差	标准误	最小值	最大值	F	p
3	150	62.6867	11.67923	26.00	89.00		0.571	0.634
4	158	63.2658	13.86211	26.00	90.00			
5	154	64.1299	12.78873	25.00	90.00			
6	131	64.3664	10.69810	40.00	85.00			
总计	593	63.5868	12.37490	25.00	90.00			

由表35可知，不同性别学生的同性朋友关系存在着显著性的差异，女生在同性关系的量表得分显著高于男生的量表得分。这表明，女生与同性朋友之间的关系好于男生与同性朋友之间的关系。

表35 不同性别学生的同性朋友关系情况差异

项目	男生（328）M±SD	女生（251）M±SD	t	p
同性朋友关系	61.94±11.40	65.67±13.24	-3.631	0.000

（7）异性朋友关系

由表36可知，不同年级学生在与异性朋友的关系方面的得分不同。通过单向方差分析发现，不同年级学生在与异性朋友的关系方面的量表得分之间存在着显著性的差异。通过事后的两两比较发现，3年级和4年级学生在与异性朋友关系上的量表得分显著高于5年级和6年级的量表得分，3年级和4年级学生的量表得分之间的差异不显著。这表明3年级和4年级学生与异性朋友之间的关系比5年级和6年级学生的好。

表36 不同年级学生的异性朋友关系情况差异

年级	N	平均数	标准差	标准误	最小值	最大值	F	p
3	149	56.0268	12.41781	1.01731	24.00	90.00	7.039	0.000
4	158	54.5633	15.35501	1.22158	25.00	90.00		
5	152	50.1908	11.52408	0.93473	23.00	90.00		
6	130	51.3615	9.38579	0.82319	26.00	84.00		
总计	589	53.0985	12.68069	0.52250	23.00	90.00		

由表37可知,男生在与异性朋友关系方面的得分比女生的高,但差异不显著。

表37 不同性别学生与异性朋友之间的关系

项目	男生(325) M±SD	女生(250) M±SD	t	p
异性朋友关系	53.94±12.84	51.97±12.62	1.844	0.066

(8) 其他人关系

由表38可知,不同年级学生在与其他人的关系方面的得分不同。通过单向方差分析发现,不同年级学生在与其他人关系方面的量表得分之间存在着显著性的差异。通过事后的两两比较发现,3年级和4年级学生在与其他人关系的量表得分显著高于5年级和6年级学生的量表得分。这表明了3年级和4年级学生与其他人的关系比5年级和6年级学生的关系要好。

表38 不同年级学生的其他人关系情况差异

年级	N	平均数	标准差	标准误	最小值	最大值	F	p
3	139	54.4532	12.10355	1.02661	29.00	90.00	6.468	0.000
4	157	54.9108	13.40990	1.07023	25.00	90.00		
5	149	49.8993	10.68451	0.87531	29.00	90.00		
6	124	51.1371	10.06106	0.90351	27.00	88.00		
总计	569	52.6643	11.88863	0.49840	25.00	90.00		

如表39所示,不同性别学生的其他人关系情况差异不显著。男生在量表上的得分高于女生的得分,但是并不显著。

表39 不同性别学生的其他人关系情况差异

项目	男生（315）M±SD	女生（240）M±SD	t	p
其他人关系	53.32±11.46	51.85±12.59	1.435	0.152

（9）同伴关系

将人际关系量表中的同桌关系、同性朋友关系、异性朋友关系三者的平均分作为同伴关系的指标。比较不同年级学生的同伴关系情况差异，结果如下：由表40可以看出，各年级的在同伴关系上的得分差异显著。通过事后比较可知，3年级学生在同伴关系上的得分显著高于5年级学生的得分。4年级学生的得分显著高于5年级和6年级学生的得分。这表明了3年级学生的同伴关系比5年级学生的好，4年级学生的同伴关系比5年级和6年级学生的好。

表40 不同年级学生的同伴关系情况差异

年级	N	平均数	标准差	标准误	最小值	最大值	F	p
3	144	58.8356	10.66237	0.88853	30.33	88.00	7.983	0.000
4	154	59.9957	12.07896	0.97335	26.00	87.00		
5	149	54.5034	10.02217	0.82105	23.67	86.33		
6	128	57.0052	8.35865	0.73881	36.67	80.33		
总计	575	57.6162	10.63297	0.44343	23.67	88.00		

注：事后比较发现：3>5，4>5，4>6。

表41是不同性别学生的同伴关系得分之间的差异，从中可以看出男生和女生在同伴关系上不存在显著差异。

表41 不同性别学生的同伴关系情况差异

项目	男生（315）M±SD	女生（246）M±SD	t	p
同伴关系	57.50±10.48	57.72±10.98	-0.237	0.813

（10）亲子关系

取学生在人际关系量表上对父子和母子关系评估得分的平均分作为衡量亲子关系的指标。表42为对不同年级学生在亲子关系上的得分进行方差分析的结果，结果得出不同年级学生在亲子关系上的得分存在着显著性差异。通过事后的两两比较发现，3年级和4年级学生在亲子关系上的得分显著大于6年级学生的得分。这表明，3年级、4年级学生的亲子关系比6年级学生的好。

表42 不同年级学生的亲子关系情况差异

年级	N	平均数	标准差	标准误	最小值	最大值	F	p
3	160	69.6813	11.30168	0.89348	37.50	90.00	3.713	0.011
4	156	67.9679	13.06123	1.04574	29.00	90.00		
5	157	67.5382	12.65463	1.00995	26.00	90.00		
6	134	64.7724	13.70179	1.18365	23.00	89.50		
总计	607	67.6030	12.74841	0.51744	23.00	90.00		

注：事后比较发现：3>6，4>6。

由表43可知，男女生之间的亲子关系得分存在着显著性差异。男生在亲子关系上的得分比女生在亲子关系上的得分低。这表明，女生和父母之间的关系比男生与父母之间的关系更密切。有关的研究表明，女生在小学阶段与父母的关系会比男生的好，男生在初中阶段与父母之间的关系比女生的好。本研究的结果与前人研究的结果相符。

表43 不同性别学生的亲子关系情况差异

项目	男生（335）M±SD	女生（257）M±SD	t	p
亲子关系	65.93±12.27	69.68±13.22	-3.565	0.000

（11）师生关系

取学生在人际关系量表上对班主任和任课老师关系的得分的平均分作为衡量师生关系的指标。表44为对不同年级学生在亲子关系上的得分进行方差分析的结果，从中发现不同年级学生在师生关系上的得分存在着显著性的差异。通过事后的两两比较发现，3年级学生的得分比5年级和6年级学生的得分高，4年级学生的得分比5年级的得分高。这表明，3年级学生的亲子关系比5年级6年级学生的好，4年级学生的亲子关系比5年级学生的好。

表44 不同年级学生的师生关系情况差异

年级	N	平均数	标准差	标准误	最小值	最大值	F	p
3	151	61.5828	10.28177	0.83672	45.00	87.50	5.708	0.001
4	154	60.4058	12.45709	1.00382	27.00	90.00		
5	154	56.9773	9.13682	0.73627	41.00	83.50		
6	131	58.5954	9.37039	0.81870	34.00	83.50		
总计	590	59.4102	10.55753	0.43465	27.00	90.00		

由表 45 可以看出，不同性别之间的师生关系存在着显著性差异。女生在师生关系分量表上的得分比男生的得分高，这表明了在小学阶段，女生与教师之间的关系比男生与教师之间的关系更为密切。

表 45 不同性别学生的师生关系情况差异

项目	男生（326）M±SD	女生（250）M±SD	t	p
师生关系	58.01±10.30	61.28±10.70	−3.717	0.000

（二）前测问卷调查结果分析

从前测数据分析中得出以下结论。

1. 小学生中存在着学习适应困难、情绪适应困难、社会适应困难、一般自我效能感低的学生人数并不多，在全校的学生总数中所占的比例较低，均低于5%。但存在行为问题倾向、社交焦虑、学业乐观感低的学生很多，需要进一步的干预。

2. 在学习适应、情绪适应、社会适应这三个方面不同年级之间的人数和得分没有差异。但不同年级的学生在其他各个心理评估维度上的水平不同。1年级和2年级学生在学业乐观感、自我效能感、家庭关系、学校态度等方面水平都比其他年级的学生好，低年级学生比高年级学生对学业、自我、家庭以及学校等方面有着更加积极的认知和态度。4年级、5年级和6年级的学生比低年级的学生存在更高水平的社交焦虑。在人际关系方面，3年级和4年级学生的得分比5年级和6年级学生的得分高，说明3年级学生和4年级学生比5年级和6年级学生有着更加和谐和亲密的人际关系。

3. 小学阶段，女生在学业乐观、自我效能感、对学校的态度等上面有着更加乐观的态度。男生的行为问题比女生的明显。在人际关系方面，女生与男生在与异性朋友、其他人两个方面的关系几乎处于相同的水平。但是女生与父母、班主任以及任课老师、同性朋友之间的关系显著好于男生与这些人之间的关系。

4. 在同伴关系中，学生与同性朋友之间的关系更加趋于一致，不同年级、不同性别的学生与同性朋友之间的关系都较好。

5. 全校学生的乐观感、效能感、人际关系、对学校的态度等抗逆力的维度情况良好，表明学校学生的抗逆力正处于较好的水平。虽然仍然有一部分同学在某些维度上情况不乐观，但是依然存在优势的维度，学校可以根据学生抗逆力表现出来的个体差异，采取不同的辅导策略，以优势维度带动弱势维度，积极全面提升学生的抗逆力水平。

6. 低年级学生表现出较多的行为问题，而高年级学生则表现出较多的社交、学习、效能感等方面水平的下降。这与学生的成长有关系，低年级学生交往更为密切的是家中的父母等长辈，而高年级学生逐渐表现出对同伴、朋友等的渴望，会有更多的机会和时间与同伴相处。然而，之前与家长的相处模式尤其是独生子女与父母之间的相处模式不再适用于与朋友、同学之间的相处，这个时候，他们会一方面渴望有美好的友谊；另一方面又不懂得如何与同龄人友好相处，从而表现出一定的社交焦虑。

（三）前测和后测的结果的比较与讨论

1. 抗逆力前测和后测各维度总分的差异比较

表46　抗逆力前测和后测各维度总分的差异比较（$N=904$）

项目	前测（M±SD）	后测（M±SD）	t	p
自我效能感总分	26.72±4.97	26.88±6.74	−0.643	0.520
学校适应总分	2.87±2.93	2.85±3.48	0.180	0.857
情绪适应总分	2.25±2.37	2.38±3.50	−1.120	0.263
社会适应总分	2.06±2.46	2.08±3.83	−0.107	0.915
行为问题总分	8.81±6.01	7.00±5.64	8.933	0.000
学业乐观总分	38.08±5.28	39.17±5.78	−4.650	0.000
社交焦虑总分	15.25±4.28	15.06±4.23	1.160	0.247
同伴关系总分	20.87±5.93	19.83±5.88	4.273	0.000
家庭关系总分	14.29±3.17	21.63±3.71	−42.221	0.000
学校的态度总分	27.05±3.70	36.43±4.25	−53.596	0.000

（1）前测和后测的自我效能感总分的差异比较

由表46可以看出，后测所得的自我效能感总分虽然比前测所得的总分高，但是两者之间的差异并不显著（$p=0.520>0.05$），所以不能说后测的自我效能感比前测的高。本来我们进行的课程是针对自我效能感的，得出来的结果却显示着并没有实际的效果。这是因为后测的问卷设置出了问题，在设置的四个选项中，"完全不正确"和"完全正确"两个选项都设置成了"完全"，这样的设置可能会误导学生。所以，后测得到的自我效能量表的得分是不准确的，无法比较学生在前后测中真正的差异。

（2）前测和后测学校适应总分的差异比较

由表46可以看出，前测和后测所得的学校适应方面的分数并没有显著差异

($p=0.857>0.05$)，这说明前后两次测量时，学生在识字、认数绘画、完成作业的数量和质量以及对待学习的态度之间并没有差异。

(3) 前测和后测情绪适应总分的差异比较

由表 46 可以看出，前测和后测的情绪适应方面的分数之间不存在显著差异（$p=0.263>0.05$），说明前后测量时，学生在情绪适应、保持快乐、维持积极情绪的状况和能力并没有出现差异，跟前次测量之间的区别不明显。

(4) 前测和后测社会适应总分的差异比较

由表 46 可以看出，前次测量所得学生在社会适应方面的平均得分为 2.06 分，后次测量所得的学生在社会适应方面的平均得分为 2.08 分，比前次测量所得的分数大 0.02，但两者之间的差异不显著（$p=0.915>0.05$），这说明了学生在交朋友，与朋友之间保持融洽关系以及面对新环境时的情况并没有明显的变化。

(5) 前测和后测行为问题总分的差异比较

由表 46 可以看出，前测和后测中学生表现出来的行为问题得分之间存在着显著差异（$p=0.000<0.05$），后测所得分数比前测所得的分数低，说明学生在后测中表现出来的行为问题比前次测量表现出来的行为问题少。

(6) 前测和后测学业乐观总分的差异比较

由表 46 可以看出，学生在前测和后测中在学业乐观问卷中的得分之间存在着显著差异（$p=0.000<0.05$），学生在后测中所得分数比前次测量所得分数高，这说明学生在后测中对自己的学业前景，未来的学习、作业和考试保持更乐观的态度。学生的学业乐观状况明显改善。

(7) 前测和后测社交焦虑总分的差异比较

由表 46 可以看出，学生在后测中在社交焦虑量表上的得分比前测中的得分低，但是两次在社交焦虑测量中所得的分数之间的差异不显著（$p=0.247>0.05$），所以两次测量中，学生的社交焦虑状况没有显著变化。但是两次测量所得的平均数都在 15 左右，都没达到常模的水平。

(8) 前测和后测同伴关系总分的差异比较

由表 46 可以看出，学生前后两次在同伴关系上的得分之间存在着显著差异（$p=0.000<0.05$），后测（$m=19.83$）的平均分显著低于前测（$m=20.87$），这说明学生在后测中，与同伴之间的关系比在前测中要差。但是因为问卷设置时与自我效能感量表的设置出现了同样的问题，所以无法考量和比较，导致出现的误差比一般情况下的更大。因此，学生与同伴之间的关系质量的变化还需要参考人际关系中的关系情况。

(9) 前测和后测家庭关系总分的差异比较

由表 46 可以看出，学生前后两次在家庭关系上的得分之间存在着显著差异（$p=0.000<0.05$），后测（$m=21.63$）的平均分显著高于前测（$m=14.29$），说明学生在后测中，与家人的相处更融洽，在家庭中感知到的自己的重要性和在家中的感觉更好。

(10) 前测和后测学校的态度总分的差异比较

由表 46 可以看出，学生前后两次在学校的态度上的得分之间存在显著差异（$p=0.000<0.05$），后测（$m=36.43$）的平均分显著高于前测（$m=27.05$），这说明学生对学习、学校的态度、学习的信念等比前次测量时明显改善。

(11) 前测和后测人际总分与其八个维度得分的差异比较

表 47　前测和后测人际总分与其八个维度得分的差异比较（$N=470$）

项目	前测（M±SD）	后测（M±SD）	t	p
人际总分	350.87±73.91	474.12±72.04	−33.991	0.000
人际—母亲	56.66±11.69	69.74±14.12	−18.992	0.000
人际—父亲	52.97±12.08	66.94±14.58	−20.569	0.000
人际—班主任	42.64±11.38	60.21±11.19	−32.418	0.000
人际—同桌	42.64±12.03	54.92±12.39	−17.690	0.000
人际—任课老师	36.23±12.01	55.24±10.78	−34.060	0.000
人际—同性朋友	47.96±12.62	62.80±12.41	−23.659	0.000
人际—异性朋友	36.44±12.69	52.05±11.77	−25.100	0.000
人际—其他人	35.31±13.56	52.20±11.94	−25.246	0.000

由表 47 可以看出，学生在后测中，在人际关系总分及其八个维度中的得分均显著高于学生在前次测量中的得分（$p=0.000<0.05$），这说明学生与父母、教师、同学、朋友等之间的关系都得到了改善。

2. 教养方式的三个维度与不同变量之间的相关关系

运用相关分析，了解教养方式与抗逆力各个相关因素之间的关系，得到结果见表 48。

表48 教养方式的维度与抗逆力维度之间的相关分析

项目	拒绝	情感温暖	过度保护
学校适应困难	0.161**	-1.167**	0.113**
情绪适应困难	0.146**	-0.098**	0.095**
社会适应困难	0.114**	-0.084*	0.083*
行为问题	0.249**	-0.170**	0.155**
学业乐观	-0.308**	0.407**	-0.150**
家庭关系	-0.457**	0.425**	-0.243**
同伴关系	0.049	0.186**	0.131**
学校态度	-0.331**	0.375**	-0.164**
社交焦虑	0.353**	-0.151**	0.303**
人际关系总分	-0.305**	0.552**	-0.080

注：**$p<0.01$，*$p<0.05$

由表48可见，拒绝的教养方式与学校适应、情绪适应、社会适应、行为问题和社交焦虑呈现正相关关系，即拒绝的教养方式会促进学生在这些方面的问题的产生。拒绝的教养方式与父母感知的亲子关系、学业乐观、家庭关系、学校的态度、人际关系总分呈现较强的负相关关系。情感温暖的教养方式与学校适应、情绪适应、社会适应、行为问题和社交焦虑呈现负相关关系，即情感温暖的教养方式可以产生负向的影响，降低这些方面的水平。情感温暖的教养方式与父母感知的亲子关系、学业乐观、家庭关系、同伴关系、学校的态度、人际关系总分呈现较强的正相关关系。过度保护的教养方式与学校适应、情绪适应、社会适应、行为问题和社交焦虑呈现正相关关系，与父母感知的亲子关系、学业乐观、家庭关系、学校的态度、人际关系总分呈负相关关系。

由此可见，情感温暖的教养方式可能是抗逆力的一个保护因素，有助于促进抗逆力的培养和提升。拒绝和过度保护的教养方式可能是抗逆力的危险因素，在培养抗逆力的过程中，可以通过改善教养方式，降低逆境和压力对青少年带来的影响，从而实现成长的最大化。

3. 前后测数据分析讨论

（1）综上所述，学生在学业乐观感、家庭关系、行为问题倾向、学校的态度、人际关系等方面得到了提升，验证了学校工作对提升学生抗逆力的有效性。学校在抗逆力上做的多方面工作，有助于培养学生的抗逆力。

（2）情感温暖的教养方式是抗逆力的一个保护因素，有助于促进抗逆力的培养和提升。拒绝和过度保护的教养方式可能是抗逆力的危险因素。

（四）本研究的定性分析

1. 心理辅导活动转化困境生案例分析——A学生

（1）A学生行为现象

A学生是二年级的转校生。初到班级，表现懂事乖巧，几天后开始出现各种"顽皮"行为：排队的时候有意地扭动身体，影响其他同学对齐；老师一不注意时，就做鬼脸引大家发笑；课堂上喜欢和同学聊天……可以明显地感觉到A学生是有强烈的上进心，但行为上总是很失控。一次偶发事件发生了，A学生在体育课上打篮球，不小心扭到了右手腕。经过医生的诊断，A学生的右手腕并没有骨折，只是轻微扭伤，休息1周就可以康复。可是，A学生却因此变得不会用右手握笔写字。

（2）原因分析——调查和访谈

①个人因素。A学生自信心不足，容易产生自我否定、羞怯、恐惧、焦虑等负面情绪，过重的心理负担使他不能正确评价自己。即使在成功面前也难以体验成功的喜悦，从而陷入失败的恶性循环中，严重影响他的身心健康发展。

②家庭因素。经过一段时间的接触了解，发现A学生的生活主要是妈妈负责，爸爸很少参与到他的学习生活中。而妈妈是一个容易过度紧张的人，一接到老师的电话，总是首先联想到孩子闯祸；对老师的评价也过分在意，特别喜欢放大孩子的缺点。A学生妈妈表示，孩子幼儿时期被确诊患有"感统失调"综合征，前庭功能失常，曾进行过两年多的康复训练，但效果不太明显，因此，在班集体中，A学生表现出很多难以让同学理解的行为，比如捣乱、哗众取宠、捉弄别人等。这也让A学生产生否定自己，怀疑自己，不安、烦恼等情感障碍。令他常常觉得自己是茫茫大海上的一叶孤舟，不受自己操控。

③教师因素。由于A学生是转校生，我也特别向家长了解他在原学校的情况。在原学校里，班主任对A学生的教育方式过于简单粗暴，由于对A学生了解不够全面，没有给予细致的关怀和有针对性的教育，只是单纯的批评、惩罚。久而久之，A学生便逐渐产生失落感，自卑，焦虑。另外，原学校的老师对他教育无效，也因此迁怒到家长，曾多次在A学生面前责骂家长，令A学生特别畏惧老师，同时又不满老师，故意挑战老师的权威。由此造成恶性循环，A学生及其家长无法继续学业，只好转学。

通过详细地分析A学生在校的表现及原因，与家长交流，反馈情况，共同商量解决其不良心理状况的办法，建议他们到医院进行心理治疗。在详细的检查分析后，医生认为 A 学生患上了焦虑症。

（3）对策

①医生层面。医生与教师联系，了解孩子在校的具体表现。有针对性地给 A 学生进行每周一次的心理辅导，制定详细的治疗方案。

②家长层面。父亲全权负责孩子的生活、教育，母亲也接受相关的心理辅导。

③学校层面。对学生采取监督和鼓励方式，不断鼓励学生。为了消除 A 学生对教师的畏惧心理，特意请他当科代表。课间让他帮忙拿作业、发作业本，让他协助教师督促孩子改错。由于手的问题，不强求他的书写美观性，在日常的行为规范中也给予他更大的包容和理解。上课时，教师从不公开点名批评他，发现他有所进步及时表扬，在有意无意中，全班同学都能感受到 A 学生是班级整体中的一员。渐渐地，A 学生开始喜欢和信任教师了。

A 学生变得越来越自信，上课努力专心听讲，成绩获得了很大进步，自我效能感不断得到提升，最后以优异成绩考进了一所中学。

2. 学科教学中提升学生的自我效能感案例分析——以音乐教学为例

（1）教学方法

①发挥不同学生的优势。在小学音乐教学中，对于声音条件好的学生，多让他们当众展示歌喉，请他们担当领唱的角色；对于节奏感好的学生，可让他们担当小乐手，带领同学们创作节奏为歌曲伴奏，并为同学们做敲击示范；对于竖笛吹得好的学生，多让他们为大家做示范演奏；对于听音准确耳朵灵的学生，多让他们担当视唱练耳的小老师；对于舞蹈跳得好的学生，多让他们展示优美的舞姿。

②营造宽松和谐的教学氛围。在音乐技巧、技能的训练中，学生难免会出现听辨音程不准确、歌唱时发声打不开、节奏听辨错漏等失误，教师如果批评训斥，学生必然处在紧张不安的状态中，压抑的氛围令他们很难做到全神贯注地投入，久之则会破坏或降低自我效能感。因此，作为教师要循循善诱，要有足够的耐心，通过示范、讲解、启发学生一起来寻找发生错误的原因并加以纠正；对学生身上的优点和点滴的进步要善于发现，及时肯定，给予鼓励和表扬。

（2）结果与启示

学生在成功的展示中享受了愉悦和得到了同学的认同，逐渐地形成了较高的自我效能感，学习音乐的主动性随之也得到了不断增强。

成功体验有利于提高学生的自我效能感。学习者经历成功的经验能提高学生的自我效能感，而多次失败的经验则会降低学生的自我效能感。不断的成功会使人建立起稳固的自我效能感,且让学生处于身心愉快、情绪饱满的状态当中,不仅能提高学习效率,还有利于身心发展。

3. 学科课堂开发学生多种智能案例分析——以数学课堂为例

(1) 不同课堂教学

①为了帮学生记住左右,编制《左右歌》。伸出我的右手,收回我的右手,摸摸我的右耳朵,跺跺右脚,真快乐,真呀真快乐;伸出我的左手,收回我的左手,摸摸我的左耳朵,跺跺左脚,真快乐,真呀真快乐。这样课堂中间可以放松一下,学生边唱边跳,既学会了数学知识又培养了音乐智能。

②学生有很好的想象力,让他们在课堂上编各种各样的数学故事,很受学生欢迎。编故事不仅使语言智能得到很好开发,还是一种逻辑智能的开发。教师在讲1年级看图列式时,先让学生看图编数学故事,要求用普通话完整清楚地表达,这样,学生不仅理解了题意,还锻炼了语言表达能力;可以进一步让他们充当"小老师"上台说一说,不但起到全班交流的作用,而且在讲解中思路更加清晰,语言表达能力也得到了提高,更增加了主动学习积极性与自信心。

③趣味数学深受学生喜爱,教师在讲授2年级"数学广角"中的排列、组合时,因为内容比较抽象。教师首先设计了一个猜密码的小故事,引入课题,然后让学生自主探索排列,1,2,3三个数可以组成几个两位数,让学生说说自己的方法。这就加深了学生对知识的理解,启蒙学生数理逻辑智能。

(2) 启示

每个孩子都是独特的,学生的智能强项不同,教育的作用在于面向全体学生,因材施教,让每个学生在学习的过程中得到充分发展,开发学生的潜能,让每个人都能找到努力的方向,体验到成功的喜悦,这才是我们教育的真谛。

(五) 教师、家长、学生的反馈

1. 教师的反馈

根据教师反馈,觉得学生在相关抗逆力培养活动的带领下,心理品质得到了很大提高。在他们的观察下,学生的心理焦虑变得比以前少,在遇到逆境的情况下,能够减小自己的压力,挖掘自己的能力应对逆境。

2. 家长的反馈

家长普遍反馈,与以前相比,学生在日常生活中的表现变得更好,主要体现在生活中遇到困难时不再是直接找父母帮忙解决,而是会自己先主动去思考找到相关的解决办法,而且学生在生活中与同伴友好相处的能力得到很大提升。

3. 学生的反馈

通过调查和访谈发现，学生能够发现自己的闪光点，能够看到自己与他人相比在某一方面是具备优势的，无论在课堂上还是参加课外活动，学生都变得越来越自信、开朗。且根据学生表现可以看出，他们比以前更能够和同学、教师和家长愉快相处，看待问题更加乐观。

（六）研究期间发表的论文、著作

表49　研究期间发表的论文著作

成果名称	作者姓名	成果形式	字数/字	发表日期	出版单位或发表刊物名称、刊号
养心育人以合致和	林伟贞	论文	2000	2016年4月	《学校品牌管理》2016年第4期
驻校社工的现实诉求和实现途径	林伟贞	论文	2000	2015年10月	《师道》2015年第10期
驻校社工引领成长	林伟贞	论文	2000	2015年7月	《师道》2015年第7期
多元智能视野下小学学困生认知结构分析及干预策略	危淑玲、林伟贞	论文	2000	2014年7月	《课程教学研究》2014年第7期

六、结论与建议

第一，本校学生的抗逆力水平总体上处于良好的状态，但仍然有一小部分学生正处于发展需要的阶段，需要得到外界的帮助。

第二，对不同发展阶段的学生，其辅导方式和辅导重点应根据学生的实际发展需要和共性发展问题决定。低年级学生更适合适应性的辅导，高年级学生适合学习和人际交往方面的辅导。

第三，情感温暖式的教养方式有助于抗逆力的培养。

第四，适当的环境和教育引导方式，可以激发学生的潜能，发挥出未被发掘的能力。

第五，以优势视角看待行为或者发展状态，并且创造尊重、赞赏等良好的环境，搭建平台帮助学生发展，发挥和提升潜能后能促进抗逆力的提升。

以美育人,办有根的教育

——大埔小学客家非遗传统文化进校园的思考与实践

吴海芳*

大埔小学成立于1952年,经历了半个多世纪发展,现在校园占地面积2万多平方米,四幢教学大楼建筑面积1万多平方米,全校师生3970多人。在学校管理及教学过程中,笔者逐渐发现山区农村学校教师老龄化、专业人才缺乏,制约了教育的发展。加快教育改革的步伐,提升山区教育创新力已刻不容缓。

习近平总书记指出:"优秀传统文化是一个国家、一个民族传承和发展的根本,如果丢掉了,就割断了精神命脉。"② 我国历史悠久、底蕴深厚,要让学生从小就了解祖国5000年历史文化,从而更加热爱祖国;更要让学生清楚中华优秀传统文化积淀着中华民族最深沉的精神追求,在幼小的心灵注入浓浓的家国情怀。因此,推进中华优秀传统文化进校园,是一个固本工程、铸魂工程,更是新时代教育的必备内容。

经过多年摸索,近年来,学校教育体系逐渐形成,重视校园文化建设,尤其突出抓好传统文化进校园,传承弘扬中华优秀文化艺术,全面贯彻党的教育方针、开展素质教育、加强校园文化建设,注重弘扬社会主义核心价值观,以美育人,以文化育人,办有根的教育。

一、以美育带动各育,培养学生的审美情趣

作为客家山区,山区学校与城市里的学校最主要的差距在哪里呢? 许多人自然会想到资金的投入、人才资源的短缺、现代科技的教学设备上与沿海城市

---

* 作者简介:吴海芳,中共党员,小学高级教师,梅州市首届名校长工作室主持人,先后被评为广东南粤优秀教师、梅州市优秀德育工作者、梅州市"嘉应名校长"、梅州市"三八红旗手"、梅州市优秀艺术特色和校园足球特色学校校长、梅州市"叶剑英基金优秀校长奖"、大埔县优秀校长。

② 赵婀娜,杨宁,毛殷平.优秀传统文化进校园,这样"圈粉"[N].人民日报,2018-04-18(12).

的差距。但是，随着国家教育均衡化的战略实施，山区学校的教育投入逐渐增加、城乡教师收入差距缩小、山区教育政策的落实、互联网进入校园，多管齐下，过去这些客观存在的差距在逐年缩小。

但是，在美育上的差距，却始终很大。这种差距被许多教育工作者感受到，然而却无法准确表达出来。许多山区学校仍然沉浸在读、写、算这些传统技能上，学生整天埋头写低效重复的作业，在核心素养与关键能力上严重缺失。特别是，城乡学校的师生在审美观念、审美能力、审美情趣上，与沿海城市的学校师生存在着较大差距。学生某些知识技能上的缺失，也许可以在人生任何什么时候弥补也不会晚，效果也不会差，但是，人的审美观念，审美情趣，表现美、创造美的能力，如果不在小时候就奠定基础，等到学生长大了，就无法弥补了。

在山区学校，美育是在各育中比较容易被忽略、被轻视的教育，美育更多只是作为一个、一个装饰品而存在，颇为可惜。其实，美是教育的最高境界，各育最后都要归为美育，而且美育既单独存在，又渗透在各育之中。

例如，我们常用的数学，便是形式与数字的完美结合，古希腊哲学家、数学家毕达哥拉斯有一句名言——"世界皆数"，宇宙是按照数字组合出来的美的规律演绎的。最美的人体标准符合黄金分割。大自然中各种动物、植物，无论从形态到色彩，都符合美的原则。宇宙中的自然现象，凡是探索到最美境界时，都是发现新的规律之时。乃至世界上有许多科学家沉迷于美的世界，甚至那个世界是不是真的并不重要，关键是美不美。在宇宙中真与美就是这样神乎其神结合在一起。当然，我们发现了一个美的时候，常常也就发现了一个真。美是世界的最高价值，文明之被创造，常常就是创造了新的美。当我们说人活着的意义的时候，常常就是指体验到了一种超然的美感。在"真""善""美"三者中，"真"是存在的基础，但"真"并不是我们教育的终极目的，而是一个前提条件，也是我们的出发点，但不是终极点。"善"是我们前进的方向，但是，"善"只存在人类社会里。唯有"美"是超人类社会、超自然，是天人合一的最高境界。

因此，美是和谐，是崇高，作为一种价值、一种生命体验，是人的生命创造力的源泉。21世纪是人工智能与移动互联网、物联网的世纪，许多职业将会随着现代科技的进一步发展而逐渐被淘汰。我们学校现在培养的学生，他们的生活世界与工作世界将在二三十年之后才出现。如果他们在学校接受的教育，还停留在过去的读、写、算的简单技能上，那么这些技能无疑会很快被人工智能与物联网世界所取代。① 一个不懂得审美、不懂得创造美，没有艺术质感的孩子，将来连工作与生活都会困难。

作为小学生，在这个阶段什么才是最重要的教育工作？有些知识的学习早一点、晚一点问题都不大，后天的努力是可以弥补的。但是，人一旦错过了养成良好习惯的有利时机，没有及时为学生培育较为高雅的审美情趣，没有让学生在感受美、体验美、创造美的活动中去理解人生、理解世界，那么后天再怎样弥补，都无法恢复到他本来应该有的样子。学生如果从小就养成粗俗、低级的审美情趣，将终身无法改变其低俗的生活情调。

在全国教育大会上，习近平总书记指出，要努力构建德智体美劳全面培养的教育体系，形成更高水平的人才培养体系。以美育带动各育的发展，恰恰就是要通过发现各个人、各个学科、各种环境里的美，将学生引入充满高雅情趣的世界，以美育带动德智体美劳全面培养。

用美来引领学生的学习兴趣，正是我们作为一间小学，特别是客家山区小学的当务之急。

二、客家非遗优秀传统文化的审美价值和教育意义

中华优秀传统文化是中华民族的"根"与"魂"。习近平总书记指出："优秀传统文化是一个国家、一个民族传承和发展的根本，如果丢掉了，就割断了精神命脉。"② 引导学生增强"四个自信"特别是文化自信，对培育和践行社会主义核心价值观，实现中华民族伟大复兴的中国梦，具有长远的战略意义和重要的时代价值。

客家文化，作为中华优秀传统文化中的一个分支，有着悠久的历史，底蕴深厚，也是南迁汉族中保留中原优秀传统文化最完整的一种，有"古汉文化活化石"之美誉。

客家文化凝聚了中华民族最优秀的传统文化。有着坚韧、朴实、厚重、善良的品性。如何将这些传统美德与良好品质传承给我们的下一代，是值得思考与认真实践的一件事情。

最好的教育应该是"返璞归真"，它是质朴大气的、真水无香的、能倾听天籁的，就是学生"够得着"的那种教育。这类教育看似平常，实为精致；看似

---

① 曾国华. 优秀传统文化教育：重知更重行入考更入脑 [J]. 北京：中小学管理，2014 (5).
② 杨茂林. 关于文化对话的几点思考 [J]. 理论探索，2012 (5).

波澜不惊，实为大江大河。

人是文化的产物，必须在优秀的文化中才能够培育出优秀的人。人生活在一种文化氛围中，天长日久，润物无声，潜移默化中接受一种文化价值观，培育出一种文化审美情趣，而艺术的熏陶又是最好的方式。客家非遗传统艺术具有很高的审美价值，也有很深远的教育意义。

从教育效果来看，以美育人，就要贴近学生的生活实际，从学生能够理解与感受的经验出发；从国家的战略目标来看，我们要从文化自信出发，尽力开发和利用好身边的优秀传统文化资源。让学生从小受到优秀客家传统文化的熏陶，对培养对祖国优秀传统文化的感情，特别是对非遗客家传统艺术与客家公序良俗的传承与发展具有划时代的意义。

客家非遗传统文化十分丰富，仅被列入国家级、省级非物质文化遗产名录的项目就有：丰顺浦寨的火烧龙舞、南雄的香火龙舞、大埔与饶平的花环龙舞，梅州市槐店的文狮子舞、大埔清溪的仔狮灯舞、东源的金龙狮舞、饶平的布马舞、五华的竹马舞、紫金的纸马灯、平远的船灯舞、紫金的花船舞、兴宁的杯花舞、韶关的舞春牛、大埔的鲤鱼灯舞和仔狮舞，以及席趣舞、莲池舞、织女穿花舞、落地金钱舞等。被列入国家非遗文化的传统戏剧的主要有闽西汉剧、闽西山歌戏、广东汉剧、闽西采茶戏、粤北采茶戏、桂南采茶戏、花朝戏等。此外，还有客家山歌剧、广东汉乐、木偶戏、手擎木偶戏等。

作为客家文化代表之一的大埔县，其传统戏剧汉剧和汉乐成为客家标志性的文化遗产之一，也是岭南传统文化之一，而粤港澳大湾区的建设蓝图中就提到了要大力弘扬岭南优秀传统文化。大埔县同时又是老区苏区，是广东省第一个苏区县，三江交汇，群山连绵，客家文化传统与红色文化传统都在这里交汇，形成了非常独特的大埔文化环境。

凭借大埔县教育局提出的"一校一品"特色创建活动，大埔小学根据自身条件与学校的发展定位，以传承优秀客家文化作为学校文化特色，从客家非遗传统艺术入手，以"尚美教育"为学校文化特色，带动学校各育发展，使大埔小学成为一个艺术天地、审美乐园。学生在载歌载舞中，浸润于客家传统艺术中，在幼小的心灵里，深深地扎下了优秀传统文化的精神与灵魂的根。

三、以"尚美教育"为特色，进一步提炼学校办学理念

根据大埔小学开展的各种传统艺术进校园活动，我们进一步将这些活动里蕴含的文化价值与审美理念，提炼出以"尚美教育"为特色的系统办学理念。

何为"尚美教育"？"尚美"是崇尚至美的简缩，就是要引导师生崇尚纯

真、追求品质、尊重个性，其核心是培养具有尚美精神的人。

我们的办学核心价值观是：以美育人，培育有健康审美情趣的现代中国人。我们也重新提炼了校训：求真、向善、尚美。校风：崇尚文明，追求更美。教风：善思乐教，爱生如己。学风：学出快乐，习出美感。我们围绕"尚美"的教育主题，确定的教育价值观就是"以美育人，培育有健康审美情趣的现代中国人"，就是要用美育带动各育的发展，着力于培育学生健康的审美情趣。审美情趣的高低雅俗，直接影响一个人的品位与眼界的高低，也直接影响他将来生活的品位与工作的情调。因此，我们立足于美整合学校的各种教育资源，提升办学品位。

校训：求真、向善、尚美。

校风：崇尚文明，追求更美。

教风：善思乐教，爱生如己。

学风：学出快乐，习出美感。

将校训定为"求真、向善、尚美"是有逻辑层次的。求真是基础，没有求真，就缺乏了立足之本。求真，就是求得真知，学到真本领。向善，就是在求真知基础上成为一个正直善良的人，拥有善良的品质，人对善的向往，是人成为一个好人的前提条件，更是一个人立足于社会的资本。尚美，则是在求真、向善基础上的进一步升华。尚美，是一种精神品质，也是一种生活方式，更是一种学习的境界。

学校的校风，我们定为"崇尚文明，追求更美"，学校就是传承文明的基地，因此崇尚文明应该成为学校最广泛的风气，对师生产生潜移默化的影响。而追求更美，则是大埔小学师生共同的精神状态。只有更好，没有最好，同样，只有更美，没有最美。追求是无止境的，这种无止境的追求要成为大埔小学师生的一种精神境界。

我们把教风定为"善思乐教，爱生如己"，这是最贴近大埔小学教师的一种要求。善思，说明教师要做一个善于思考的人，这样才能为学生起到榜样作用。乐教，是将艺术引进课堂教学的一种要求，乐教是教的最高境界。而"爱生如己"，则要求教师先把自己爱好，爱出一个健康美丽的自己，然后才有可能去爱好学生。我们以此来要求每个教师，注意自己言行举止，因为这些都将会对每个学生产生潜移默化的影响。

我们对学风的要求就是"学出快乐，习出美感"，学习本身是一件快乐的事情，好奇心与求知欲都是学生与生俱来的天性，但是，他们之所以厌学，就是因为学习的方式与学习的风气出了问题。我们以美育人，就是要找到学生学习的乐趣，让学生在学习中体验出美感。这就要求我们在培育学生的审美情趣时，教学生学会将一件事情做到精致，坚持到底。这是一种理想的学习境界，也是值得我们认真去做的事情。

四、客家非遗优秀传统文化进校园的实施策略与措施

（一）学校发展面临的问题

在学校管理及教育、教学过程中，笔者逐渐发现山区农村学校教师老龄化、专业人才缺乏，制约了教育的发展。要加快教育改革的步伐，提升山区教育创新力已刻不容缓，我们面临的教育问题非常严重，主要表现在以下三个方面。

1. 教育思想观念落后

缺乏对教育的深刻理解与全面认识。现代教育观念，是指与现代社会、现代经济、现代科技相适应的教育观念。但山区学校由于地理位置、经济投入、信息技术劣势，教育教学往往缺乏时代所需的创新性、适应性。这极大地制约了人的思想观念，也制约了学校教育的进一步发展。

2. 山区学校教育方式单一

由于城乡教育的办学条件存在一定的差异，笔者在校园管理中发现，大部分年轻教师不安心在山区工作，总想往城里或附近高一级的学校靠拢，年轻教师纷纷外流，而且这一现象有愈演愈烈之势。教师老龄化对农村教育发展造成了极大的影响，年龄结构偏大，体力、精力不济，工作创新性、主动性不强；再加上长期在山区农村任教，教育理念、知识结构、教学创新、教学方法等与当前形势不相适应，年龄偏大的教师往往参与教学改革的积极性不高。整个学校的教育教学工作缺乏生机和活力，导致教育方式趋向于单一化。

3. 专业教师人才严重缺乏

建设社会主义现代化强国，对教师队伍建设提出新的更高要求。

新时期的教育方针明确指出，要培养学生成为德智体美劳全面发展的社会主义建设者和接班人。其中，音乐作为美育教育的一个重要手段，是其他教育方式无法替代的，对培养学生综合素质和创新能力起着不可低估的作用。走进新时代的今天，艺术教育作为素质教育的重要部分，越来越受到各学校的重视，但我们在初步推行传统文化进校园时，发现农村学校的艺术教育令人担忧，困难重重。

巧妇难为无米之炊。现阶段，农村学校艺术专业教师严重缺乏，专业人才的匮乏，导致艺术类课程多流于形式，一架钢琴放在音乐室却成了摆设。

（二）以引进传统艺术为抓手，破解办学难题

大埔县是著名的广东汉剧汉乐之乡，民间爱好者众多。广东汉剧旧称"乱弹""外江戏""兴梅汉戏"，广东汉族客家戏曲剧种之一，1933年广东大埔县人钱热储著《汉剧提纲》，定名为"汉剧"，从此约定俗成，沿称至今，流行于广东的梅州、惠阳、韶关等闽、粤、赣边区各地。广东汉剧为广东三大剧种之一，曾经被周总理誉为"南国牡丹"。

广东汉乐是一千多年前客家先民南迁时带来的中原古乐，在与当地的民间音乐（如打八音、中军班音乐）相融合的基础上，经历代演变发展而成，现已成为广东三大乐种之一。"中州古调""汉皋旧谱"就是世代相传的旧有乐谱。广东汉乐大体包括：丝弦音乐（旧称"儒乐"或"清乐"）、中军班音乐、八音、民间大锣鼓和庙堂音乐五大类，广泛流传于广东梅州、深圳、韶关、惠阳和福建闽西、江西赣南、台湾等客家地区及海内外华侨的客家人中，其中，又以素称"广东汉乐之乡"的梅州市为代表。2004年，梅州市大埔县被广东省文化厅正式授予"汉乐之乡"的荣誉称号；2006年6月，被列入第一批国家级非物质文化遗产名录。

结合实际，笔者与校领导班子集思广益，因地制宜，从2013年起，我们就在第二课堂等课程中增设广东汉乐汉剧传统文化内容，让学生能进一步了解其悠久历史、特点和丰富内涵，领悟"传统之美"，同时制定规章制度，形成常态化发展，致力于将其打造成为区域性的特色学校品牌。近年来，传统文化进校园方面的探索也给学校发展带来了新契机。

我校高度重视特色办学工作，把此项工作列入学校重要工作日程。从2013年起，学校开设汉乐、汉曲班，学生自愿报名、免费培训，利用每天下午第二课堂的时间学习，活动开展以来已有超过2000人次的学生参加汉乐汉曲培训。

让学生从小学习传统文化，教材是基础，教师是关键。广东汉乐汉剧作为乡土文化引进学校课堂，首先要有一套适合学生学习的广东汉乐汉剧教材。为了寻找合适的教材，笔者与相关部门联系，最后制定了一套由广东汉剧大埔县传承保护中心主任郑永华和笔者联合编写的校本教材，并根据教材聘请传承中心和汉研会的乐手演奏，制成配套校本教材的光盘并供教学和欣赏使用。

师者，传道授业解惑者也。对传统文化的教育，教师的重要性不言而喻。然而，作为山区学校，文体教师缺乏，尤其是广东汉乐汉剧这类专业性强的曲艺项目。因而，如何破题——寻找到合适的教师成为摆在学校面前的巨大挑战。除了紧抓大埔县组织全县音乐教师进行专题培训之外，学校积极探索与专业文艺团体合作。这一想法得到了广东汉剧大埔县传承保护中心、广东汉乐研究会、

广东汉剧协会的大力支持，对我校的汉乐汉剧培训工作精心安排，开设了广东汉乐汉剧培训班。相关单位培训机构利用每周一、周三、周四、周五下课后的一个小时进行汉乐汉剧培训。

在配备教师、教材后，大埔小学文艺特色班如期开课，学生学习热情高涨，招生情况喜人，学生每到培训时间便早早来到教室等候上课。开班以来，累计培养了2000多名学生。此外，每年暑假学校还会面向全县开办大埔暑期青少年汉乐免费培训班，广东汉乐青少年暑期免费培训班已连续举办了4期，培训人数达3000多人次，让更多学生成为受益者。

（三）以美育人，提升学生的核心素养

我们立足于全校，推广客家非遗文化，在某些独特的艺术领域，我们发现那些有艺术天赋的学生，并重点培养，进而带动整个校园的艺术氛围。我们根据不同学生特点，因材施教，综合拓展学生素质。同时，学校将对学生的考评——进行期末考试作为学生德、智、体全面发展的一项内容，这一举措也得到社会的广泛支持，引起家长的强烈反响。

为实现专业化发展，我们先对有意愿学习的学生进行初步考核，再结合其意愿与个人特长进行分配学习。自开班以来，我校已由最初的汉乐班发展到汉乐班、汉曲班，其中汉乐班有汉乐大锣鼓、二胡、头弦、琵琶、中阮、扬琴；汉曲班有武旦、花旦、武生、小生，且分为新生班、提高班。由学校积极争取资金配备乐器，减轻学生负担，学生只需要课后到指定地点学习即可。

在教学过程中，音乐教师及专业演员按照学生年龄特点，有计划、有步骤地进行教学，通过采用启发诱导、有针对性的训练进一步激发学生的学习兴趣，提高表演创作的积极性。在培训演员演唱方面，采取先摸底，然后再根据各个学生的音色进行分行当，从戏剧的基本发音开始，逐渐掌握汉剧唱腔的特点；在汉乐培训方面，学校开设了扬琴、琵琶、二胡、中阮、唢呐、笛子、打击乐的培训，教师从教他们认识乐器种类开始，然后逐渐对乐器的演奏技巧进行培训。在培训过程中，教师还对学生进行乐理简谱知识的指导，从而使学生既掌握乐器演奏技巧，又掌握乐理知识。通过进行一段时间的基础培训后，再进行广东汉乐从易到难的培训。

与此同时，教师还将社会主义核心价值观的要求渗透到广东汉乐、汉剧中，将其编入曲、编入剧，让学生在艺术熏陶中感悟、认同社会主流价值，真正使核心价值观入耳、入脑、入心。

（四）让传统艺术扎根校园，以美育人结出丰硕成果

多年来，随着深入推进广东汉乐汉剧文化进校园，大埔小学已经成为广东

汉乐示范点、广东汉剧传习所，目前已培训汉乐汉剧幼苗2000多人，不少学生在这一领域崭露头角，荣获省市佳绩。

广东"汉乐文化进校园"活动的开展不仅拓展了学生技能，提升了师生的审美情趣，而且加深了师生对中华民族优秀传统文化的理解与认同感，培养了学生一定的民族民间音乐鉴赏能力及民族乐器的演奏技能，激发了学生的民族自信心和自豪感，增强了学校学生集体活动的凝聚力。其中，最直接、最明显见效的就是大大减少了学生进网吧的人数，极大地丰富了学生的业余生活，使学生课余时间沉浸在传统艺术的乐趣中，培养了学生积极主动的学习精神与认真执着的学习态度。

这种自主自愿的学习，极大地改善了学生消极的学习态度，使学生的学习变得更为积极主动。在学习传统乐器与歌舞中，学生第一次真正感受到学习的乐趣，从而对其他学科的学习产生了积极、正面的心理迁移，极大地改变了学生的学习态度。

学生从低年级到高年级，经过数年坚持不懈的培训后，熟练掌握演奏技巧，有些学生还考取了器乐等级证书，部分学生甚至通过培训恋上音乐，考取了心仪的艺术院校，学校表演队多次在省、市、县各项比赛中获得奖项，在传承非遗文化中取得丰硕成果。2018年，学校被评为广东省中小学艺术教育特色学校。2010年，山歌表演唱《大埔细妹有歌才》参加第四届中国（梅州）国际客家山歌文化节获金奖。2013年，舞蹈《少儿仔狮舞》参加广东省非物质文化遗产传统舞蹈会演获金奖；山歌表演唱《客家山歌特出名》参加广东省第九届少儿艺术花会比赛荣获金奖。2014年，群口快板《竹板声声颂英雄》参加第三届广东省曲艺大赛获三等奖，汉乐《春串》《迎春曲》参加梅州市第二届中小学生器乐比赛获小学组一等奖，参加梅州市"南国牡丹"汉乐汉曲大赛获少儿组二等奖。2015年，汉乐《锦上添花》参加梅州市中小学生文艺会演获小学组一等奖；参加广东省第五届中小学生文艺展演获小学组三等奖。2016年，汉剧表演唱《南国牡丹吐新蕾》参加广东省第十届少儿艺术花会获银奖。2017—2019年连续三年何琨涛、廖锶琴等同学参加广东省戏曲小梅花荟萃系列活动比赛均获银花奖；舞蹈《老鼠板板两头尖》参加广东省第四届舞蹈大赛获银奖。2018年，舞蹈《拔面毛》获梅州市首届中小学生艺术展演活动小学甲组一等奖，汉剧选段《花灯案》获广东省中小学生地方戏艺术展演活动一等奖。2019年，舞蹈《鲤趣》参加广东省少儿艺术花会获三等奖。2020年11月，舞蹈《争做祖国太阳花》，参加梅州市第四届客家童谣节活动评比获一等奖。2020年12月，汉乐《摘樱桃》参加广东省中小学广东音乐交流展示活动获小学甲组三等奖。

2020年，汉乐《迎宾曲》和舞蹈《亲亲三河坝》参加大埔县中小学生文艺会演获团体一等奖。2020年，广东汉剧《活捉三郎》获第十二届广东省少儿戏曲小梅花荟萃活动集体节目三等奖。2021年，原创舞蹈《亲亲三河坝》参加第二届中小学艺术展演。2021年，广东汉乐《摘樱桃》参加了梅州市中小学生器乐大赛获小学组一等奖。《鲤鱼灯舞》参加了2022年大埔县网络春晚、2022年广东省中小学生建设高水平艺术团队展演活动。《摘蜜柚》参加了2022年广东中小学优秀团队交流展示活动。唢呐独奏《社庆》参加2022年广东省少儿花会比赛。

除了广东汉乐汉剧进校园外，我校还开展了仔狮舞、山歌班传统文化进校园活动，开办了仔狮舞队、鲤鱼舞队、山歌班等多个特色教学班。在这一系列活动的开展过程中，教与学的互动，明显拉近了师生关系，甚至让教师和学生成为合作的伙伴，不仅有效提高了课堂效益，而且营造了快乐和谐的校园氛围。

为认真贯彻落实国家和广东省关于全面加强和改进学校美育工作的文件精神，切实做好中华优秀文化艺术传承发展教育工作，我校还将以争创国家级、省级中小学中华优秀文化艺术传承学校为目标，深入推进传统文化进校园，加强学校美育工作，把培育和践行社会主义核心价值观融入学校美育全过程，传承和弘扬中华优秀传统文化，进一步提高学生的审美和人文素养。2018年，学校被评为广东省中小学艺术教育特色学校。2018—2021年，学校被评为广东省教育研究院基础教育研究实验基地学校。

学校是客家非物质文化遗产传承基地。目前，大埔小学已经成立了梅州客家山歌传习所、广东汉乐示范点、广东汉剧传习所、狮舞传习所、鲤鱼灯传习所。其中，有几个节目甚至已经上了中央电视台的文艺节目。《客家山歌特出名》上了央视大风车、《狮舞》《鲤鱼灯舞》上了央视中国首届丰收节等栏目。农村生活更加有内涵。节日里，很多人会回到农村，敲锣打鼓，孩子们的参与更增添了节日喜庆气氛。

五、结论

经过多年的探索与实践，学校教育从办学理念体系到各项制度的建设已逐渐健全，校本课程及非遗传统文化活动项目已逐渐形成，重视校园文化建设已成为全校师生的共识：全面贯彻党的教育方针、开展素质教育、加强校园文化建设，注重弘扬社会主义核心价值观，以美育人，以文化育人，在大埔小学发展客家优秀传统文化有着非常好的优势。

一是得到县委宣传部、县教育局和文化部门的大力支持，我们紧跟党中央大力弘扬中华优秀传统文化的主旋律，使我们客家优秀传统艺术进校园活动得到了政府的大力支持。

二是争取了很多关心特色方面建设的各界人士的大力支持，甚至海外客家华人华侨，充分调动社会力量一起关注教育和支持教育，保障山区孩子的健康成长与全面发展。

三是家长大力支持，家长的理解与支持是一股最为贴心、有力的力量，家长本身就有不少是民间艺术家，在许多传统艺术与传统良好习俗的保持方面，真正的高手在民间。

四是学校教师的努力工作，正是有教师的大力支持，这个活动才能展开得如此完美。

五是学校在政府政策的支持下，投入大量资金开展活动，使活动能够有相应的活动资金。

这些办学成就的取得，说明办学只要沿着习近平新时代中国特色社会主义方向，提出先进、适合自己的办学理念，大力弘扬正能量，尊重学生身心成长规律，就一定能将学校越办越好。当然，学习永远在路上，成长的道路是无止境的，这需要我们不断地努力进取，并且从中获得教育的成就感与幸福感。

中华优秀传统文化教育的有效渗透

张卫真[*]

十八届三中全会《中共中央关于全面深化改革若干重大问题的决定》中明确提出："深化教育领域综合改革。全面贯彻党的教育方针，坚持立德树人，加强社会主义核心价值体系教育，完善中华优秀传统文化教育，形成爱学习、爱劳动、爱祖国活动的有效形式和长效机制，增强学生社会责任感、创新精神、实践能力。"党的十八大报告也指出："文化是民族的血脉，是人民的精神家园，要建设优秀传统文化传承体系，弘扬时代新风。"中华优秀传统文化教育，也是在国民教育体系中培育社会主义核心价值观的重要载体。因此，我们要深入挖掘和利用中华优秀传统文化中的精髓，积极寻找优秀传统文化与学校德育教育的结合点，赋予它新的时代气息，使其成为新时期青少年学生思想道德规范的基础。

一、发挥学校主渠道作用，把中华优秀传统文化教育渗透到课堂教学中

学校是中华优秀传统文化教育的主渠道、主阵地，有着先导与示范作用。因此，学校要立足于"先做人，后成才"的德育观点。一方面努力推进让中华优秀传统文化走进课程、走进课堂，在校园内营造热爱中华优秀传统文化的良好风气；另一方面学校要组织编写由浅入深、循序渐进，符合不同阶段学生特点的中华传统美德教材，让中华优秀传统文化资源在整个教育体系中占据一个相对合理的地位。

对学生进行中华优秀传统文化的继承发展教育，目的是引导学生树立正确的世界观、人生观、价值观，成为有民族自尊心、自信心和自豪感的"四有"

---

[*] 作者简介：张卫真，现任韶关市浈江区执信小学校长，正高级教师，特级教师，广东省新一轮"百千万人才培养工程"小学名校长培养对象，韶关市第十五届人大代表，韶关市教科文卫工委委员，韶关市首批基础教育名校长，韶关市思想品德专业委员会会长，韶关市人民政府兼职督学，名校长工作室主持人。

新人。而中华优秀传统文化的核心是"忠孝仁义礼智信",结合现实来诠释,归根到底也是培养有理想、有道德、有文化、有纪律的建设者,因此两者的价值观本质上是相通的。中华优秀传统文化的"忠孝仁义礼智信"在我们每一门学科教学中都是有具体内容承载的。

  语文教学要充分挖掘和展示中华优秀传统文化优秀篇章中的各种道德因素,倾心倾力、感同身受地教,学生才会受到震撼、感染和熏陶,久而久之,潜移默化,就可以变为自身道德进步的强大动力,并最终积淀成为价值观和人生观。"腹有诗书气自华""知书达理"指的就是这个影响。

  思想品德教学要有效渗透中华优秀传统文化教育,把中华优秀传统文化纳入思想品德教学全过程,贯穿在教育教学的各个方面,特别是思想品德社会实践活动中。教师可以根据教学的内容,渗透中华优秀传统文化内容。

  其他各学科教师也要承担起价值引领的重责,要审慎、准确把握中华优秀传统文化教学内容的价值取向,把时代和民族倡导、尊崇的主流价值观贯穿教学全过程,应该从对人的终身发展、对民族未来负责的高度来"放出眼光"谨慎选择适合学生消化、吸收的中华优秀传统文化的教学内容。

二、发挥学校主阵地作用,把中华优秀传统文化教育渗透到校园文化建设中

  中华优秀传统文化蕴含着丰厚的民族精神和道德理念,是我们在新时代进行青少年学生道德建设的重要思想养分,在对社会主义市场经济条件下的中小学生进行世界观、人生观、价值观、理想信念等方面的教育中发挥着极为重要的导向作用。

  要注重环境育人。学校坚持从校园文化建设入手,打造高品位的校园文化,真正发挥校园文化春风化雨、润物无声的重要作用。积极利用走廊、教室、办公室、橱窗等场所布置传统文化内容,营造多角度、立体化的中华优秀传统文化氛围,让学生零距离感受优秀传统文化的熏陶,能取得良好的效果。在学校,要经常播放古曲、古乐,把古代先贤的语录贴在校园里,把中华优秀传统文化教育寓于校园环境、校园文化之中,每天利用早读、午间休息时间,广泛开展中华经典诵读活动,在学校走廊、教室、橱窗等场所布置有关中华传统美德的图片、警句、诗词歌赋等,营造浓厚的文化氛围,培养良好的行为习惯,塑造高尚的道德情操。

  要注重实践活动。学校坚持寓教于乐和知行统一,广泛开展丰富多彩的体验式、参与式活动,将中华优秀传统文化教育落到实处。通过开展各种实践活动,让学生在实践中体会中华优秀传统文化精髓,养成高尚道德品质,实现自我人格升华。要深入开展主题实践活动，引导广大青少年孝敬父母、尊敬师长、奉献他人。通过挖掘春节、清明节、端午节、中秋节、重阳节等民族传统节日的深厚文化内涵，广泛开展节日民俗、文化教育等系列实践活动，增强广大未成年人的民族文化认同感，坚定文化传承的自觉性。要广泛开展中华经典诵读活动，组织学生运用多种艺术表现形式，用自己的思想和才艺演绎中华优秀传统文化，使他们在审美体验与境界提升中感受传统文化的魅力。真正把中华优秀传统文化内化于心、外践于行。

三、发挥家庭引导作用，把中华优秀传统文化教育渗透到日常生活中

家庭对孩子的影响是潜移默化的，也是根深蒂固的。重视家庭德育是中华民族的优良传统，少儿时期正是人的价值观形成时期，其思想品德可塑性很强，对事物的真假优劣辨别能力不够，因此我们要将中华民族特有的传统美德融入日常情态之中，通过家长的言传身教对学生进行教育，加强学生品德修养。

现代家庭教育，要将使孩子成为人格完善、道德高尚的现代中国人作为核心，切实改变只注意孩子的"成才"而忽视做人教育的倾向。现代家长，要重视孩子良好道德品质和文明素养的养成，将爱国守法、孝敬父母、诚实守信、团结友爱、立志勤学、勤劳节俭等中华民族传统美德的教育优先于一切认知教育。

家长对中华优秀传统文化的认知度会直接影响到青少年学生对中华优秀传统文化的态度，学校可组织主题家长会，用家长素质的提高去带动影响学生，教授家长育人方法，指导家庭传统文化教育，创新现代家庭教育方法，要重熏陶感化轻强制灌输。当代家庭，需要家长将言传与身教相结合，在日常生活的一言一行中践行家庭教育的内容，使之成为一种无言的教诲，让孩子切身感受到熏陶和浸染，真正内化于心、外化于行。

四、发挥社会平台作用，把中华优秀传统文化教育渗透到社会活动中

弘扬中华优秀传统文化，加强青少年学生思想道德建设，是一项关系到国家前途和民族命运的希望工程，是摆在我们面前的一项刻不容缓的任务，需要全社会的关心、支持和参与，共同为青少年学生搭建中华优秀传统文化平台。

要充分发挥新闻媒体的作用，加强对中华优秀传统文化的宣传。充分利用各级各类媒体及宣传橱窗、宣传栏、板报等阵地，广泛宣传中华优秀传统文化，营造学习、传承、践行中华优秀传统文化的良好社会氛围。报刊、广播、电视

和互联网等新闻媒体要把中华优秀传统文化宣传作为重要任务，开设专题、专栏，通过新闻报道、文艺晚会、言论评论、专家访谈、群众讨论和公益广告等多种形式，多侧面、多角度地宣传介绍中华优秀传统文化。运用现代传媒手段和文化经营模式，把我们富有内在特色的中华优秀传统文化以全新的形象展现在学生面前，把中华优秀传统文化开发、创作、编辑、出版成为小学生喜爱的读物和视听产品，借助童谣、民谚、民间故事、卡通、版画等多种艺术形式激发学生对中华优秀传统文化的兴趣。

要把中华优秀传统文化教育作为社区少先队工作的重要内容，充分发挥社区的综合依托优势，开展丰富多彩的活动，用中华优秀传统文化引导、熏陶、感染青少年学生。社区可充分利用每个中国的传统节日开展赋予新意的活动。组织条件适合的社区，运用知识竞赛、孝亲诗歌朗诵、亲子游戏、家庭教育讲座等形式，普及文明礼仪等中华优秀传统文化。组织开展"文明楼道"评选、发放"邻里亲连心卡"及创建"和谐社区""绿色社区""文化社区"等特色活动，促进邻里和谐、团结互助。

宣传部门和教育部门开辟的各类德育教育基地，应结合实际充实中华优秀传统文化方面的内容，搞好建设，有组织、有计划、有内容地开展优良传统文化与传统美德教育；一些公益设施，如博物馆、名人故居、各种纪念馆，应向学生免费开放；邀请民间艺人担任志愿辅导老师，利用双休日及寒暑假开设民俗教育课程，在形式丰富的活动中由浅入深、循序渐进地将中华优秀传统文化的核心要义展现在学生面前，加大中华优秀传统文化在学生中的影响力。

中华优秀传统文化凝聚着中华民族自强不息的精神追求和历久弥新的精神财富，是发展社会主义先进文化的深厚基础，是建设中华民族共有精神家园的重要支撑。发掘中华优秀传统文化的优势，并赋予其新的内涵，将之转换成有效的资源和力量，使它重新成为促进社会发展的因素，是当前文化传承和建设的重要任务。为此应坚持"取其精华、去其糟粕，古为今用、推陈出新"的原则，全面挖掘和阐发中华优秀传统文化的思想价值，大力弘扬和传承中华优秀传统文化。

培育扎根学校的校园文化

李湘云[*]

"三流学校靠校长,二流学校靠制度,一流学校靠文化",文化建设是最高层次的学校发展策略,学校文化是学校发展的灵魂,高品质的学校一定拥有高品质的文化。众所周知,文化的形成不是一蹴而就的,文化的品质尤其需要长期的积淀,需要不断地锻造。诚然,任何地方都有自己的文化,任何学校也有自己的文化,但是,一所学校最需要的还是能够扎下根、留得住的优质文化,这样才能为学校的持续发展和学生的终身发展提供绵绵不绝的动力。我们小林实验小学多年来为培育扎根学校的校园文化,做出了积极的探索,那些别具匠心的文化景致及其丰润的育人内涵吸引着一批批参观者和学习者。

一、因校制宜,规划校园文化的发展

(一)抓准一个核心

校园文化需要根,学校的精神文化核心就是校园文化的根。校园文化的一切建设都必须围绕学校的精神文化核心进行,这样校园文化建设就有了灵魂。每所学校的校训应体现出一所学校的文化核心。我校校训"追求艺术",不仅代表学校追求艺术教育特色,也反映学校追求教育的最高境界——追求教育、人生的艺术化。校训彰显着学校高品质办学风格和志向,"追求艺术"就是我校的精神文化核心,它将在校园文化建设中起着精神引领作用。我们希望,开掘校园艺术文化底蕴,使学校各种物化的文化载体也能体现出学校艺术特色文化和艺术特色精神,为学生艺术禀赋和潜能的充分开发创造一种更宽松、更富有活力的教育环境,从而凝练出学校艺术特色精神文化,引领学校各项工作不断走向艺术化;让艺术特色精神文化渗入学校骨髓,潜入人们的心灵深处,以艺

---

[*] 作者简介:李湘云,校长,现任珠海市金湾区第一小学校长,正高级教师,广东省名校长工作室主持人,广东省中小学教师工作室主持人,广东省中小学校长培训中心客座教授,珠海市首批名校长。荣获国务院授予的教育"双基"先进个人、广东省劳模等荣誉称号。

特色精神文化来陶冶人、影响人，从而提升人的素养和学校办学品质。

(二) 确立两方面整体定位

校园文化建设需要一个能引领科学发展的好的定位。

科学定位是校园文化建设的首要问题。定位清才能发展明，只有准确定位才能使校园文化建设有一个正确的发展目标和方向追求。一所学校的校园文化建设定位决定了一所学校的文化价值、特色、品位的取向，是学校文化生成、传承、发展的设计蓝图。首先，校园文化建设定位需要务实与创新相结合。一是做能做的校园文化，校园文化不应比物质而应比精神，朴素的、实用的、一步步循序渐进的建设是可行的校园文化发展轨迹；二是要创造性地做高品质和有特色的校园文化，校园文化建设要抛弃庸俗与雷同，要刻意追求文化的内涵、品位与特色。前者是基础、基本建设，后者是发展创新。其次，校园文化建设的定位还要充分考虑外显与内涵建设的完美结合。基于以上校园文化建设原则并结合小林实验小学位于城乡交界处，建校十年来有一定的艺术教育、生态建设基础和发展空间的实情考虑，我校因地制宜，确定了"内外兼修"的校园文化建设发展定位。

外显定位：建设艺术化的园林式生态校园。打造校园文化特色是关键，要在艺术、植物、石、水上做好艺术、园林、生态特色文章。

内涵定位：学校校园文化建设的核心是体现先进的教育文化。小林实验小学根据自身特点和优势，突出"农村传统艺术教育为特色文化"，强调"追求教育与人生的艺术化为核心价值文化"（学校文化的内隐性）。

(三) 树立三大建设理念

1. 建设自主的校园文化

校园文化是以学生为主体，只有自己创造的校园文化才能是扎根的校园文化，才能是让师生们充满感情的校园文化；校园文化建设的过程就是校园文化形成的过程，校园文化建设必须由学校师生主导才能充分发挥其育人功效，才能体现以人为本，才能铸造出师生们高度认同的校园精神文化[1]；只有原创的校园文化才能打造出个性、特色突出，极具创造性的校园文化。因此，我校提出"我们的校园文化我们来建设"，让师生充分参与校园文化建设的设计和能参加的各项具体的建造。自主的实践与体验是精神内化的最有效途径，校园文化就是在这些具体的活动当中、实践当中、体验当中生成的，这样的校园文化才是能够扎根孩子们心灵、能够扎根校园的文化，才是能给孩子们带来一生益处的

---

[1] 美林，郭晓丽. 人文教育 [M]. 北京：中国经济出版社，2006：18.

文化。

2. 建设以先进的育人观为主要导向的校园文化

学校的一切校园文化建设都要以能否发挥育人功效作为建设的第一重要标准，以符合当今世界先进的教育思想为准绳，以精神文化、环境文化、行为文化和制度文化建设为主要内容，打造出各范畴的品牌教育文化。其中，精神文化突出"追求艺术化"、人文关怀教育、高品质素质教育特质；环境文化突出朴素的绿色生态教育、园林艺术教育特点；行为文化突出文明礼仪教育特色；制度文化突出人性化管理结合精细化管理特性。在文化的内隐方面，一定要务实避虚，要立足学校校本课程，并深入班级文化、办公室文化、学校管理文化、教学教研文化等具体的涵盖学校全面的微观文化建设。[①] 创设文化活动品牌，要实现校园高度的和谐与文明，要体现浓厚的文化底蕴、鲜明的特色文化特质，让学校拥有让来客由衷赞叹的文化气息。近年来，学校建设艺术化园林式生态校园初见成效，书香校园、艺术校园、文明校园正在形成。

3. 建设特色鲜明的校园文化

特色文化生成是学校文化建设的必由之路，学校文化建设必须发展特色，学校文化只有是自己的独特文化才会拥有强大的生命力和影响力。根据我校长期开展农村小学艺术教育所具有的实际积淀，做艺术特色文化，我们把学校文化建设长期发展的总方向定位为——"农村小学艺术特色文化生成"，学校要把艺术特色全方位渗透于学校文化建设全过程。同时，做小学化校园文化，强调校园文化建设的小学化特点。校园文化建设以学生为本，做孩子们的校园文化，做有利于孩子们发展的校园文化，做让孩子们易于接受和喜欢的校园文化。

二、丰富多样，构筑校园文化的基石

校园文化建设是一项系统工程。学校文化包括物质文化、制度文化和精神文化三个层面的内容，是校园精神和校园意识的物化形式，它以"外显的和内隐的行为模式"影响着受教育者的精神世界、价值观念和行为方式。三个层面相互交叉渗透，共同作用影响，不能彼此孤立地存在和建构。[②] 校园文化建设需要体现在学校每项工作之中。当然，构筑扎根学校的校园文化还需要把握重点，突出特色，小林实验小学就着力构筑七个校园文化支柱，它们以学校的各项建设为载体，涵盖物质文化、制度文化和精神文化三个层面，共同构成一项文化

---

① 肖川. 当代教育思想精要[M]. 北京：开明出版社，2006：279.
② 美林，郭晓丽. 人文教育[M]. 北京：中国经济出版社，2006：136.

建设的系统工程。

1. "路"满情怀

办学思想文化是校园文化中最大的文化。小林实验小学巧妙地用路文化寓意着学校的办学思想文化。

我们的路文化建设：学校正中大路建成适合学生活动和学习的林荫大道，命名为"教育绿道、爱心校道"，体现学校两大办学思想——学校要走一条高品质的素质教育之路，一条充满爱的情怀的教育之路。路面镶上两行铜足迹，一行是每年毕业班选出的两名优秀学生代表留下的足迹，一行是历年退休的老教师留下的足迹，寓意这条通向希望的"星光大道"，这条成长的大道，我们师生一起走过，激励师生在校园里留下优异的印记。

路两边墙上用大理石刻的两行文字点出教育绿道、爱心校道的文化含义。

(1) "教育绿道：我们的快乐人生将从这里起步"——"教育绿道"代表高品质素质教育之路，快乐人生是高品质素质教育的最终目的，"为每个学生终身幸福和可持续发展奠定基础"是我校的办学理念，教育绿道是一条可持续发展、全面发展的教育大道，希望我们的每一位孩子都在这条道上起好步。

(2) "爱心校道：我们的事业一路洒满阳光雨露"——"爱心校道"揭示了教育的本源和灵魂，教师的育人需要"阳光雨露"般无私、公平、真挚、温和的教育大爱。"爱心校道"昭示着教师追求和培养热爱生命、热爱生活、热爱自然的人文情怀。

这条"路"，让师生每天走过时感受到爱与美的熏陶，成为学校培育校园文化精神的重要途径，师生从此走上了一条快乐成长的大道。这条"路"，引领学校走上了高品质素质教育的发展之路。

2. "境"传生趣

在环境文化建设上，我们精心设计高雅的艺术文化情境，让学校拥有让来客一见不忘的园林艺术景观，而且让环境建设成为社会共同参与的文化壮举。这样就把有形与无形的文化结合在了一起。

种树文化。我校确定了"种树"的文化建设目标——外显目标为建设艺术化园林式生态校园；内隐目标为四年树木，四年树人，四年树教育。我们把简单的种树种出了文化。四年来，到小林实验小学参加植树节活动的各界来宾达1000多人次，他们共捐资30多万元，栽种了120多种植物，其中包括水松、罗汉松、黄杨木、黑檀、五味子、春花、禾雀花等一批国家保护和当地珍稀名优植物。"得道多助"是赢得响应与支持的关键前提。在我们看来，只要让大家感到是在做一件有意义的事，就会产生共鸣，就容易达成共识，就一定能赢得响应与支持。因此，以学校为阵地发动全社会一齐参与开展绿化环保活动成为学校的特色。学校下发的倡议书不仅是一份宣传书，还是一份详细的活动方案，它能让受邀者感觉到我们的绿化环保活动是能取得实实在在的成效的，并且能够与他们单位精神文明或企业文化建设的需要相契合。

石趣文化——宣传文化。学校要善于让校园宣传成为一种文化，形成宣传文化。我们的石趣文化就是学校宣传文化中的一个有特点的代表。

小林实验小学每一块石都是精心收集而来，学校不仅利用奇石装点校园园林，更巧用石的形和刻字让校园里的每一块石传达一种积极向上的文化信息，在石的美与趣中教育人、鼓舞人。

3. "班"筑活力

班级是学校文化建设的主阵地，学校文化只有扎根班级才能扎根校园、扎根学生。

小林实验小学的班级文化建设围绕五大要素建设：绿色班级——绿色植物、绿色环保、生命生活教育进课室，班班建有统一储物柜；书香班级——图书读物、阅读习惯进课室，班班建有图书角；艺术班级——剪纸等艺术元素、艺术情怀进课室，体现课室环境艺术；团结班级——"全班全家福"、团队精神进课室，展现班级凝聚力；个性班级——个性与创造力进课室，表现班级创造力和个性特色。走进小林实验小学的课室就会让人眼前一亮，各班级干净整洁是常态，各具特色的绿色植物、金鱼、小龟把班级变得生机盎然；一摞摞的书籍，精心装点的剪纸等艺术饰物让课室散发出浓浓的书香和艺术气息；一张张生动的"全家福"，一幅幅个性张扬的班级活动图片彰显出班级的凝聚力、个性的活力和创造力。

4. "艺"彰校风

学校文化只有是自己的独特文化才有强大的生命力和影响力！艺术特色文化是小林实验小学确定的长期发展方向。

艺术特色文化外显建设："与众不同，出类拔萃"是我校对学校物质文化建设的定位。让学校拥有让人一见不忘的艺术特色文化景观，从而达到传递艺术文化教育信息、提升艺术文化品位的效果，让学校拥有让人由衷赞叹的艺术文化气息。小林实验小学兴建的开放式的学校艺术展厅以及每天都能让学生展示美术创作的"涂鸦墙"、展现表演艺术的"快乐小舞台"，这些"艺术之路"就很好地体现了艺术特色文化之美。

艺术特色文化内涵建设：小林实验小学校训是"追求艺术"，学校把艺术教育特色生成为艺术特色文化，打造学校软实力。葫芦丝、剪纸项目是学校重点发展的艺术传承项目和校本艺术课程项目；确立"影响终身的艺术教育""影响每位学生的艺术教育""影响学校百年的艺术教育"的学校艺术教育发展观，明确艺术特色文化作为学校发展的文化品牌。多姿多彩、面向全体学生的艺术特色文化让校园生动起来，让孩子们在艺术的天地里欢快起来。

5. "仪"化文明

学校把文明礼仪作为校园文化品牌来抓。学校成功创建为全国文明礼仪示范基地，小林实验小学的文明礼仪特色远近闻名。学校创建全国文明礼仪示范基地的第一个定位是让文明礼仪成为校园文化品牌。学校提出"打造文明礼仪学校"，把文明礼仪作为学校德育工作的重点和突破点，希望通过认真抓好文明礼仪，打造文明礼仪德育特色，形成校园文明礼仪文化，推动学校校风、学风、教风建设，以实现"弘扬中华传统美德，打造校园品德文化，构建和谐校园"的办学目标。文明礼仪要成为学校文化的一部分，就必须从物质文化、制度文化和精神文化三方面入手。学校文明礼仪教育应该与时俱进，需要不断创新发展。学校创建全国文明礼仪示范基地的第二个定位是"面向世界，面向未来"，把文明礼仪教育引向深入，为培养合格世界公民奠基。主要做法：一是由外在礼仪仪式教育升华到影响思想内心的文明礼仪内化教育，二是由简单传统的交往礼仪教育发展到全方位的国际文明礼仪教育。

6. "管"重人本

小林实验小学正在追求学校管理文化。学校的管理理念：人性化管理结合精细化管理，最终实现文化管理。文化管理是学校管理的最高层次。从总体趋势看，文化管理是对科学管理的新发展，是管理适应现代社会经济发展大趋势的必然选择，管理实践应当充分体现文化管理的基本精神。文化管理就是从文化的高度来管理学校，以文化为基础，强调人的能动作用，强调团队精神和情感管理，管理的重点在于人的思想和观念。学校文化管理表现为：全校成员拥有高度认同的奋斗愿景，高度合作的和谐，高度自觉的执行，高度民主的参与。管理过程重在指导性管理、服务性管理，力求实现"全员管理"，管理基本达到"无为而治"的境界。我们憧憬、实践文化管理。如今，小林实验小学和谐奋进的氛围让人羡慕不已，人文精神在这里闪亮，正一步步向文化管理的科学、规范靠近。

制定各种制度是学校管理的重要环节，形成制度文化是文化管理的重要组成部分。文化积淀需要制度的保证。[①] 学校文化是一个特定的区域性文化，是学

---

① 美林，郭晓丽. 人文教育 [M]. 北京：中国经济出版社，2006：278-279.

校在长期发展中形成并为全体师生员工所认同的校园精神、校园制度和校园文化氛围，以及承载这些精神、制度、文化氛围的活动形式和物质形态，因此必须以制度的形式来保证。用制度来规范和强制文化的沉积，这是特色生成为文化的刚性途径。作为学校，首先要用制度的形式确立先进的教育特色管理思想、办学理念和治理策略，要明确学校文化建设的发展走向，形成珍贵的历史史料，从而促成文化的层层厚积，并一直传承下去。

培育先进的制度执行文化。好的制度文化关键看执行效果，制度文化体现在大家对制度高度的认同和自觉的执行上。而让大家参与制度的制定和管理，实行民主的管理，则是学校制度文化生成的必由之路。这也要求制定的制度必须是可行的，要避免"大而空"。我校提出"把提出的每一件事都做好"就是制度执行文化的表现。

7. "师"谋发展

"大家好才是真的好"，我校力争让每一位教师都能得到专业发展，为此，积极推行"良师工程"，建设"教师研究共同体"。名师毕竟只是少数，其效应很难覆盖到每一位孩子，要想惠及所有的孩子，关键是培养专业素质过关、脚踏实地、兢兢业业、有良心、有责任心的教师。我校推出"良师工程"的举措，可以说是充分调动了很多无法冒尖的教师教研的积极性，让更多的教师成为称职、有尊严、有底气的"良师"。而"人人主持微型课题"活动的开展又成为"良师工程"的重要抓手。这些课题面向每一位教师，"引导每一位教师走上从事一些研究这条幸福的道路上来"，实现了人人在研究、人人在阅读、人人在写作、人人在改进、人人在发展。教师有了发展的干劲，有了良好的面貌，也就为学校的文化建设奠定了基础。

依托这七项文化支柱，我们在不断推进的过程中，把校园物质文化、制度文化逐渐推向了精神建设的层面。有人说"精神撬动地球，文化设计世界"。文化居于社会的核心位置。从生命哲学的视野来看，只有精神活动才是人的生命活动的最高形式，因而也只有精神文化才能真正表现出文化的生命特征。从学校精神文化的视野来看，其主要内容是办学思想、教育理念、价值观念和思维方式等，因此学校文化建设首要要在这些方面下功夫，并以师生的精神素养发展为本。我校的校训传达了学校的精神。小林实验小学的校训"追求艺术"，有三个层次的含义：一代表学校办学特色是艺术教育，体现了学校鲜明的办学特色；二代表学校追求教育的最高境界——追求教育的艺术化，彰显了学校高品质办学风格，"把学校各项工作推至一个艺术的层面演绎出来"；三代表学校师生崇高的人生追求——追求艺术化的人生，做一个有艺术品位、艺术素养、艺术情怀的人。

在校训精神的引领下,学校又从中提炼出以下小林实验小学人具体的精神要求。(1)以艺术追求"专精"的工作态度,推进学校精细化管理和"做事文化"——"把每一件小事做好!"(2)以艺术修养带动人文修养的提高。(3)以艺术格调提升办学品位。(4)以艺术的表现方式构筑校园外显环境。(5)以艺术美的情怀去塑造健全人格。(6)以艺术的氛围积极影响校风、教风、学风建设。校训确立了"追求艺术"是学校的文化核心,是学校的精神路标,是学校的办学品格代表。学校在近年的教育改革征程中,从校训——"追求艺术"上获得了巨大的力量。

文化是后天形成的,文化的生成需要有目标的积淀与凝练,文化积淀与凝练,需要管理者的引领,教师的协同和学生的生成。[①]

三、与时俱进,永葆校园文化的青春

实践告诉我们,文化要扎根校园,"定位、生成、传承、创新"是它的发展轨迹。校园文化是一个"教育场",需要不断补充新的东西才能保持气场,文化一定是先进的才具有活力。时代在发展,校园文化建设需要国际视野和世界眼光,发展的路是没有止境的,不断创新是校园文化前行的不二选择,小林实验小学的校园文化建设才刚刚上路,一切皆在生成中,让我们永远走在前行的路上,在创新中创造出更美的校园文化。

---

① 郑金洲. 教育文化学 [M]. 北京:人民教育出版社,2000:133-134.

校本教研促教师专业化发展

翁文菁[*]

教师专业化发展的三个核心素质是专业知识、专业技能和专业情意,以校为本的教学研究无论作为一种教学研究机制,还是作为一种教学研究活动,其直接目的都是增强教师的主体发展意识,提高教师的知识与能力。因此,校本教研是教师专业发展的重要手段,其作用和地位不可忽视。

一、通过日常化、人性化的校本教研促进教师专业发展

首先,校长是校本教研的第一责任人,是校本教研的身体力行者,校长必须亲自建立起校本教研的导向机制、激励机制、保障机制。为了使教师学有目标、赶有方向,倡导成立以名师、骨干教师为龙头的教科研中心。这支队伍的特点是成员既来自一线又服务于一线,既深入学科组、年级组开展教学研究活动,融教研、调研为一体,又承担教师学习的专题辅导任务,以此提高自我并带动全体。

其次,坚持校本教研常态化,将校本教研融入教学全过程,渗透在教学、教研、科研工作的每个细节中,使学校处处是研究之地,教师时时是研究之人。如形成"四个一"常规制度,即每周进行一次集体备课,每月写一篇教学随笔,每学期上一节研讨课或展示课,每学期整理一个优秀课例或教学案例。也要追求校本教研人性化,关注教师的专业成长、情感满足,让校本教研成为一种"对话文化",即教师与新课程的对话、教师与自身的对话、教师与教师的对话、教师与学生的对话。

---

[*] 作者简介:翁文菁,女,汕头市新乡小学党支部书记、校长,正高级教师,广东省特级教师,广东省名教师工作室主持人,广东省中小学新一轮"百千万人才培养工程"首批小学名校长培养对象。主持和参与过国家省市级课题6个,获奖或发表论文、随笔等30多篇,并著有专著《教海漫记》《无痕的教育》。

二、通过多样化的校本教研方式促进教师专业发展

（一）行动研究

校本教研应放在学校具体的教学情境中去开展，因此校本教研的本质是行动研究。行动研究有"四环节"，即"发现问题—学习研讨—实践进行检验—总结反思"。发现问题，教师或组织者发现教育现场的问题；学习研讨，组织相关的教师就发现的问题共同讨论解决方法，最终形成的解决办法不仅为参与的教师所有，也和学校的其他教师共享；实践检验，教师将研讨的成果在日常的教学活动中加以实践，在教学中研究办法的可行性；总结反思，教师以自己的教和学生的学为思考对象，对自己的教学行为、决策以及由此产生的结果进行审视和分析，最终形成文字资料。例如，有些教师片面地理解了合作学习，产生了一上课就合作，一合作就分组，一分组就要将桌椅摆成"豆腐块"的教学行为。针对该现象，首先，组织教师讨论"什么是真正的合作学习""如何提高合作学习的实效性"。其次，要求教师带着学习研讨的成果在教学实践中进行检验，进一步理解合作学习的内涵。最后，组织教师对这一行动研究进行书面总结，形成教学随笔、案例分析等。

（二）主题沙龙

以学科组、年级组为基本单位，不定期开展沙龙活动，学校的教科研中心参与整个研究过程，成为沙龙活动的组织者、引领者。每次研讨的主题，或是近期教师在教学实践中发现的问题，或是学生在学习上遇到的困难。研讨的途径是话题研究与文本研究相结合。以"沙龙"的形式开展主题研究，使教师有一种轻松感、自主感，更会有反思的内涵、观念的碰撞、行为的研究、思想的交流，容易形成共识。例如，针对课堂上一些教师生怕"放"了就"收"不回来，不敢放手让学生自主学习、探究的状况，可以组织"错出一片精彩"的沙龙研讨活动。引导教师们在思维的碰撞和思想的交流中明白要大胆放手，让学生自己在活动中发现问题、解决问题、寻求方法、探索规律，这样才能使学生学得主动、学得生动、学得牢固。又如，在实施新课程后，很多语文教师在使用新教材时发现每课的生字特别多，学生的遗忘率较高，大家对此很困惑。通过沙龙研讨，最后老师们达成共识：识字应该是一个长期的过程，教师要想办法通过反复的重现让学生逐渐掌握这些生字，而不一定要追求当堂巩固，这和我们传统教学的要求是有很大区别的。

（三）"诊断"课堂活动

"诊断"课堂活动是整合校本教研三大要素，即教学反思、专业引领、同伴

互助，解决实际教学问题，切实提高课堂教学质量的有效手段。活动可以通过多层面的听课调研来实施，形式有随堂听课、同年级听课、跨年级跨学科听课、合作课、专题课、同课异构等。

1. 随堂听课，也叫推门听课

接受随堂听课应该成为教师的一种习惯，采用的模式可以是"听、议、进、落"，即听课后及时组织教师进行课后反思，针对该教师的教学特点、某个教学细节进行分析。对教学能力相对薄弱的教师可以由教科研中心指定一位成员对其进行传、帮、带。学校教科研中心也可以在推门听课中找到校本教研的落脚点，建立校本教研的问题库，充分开辟校本教研的"对话场"，搭建起校本教研的"互联网"。

2. 年级听课

同一年级、同一学科的教师互相听课，评出优质课。此类听课目的在于给每位教师提供展示个人教学风采的舞台，也从中发现自己教学中存在的问题，不断发展自我。

3. 跨年级跨学科听课

教师跨年级、跨学科听课，尤其是跨学科听课，促使教师从其他学科中汲取更多的知识，在教学中努力做到与相关学科相融合，使课程内容跨越学科之间的鸿沟，实现知识的整合，整体提升教师的教学水平。

4. 合作课比赛

各个备课组分别推荐教师，以年级备课组为单位举行合作课比赛，评选出优质课、优秀备课组、优秀教研组。此类听课目的在于改革教学研究中"单打独斗"的局面，促进教师群体的互助互动、共同发展。

5. 专题听课

由教科研中心确定教师人选承担某个主题的示范课或研讨课，为教师提供学习的范例或研讨的专题。

6. 同课异构

同课异构是指同一课程同一教学内容由于教师的教学风格、习惯、授课环境条件等不同所导致的课堂进程、结构、师生活动空间、授课方式及其效果等方面存在差异的课堂研究模式。同课异构模式，既是新课改进一步深入、深化的研究课题，也是新课改探索和课程内容在具体到课堂时教学手法多样性研究的对象，还是课程课堂教学理论与实践进行实质性研究的内容和"教学有法但教无定法"的具体反映。"同课异构模式"指的是这样的情形：同一教学内容由几个教师接连上课或是由一位教师连续几次上同样课题的课，所采取的上课方式、进程和效果等往往存在差异。这种模式的教研，促进了教师积极参与和积极探讨的意识，操作性强。通过对比，有利于教师对新课程理念与方法的把握，有利于教师把先进的教学理念转化为实际的教学行为。这种模式也促使每位教师在教研中必须去仔细地观察、深入地分析，并对照比较提出个性化的意见，提高教师对新课程理念的理解与教学领悟能力。因此，这种教研方式在校本教研中被广泛使用，也取得了积极效果。

（四）多形式研讨

通过多形式研讨实现同伴互助，加快提高教师自身的综合素质，使教师具备与新课程标准相符的宽广、厚实的业务知识。如座谈式研讨，即各自发表自己的看法、见解，提出问题，群策群力；互动式研讨，即教师提问，请上课的教师或教科研中心的成员解答，讨论通常不带有评价色彩，更多的是充分的交流切磋，使听课教师从观众变为主角，气氛民主、和谐，学习效果明显；集体学习研讨，即观看优秀课例，集体讨论；点评式研讨，即由教科研中心就某个问题做点评；自查研讨，即教师对自己的课堂教学进行自查、反思。

（五）专业引领

将全国著名特级教师魏书生、于永正、贾志敏、王崧舟等"请"到教师中间，播放他们的经典课例、专题讲座，让教师们目睹大师们的风采，揣摩大师们的课堂教学艺术，与大师对话，向大师学习。同时，请各层次的教研人员、科研人员和相关的专家、学者介入校本教研工作，帮助教师提炼、聚焦、分析教学中的实际问题，设计改进的策略，验证教学研究的成果。主要形式有学术专题报告、教学专业咨询、教学现场指导等。

（六）读书交流

要倡导把教师读书作为校本教研的一个重要内容，努力搭建高层次的学习平台，建立长效的学习机制，创设人文化的学习环境，使教师在书香园地中得到滋养，提升教师的科研素质、总体素养。学校领导班子率先垂范，极力引导教师系统地阅读优秀的教育文献，让每位教师在读书中与名家、大师对话，研究教育的真谛，关注并探索教育中存在的问题，提高教师的批判能力、鉴赏能力和独立思考能力。要求每位教师把读书当作生命存在的一种重要方式，以书籍为资源，以课堂为阵地，不断向专业化迈进。努力搭建交流平台，举办读书沙龙，使教师在读书活动中发挥自我反思、同伴互助、专业引领的整体效应，让自身专业知识、学科知识、教育知识都有质的飞跃。还要重视教师读书成果的展示，表彰在读书活动中涌现的先进个人和优秀事迹，挑选教师的优秀文章或精彩的文章片段在教师中宣读，既展现个人的学习成果，又在学习他人的经验之中升华自我。同时，鼓励教师多写反思、教学札记、教育故事、随笔、读书笔记等，在总结经验中提升理论素养。教科研中心也要积极推荐教师的优秀论文参加评比、在报刊发表，让教师们收获成功的喜悦，培养良好的教育教学价值观，提升专业情意。

（七）微型科研

引领教师将教育教学中需要解决的"小问题"提升为"课题"进行研究，寻求对策的过程就是研究的过程，解决问题的办法就是研究的成果。"微型科研"可以由一个教师选定自己最困惑的问题作为课题，也可以由一些有相同困惑的教师组成课题小组，共同开展研究。因为"微型科研"是教师们自己从问题中提炼出来的课题，所以普遍都有研究的自觉性，促使教师带着自己的问题进行研究，在研究的状态下工作，在工作的背景下研究，逐步成长为专业化的教师。

校本教研为学校、教师创造了良好的教研环境和教育环境，使原先那种不让教师做研究，只强调钻研教材的单向教研变成了研究对象有教师、学生、教材和课堂的多向教研。这种把教研之根扎在学校的土壤之、立足于解决教师教学和发展中的困惑、以推动学校教学发展的新文化，使学校的教研工作出现了"为了教师、基于教师、在教师中"的新格局，促进了教师的专业化发展。

"三研一体"：校本研修助力教师专业发展

冯家传*

百年大计，教育为本；教育大计，教师为本；教师发展，研修为本。校本研修，无疑将为教师的培养、名师的孵化、个人的成长与团队的发展注入源源动力。江门市新会圭峰小学校本研修以幸福教育办学理念为指导，从教师的专业发展入手，围绕"打造名师、培育骨干、提升整体、均衡发展"的思路，把"研教、研学、研训"有机融合，构筑"三研一体"校本研修体系。

一、"三研一体"校本研修模式内涵及其解读

"三研一体"模式示意图

---

* 作者简介：冯家传，男，1974年11月出生，广东江门人，1996年7月参加工作，小学语文高级教师（副高），江门市新会圭峰小学党委书记、校长，广东省新一轮"百千万人才培养工程"名校长培养对象优秀学员，广东省名校长工作室主持人（2021—2023），全国普法教育先进个人，全国真语文名校长，广东省书香校长，广东省小语工作先进个人，广东省百名优秀德育教师。该文发表于《广东教育》2023年1月，第1、第2期。

何为"三研一体"？我们认为，校本研修，起于教，立于研，拓于学，用于训。其中，"教"是落实课改理念的根本途径；"学"是更新教育教学理念，紧跟课程改革步伐的重要手段；"研"是以教学问题和教学现象为导向，促进教师专业化成长的有效方法；"训"是以专业发展为指向，提高教师教育教学和科研能力的重要手段。在校本研修实施过程中，"教""研""学""训"不是孤立的，而是主体融合、形式合一的。

我校倡导的"三研一体"，以解决问题为导向，以教师专业成长为根本，形成"研教、研学、研训"一体化、立体式推进的校本研修体系。"三研"的切入点在"研教"，通过课例展示聚焦教学问题，以教促研开展教研活动；"三研"的着力点在"研学"，通过理论学习化研为学，引发思想交流与思维碰撞；"三研"的落脚点在"研训"，把校本研修作为一种培训模式推进，最终指向教师的专业发展。"三研一体"注重每个教师的个体差异，注重教师的教育经验的总结和提高，注重教师专业兴趣的培养和专业能力的发展，解决教师在教育实践和课题研究中遇到的问题，提高教师提出问题、分析问题和解决问题的能力。

二、"三研一体"校本研修的路径措施

（一）构建"一模式"

我校立足课堂教学，依托学科组建设，以构建"开放·活力·高效"课堂为目标，以学科组、智囊团和工作室为载体，形成具有校本特色的"三三三"研修模式。

一是突出"锻炼—打造—成就"三个层次，青年教师突出基本教学常规的培训和教学基本功的训练，骨干教师突出教学能力的打磨和教学风格的提炼，教学名师突出示范引领和辐射带动；二是针对"学科理论学习、学科素养发展、教学能力训练"三项内容，通过建立学科教研制度和集体备课制度，形成"自主备课—集体议课—科组研课"三级备课、研课体系；三是用好"岗位练兵、外出培训、备战赛课"三种形式，形成校本研修从输入到输出、从理论到实践、从校内到校外的立体化建构体系。

（二）推进"三工程"

1. 落实"青蓝工程"。年轻教师要迅速成长，需要进行专项培养和系统打磨，全方位给他们铺路子、出点子、压担子、搭台子。一是以"师徒结对，以老带新"形式开展"青蓝工程"，实施一对一"传、帮、带、引"辅导；二是推行"首席教师"制度，以首席教师的专业引领、示范指导，手把手带动本年

级本学科青年教师开展教学教研；三是实行"巡课+听课+评课"推门听课制度，全面听课，个别指导，实现与新教师上课的无缝对接；四是启动对新入职（含调入）三年内的教师实施"一周一培训"的321工程，立足教学实际，聚焦教学现象，让受训教师看得见、学得会、用得着。

2. 助推"名师工程"。我校"名师工程"是以名师工作室为平台展开。随着2021年5月我校广东省冯家传名校长工作室、广东省胡务娟名教师工作室的启动，已初步形成工作室建设的层级体系（省级2个、市级4个、区级1个、镇级6个）。各级工作室通过上下联动，内外互动，承办各类跟岗培训、专题研讨、校际交流、互联互访，邀请各级专家名师、学科教研员进校指导，引导骨干教师把教学实践提升到学术研究的高度，最终实现从教学型名师走向研究型名师。

3. 启动"智囊团工程"。比赛是一个最能锻炼教师、快速提升教师的教学素养的舞台，以赛促研是最有效的校本研训方式之一。我校完善"赛课+智囊团"的高级教研模式，发挥智囊团学科学术指导中心作用，以赛课为契机开展种子选拔和课例研磨，以集体智慧打造精品课例，打磨青年教师，继而通过赛课促进校本教研，历练团队发展，通过个人赛课带动团队教研能力提升，实现教师抱团发展，形成"一人赛课带动科组集体教研"的良好教研氛围。

（三）搭建"四平台"

1. 岗位练兵平台。校本研修的首要任务就是提升教师的师德修养和专业素养，夯实教师的教学基本功。我校立足岗位练兵，落实常规训练，做到"四个坚持"：坚持开展学科教学能手比赛，坚持开展粉笔字"一周一评展"，坚持开展学科考卷命题比赛，坚持开展期末教学基本功展示活动。

2. 培训学习平台。在新课改背景下，培训成为教师的必然需要和迫切要求。我校立足本校，借助外力，不断拓展外出学习新渠道，创新外出学习的新形式，对青年教师、骨干教师、教学名师进行有层次、有深度的培训，让教师在课程改革中找到个人专业发展的动力和获得幸福的能力。学校还落实外出学习撰写心得体会制度和交流分享制度，凡外出学习都要上交一份不少于1000字、有质量的学习心得，凡参加大型教学研讨会回来要在教研活动上做专题学习汇报。

3. 比赛展示平台。我们努力为教师搭台，通过"智囊团"全力为教师备战，主动把教师推出去，让他们在各种比赛、展示的舞台上成长起来、成熟起来，形成"千帆竞发，百舸争流"的良好局面。学校还充分发挥"牵线搭桥"作用，特别是通过名师工作室这个平台，让学科名师有用武之地，有展示舞台；通过教育集团，启动"名师大讲堂"活动，以城乡交流来促进集团教师互动。

4. 名师引领平台。通过"搭大台，请大师"，承办高端的教学观摩研讨活动，把本市、本省乃至全国的专家名师、名师工作室主持人、教研员请进学校，让教师们在家门口也能领略到大师的教学风采，与名家零距离开展交流、教研活动。近年来，我们先后承办了全国真语文五周年理论与实践成果展示活动、广东省第十二届青年教师教学论坛、广东省小学数学教学设计优秀作品展示交流研讨活动、江门市新课程改革观摩研讨活动等多项高规格、高层次的大型课改研讨和学术交流会。

三、校本研修的实施效果及发展规划

（一）实施效果

学校高质量建设长足发展：先后荣获广东省基础教育校（园）本教研项目示范校、广东省中小学校本研修示范校、广东省中小学教师信息技术应用能力提升工程示范校、广东省优质基础教育集团培育对象、广东省基础教育学科教研基地项目基地学校（江门市小学数学、江门市小学英语）、江门市小学阶段协同教育质量先进学校。

学科教研组建设成绩斐然：在江门市星级教研组创建中，我校语文教研组、数学教研组、艺术教研组、科学教研组均被评为"江门市示范科组"，英语教研组被评为"江门市先进科组"，语文教研组在2022年被评为江门市首批"十佳教研组"。

教师专业发展迈上快车道：冯家传被评定为新一轮广东省名校长工作室主持人，胡务娟被评定为名教师工作室主持人；冯家传被确定为广东省中小学"百千万人才培养工程"名校长培养对象（结业被评为优秀学员），区锦超被确定为名教师培养对象。学校现有广东省特级教师1人，省级骨干教师培养对象12人；市级教育专家、名校长、名师工作主持人、学科带头人、兼职教研员等19人次，区级36人次；60多位教师获区级以上教学赛课一、二等奖，13位教师获省级以上教学赛课一等奖。

（二）发展规划

未来已来，校本研修已经成为学校办学发展的重要组成部分。2022年颁布的《义务教育阶段语文课程标准》增设了"教学研究与教师培训"板块。可见，教师培训不再是"自上而下"的单线推进，校本研修必将成为教师培训的另一条主线。在未来的校本研修工作中，我校将重点从以下几方面着力推进。

一是立足校本，激发校本教研的活力。我们将在"校本"上着力，通过

"化整为零"，落实"备课组—学科组—教研组"三级教研体系；通过"研训一体"，把"教"引向"研"，把"学"导向"训"，从而将教研活动与教师培训进行深度融合。

二是突出示范，擦亮示范教研组品牌。我们将利用五大学科作为江门市十佳教研组、示范教研组、先进教研组的品牌优势，借力市、区两级教研院和教师发展中心的教研力量，来指导和引领校本教研活动往纵深发展，继而提升校本研修的高度和质量。我们还将借助示范教研组和先进教研组的品牌影响力，走出学校，开展跨地区的校际大教研活动。

三是扩大影响，拓展省级工作室张力。省级工作室在开展校本研修中拥有不可替代的优势。我校将发挥冯家传、胡务娟两个省级名校长、名师工作室在校本研修中的杠杆作用，横向拓展校本研修的发展空间，把省内各地区优秀的研修资源和师资力量引进学校，把学校的研修经验推出去，引导在赛课中成长起来的骨干教师在研修中承担主讲，使专题研究变为骨干教师的自觉行为，实现从赛课型名师向研究型、学术型名师过渡。

四是面向未来，植入"互联网+"思想。2022版课标提出：要勇于面对在课程实施过程中遇到的新问题和新挑战，要不断提升信息能力和媒介素养，合理利用网络资源。我们将以成功申报广东省中小学教师信息技术应用能力提升工程示范校为契机，把"互联网+"模式引入校本研修，加强对网络研修模式的探索，加大对优课制作、备课导学案、主题教研、专题讲座的录播及制作的投入，充实和丰富校本研修的资源库，使校本研修从场室走向网络。

体验教育的探索与实践

吴木琴[*]

所谓"体验",简而言之是指通过实践来认识事物。"体验教育"就是教育对象在实践中认知明理和发展。这里的"体验"包括两个层面——行为体验和内心体验。行为体验是一种实践行为,是亲身经历的动态过程,是孩子发展的重要途径;内心体验则是在行为体验的基础上所发生的内化、升华的心理过程。两者是相互作用、相互依赖的,对促进儿童的发展具有积极作用。体验教育是让孩子作为学习的主体,亲自参与或置身某种情景中,用心智去感受、关注、欣赏、评价某一事件、人物、环境、思想和情感等,从而获得知识、技能、情感达到教育目的。其核心价值是:让孩子们在体验中快乐成长。卢梭的"自然教育"、杜威的"在做中学"[②]、皮亚杰的"认知发展阶段论"[③]、陶行知的"教学做合一"[④]、刘金铎的"亲验活动"和"想验活动"等观点都说明体验学习的必要性与不可或缺性。《3~6岁儿童学习与发展指南》中指出:"幼儿的学习是以直接经验为基础,在游戏和日常生活中进行的。"[⑤] 由此可见体验教育在幼儿园教育中的重要性。近几年来,我在体验教育方面进行了一系列的探索与实践,通过开展"活动体验""情景模拟体验""情感交流体验""阅读感悟体验""参观访问体验"等主题实践活动,让孩子进行"学习体验""行为体验"和"内心体验",在体验中学习,在体验中成长,把教育要求内化为品质,外显为行为。

---

[*] 作者简介:吴木琴,幼儿园正高级教师,本科学历,现任茂名市第二幼儿园园长,广东省名园长工作室主持人、省劳模和工匠人才创新工作室领衔人,曾被评为省特级教师、南粤优秀幼儿教师,出版专著1部、编著3部。
[②] 理查德·普林. 约翰·杜威 [M]. 北京:黑龙江教育出版社,2016.
[③] 皮亚杰. 皮亚杰教育论著选 [M]. 北京:人民教育出版社,2015.
[④] 徐莹晖,王文岭. 陶行知论生活教育 [M]. 北京:四川教育出版社,2015.
[⑤] 教育部关于印发《幼儿园教育指导纲要(试行)》的通知 [EB/OL]. (2001-07-02) https://baike.so.com/doc/5388464-5625039.html.

一、开展常规体验活动，培养幼儿良好习惯

开展常规性的体验活动，可以促进幼儿养成良好的生活习惯、学习习惯、行为习惯、安全自保习惯等。

（一）开展每日常规体验活动

一是开展积极体验的生活活动。科学合理地安排幼儿在园一日活动，制定良好的生活常规。幼儿通过愉快地体验各种生活活动，逐渐养成了良好的作息、如厕、饮食、盥洗、整理等生活习惯。

二是开展积极体验的体育活动。每天利用两小时的户外活动时间开展各种体育活动和户外活动，幼儿通过愉快地参加这些活动，逐渐养成了坚强、勇敢、自信、团结协作、热爱集体等良好的思想品质。

三是开展积极体验的自主游戏活动。每天利用一小时的自主区域活动时间开展各种自主游戏活动，各班都创设了材料丰富的语言区、科学区、益智区、美工区、娃娃家、音乐区、扮演区、建构区等区域，供幼儿参加各种自主游戏活动。幼儿通过参加各种体验式的自主游戏活动，逐渐养成了乐于分享、接纳他人、主动交往等良好的交往习惯。同时，培养了幼儿的自主学习能力，发展了幼儿的想象力、创造力、语言表达能力和动手动脑能力。

四是开展积极体验的教学活动。给幼儿提供丰富的学具和材料，每天开展各种生动有趣的主题教学活动和"整合领域"教学活动。在开展这些教学活动的过程中给幼儿提供尽可能多的直接感知、动手操作、亲身体验的机会。幼儿通过愉快地参加这些教学活动，逐渐养成了耐心专注、认真倾听、大胆发言、乐于学习等良好的学习习惯。

（二）开展每周常规体验活动

开展每周评选"礼仪之星"活动，激励幼儿做好"礼仪小天使"值日工作，培养了幼儿从小讲文明和懂礼貌的礼仪习惯；开展"每周故事比赛"活动，给孩子提供一个展示自己才华的舞台，同时，让小朋友在这些蕴含着教育意义、富有童趣的故事中获得了精神的滋养；开展"小记者一周见闻播报"活动，在每周一升旗仪式上设小记者一周见闻播报环节，提高了小朋友的语言表达能力，增强了小朋友的自信心；开展"我绘我心"每班每周一次的涂鸦活动，在活动中幼儿充分发挥想象力和创造力，大胆展示自我，在参与中享受了成功，促进了幼儿全面和谐的发展。

（三）开展每月常规体验活动

开展安全演练活动能增强幼儿的安全意识，提高他们的自护自救能力。因此，我园每月都开展一次安全演练活动，活动的主题有以下几个。

一是防溺水演练活动。演练的内容有"一盆水闭气"水中憋气体验、模拟溺水体验、宣读《游泳六不准承诺书》、防溺水安全知识教育等。通过演练，帮助孩子们深刻地认识到溺水的危害，知道自救自护的方法，懂得安全游泳的注意事项。

二是开展"防震减灾"疏散演练活动。演练的程序是：假定地震发生，指挥部发出启动演练暨紧急避险指令；师生就近紧急避险；假定第一波地震平静，指挥部发出紧急撤离指令；师生紧急撤离，疏散到临时撤离人员集中区；领导小组定点召集各组负责人；避险撤离组报告安全撤离师生人数、受伤人数和受伤情况以及可能被困人数；指挥部发出结束演练暨解除险情信号，宣布演练结束；组长总结和讲评演练情况。通过防震避险演练，让幼儿学会防震避险，提高自我保护和抗击突发事件的应变能力。

三是开展消防演练活动。演练的流程是：后勤人员提前在楼梯点燃烟雾饼营造着火氛围；发出火灾警鸣声，幼儿在教师的带领下迅速有序地疏散到操场；教师向指挥部汇报人数；园长小结演练情况；消防车进场；消防员叔叔介绍消防设备及使用方法；参观消防车。通过演练，使幼儿初步掌握基本的安全防火、灭火知识，培养幼儿的消防意识，提高幼儿的自我保护能力。

四是开展防暴演练。演练过程是：教师带领幼儿在一楼的操场上开展游戏活动，家长扮演的持刀歹徒出现；安全应急小组成员立即向园长报告，并拉响警报，同时迅速打电话进行报警；保安立即启动防暴预案，快速向教师喊话，指挥孩子快速撤离到安全地方；教师负责组织孩子迅速撤离，保安与行政人员马上使用各种防暴工具奋力抵抗歹徒的行凶，与歹徒周旋，等待执法人员的到来；各班教师带领幼儿疏散到相应安全的地点后，迅速地关门关窗，用桌椅抵住门，及时清点人数，维持好秩序，稳定幼儿情绪；演练结束后对幼儿进行心理疏导。通过演练，增强了幼儿的安全意识，提高了幼儿遇到突发事件时的应急逃生和自救能力。

二、开展社会体验活动，开拓幼儿社会视野

幼儿年龄小，对社会缺乏了解，带领他们走进社区，参观和认识各种场所，可以让他们对社会有直接和感性的认识，拓宽社会视野。

（一）参观图书馆

让幼儿参观图书馆的环境，了解图书馆里不同种类的图书，了解图书馆工

作人员的职责，了解图书馆各个部门的主要功能，了解图书馆借阅图书的方法及办理借书证的相关手续，体验在图书馆阅读的氛围，体验借书和还书的方法，分享读书的快乐，从而激发幼儿阅读的兴趣，养成良好的阅读习惯。

（二）参观博物馆

组织幼儿到博物馆逐一参观各个场馆，听解说员解说每个场馆展品的历史和由来，从而让幼儿了解茂名的历史，了解茂名的风土人情和民俗文化。通过参观，初步萌发他们对家乡的热爱之情。

（三）参观消防队

组织幼儿到消防中队，现场认识消防车及常见的消防工具，学习简单的逃生技能，观看消防员叔叔使用灭火器的方法并学习使用灭火器的步骤，听消防员叔叔的教导——不玩火，观看消防员叔叔演示快速穿战斗服和日常训练，了解消防车、云梯车的功能，参观消防员叔叔的宿舍。最后，幼儿为消防员叔叔表演小节目和向消防员叔叔送上小礼物。通过参观，使幼儿直观地认识消防车，了解常见的消防工具，了解消防员叔叔的训练和生活的情况，提高幼儿防火的安全意识，并激发幼儿对消防员叔叔的敬佩、热爱之情。

（四）参观银行

带领幼儿到银行参观，听银行工作人员介绍钱币、理财的基本知识；参观业务办理区、自助银行区、电子银行体验区等场所；参加在排号机上排号、到柜员机上存一笔钱和说出工作人员用点钞机点钱的张数等体验活动。通过有趣的体验环节，让幼儿在玩乐中接受金融启蒙教育，激发幼儿对金钱管理的兴趣，培养幼儿的"财商"。

（五）参观派出所

组织幼儿参观派出所，听民警叔叔讲解如何拨打110，遇到危险如何自我保护；参观监控室，了解其作用，观察监控画面，感受民警叔叔时刻在保护着我们；参观审讯室，感受犯法的人员要受到惩罚；听民警叔叔介绍他们的常用工具；等等。通过参观，让幼儿了解派出所民警的基本工作内容和工作环境，初步懂得遵纪守法的重要性，了解一些简单的自我防卫知识，激发幼儿尊敬民警、感谢民警的情感。

（六）参观水厂

组织幼儿参观自来水厂，让孩子走进厂区，听自来水厂的叔叔介绍厂区的各种设备设施，参观自来水的净化处理过程，让幼儿了解"自来水从哪里来"。通过参观，让幼儿知道自来水的来之不易，从而学会珍惜自来水，节约用水，增强了他们的环保意识。

(七) 参观书店

组织幼儿参观书店，听书店的阿姨介绍图书的分类，让幼儿了解有关图书方面的知识，感受书店图书的丰富。最后，让幼儿自由看书和体验买书时的选书、付款等过程。通过参观，增长了幼儿对图书方面的知识，激发了幼儿对阅读的兴趣。

(八) 参观超市

组织幼儿到超市参观，听超市里的服务员介绍超市商品的分类、摆放、价格和购买商品的注意事项等。最后，让幼儿带着任务去体验挑选商品和结账的购物过程。通过参观，让幼儿初步了解超市与人们生活的关系，学会文明购物和体验购物的乐趣。

三、开展亲子体验活动，增进亲子情感交流

丰富多彩的亲子活动在充分发挥家长的作用的同时，能通过各种方式促进亲子交流，增进亲子感情，提升幼儿各种素质。

(一) 开展亲子同乐活动，增进亲子感情交流

亲子同乐活动的形式多种多样，一般可结合各种节日开展不同主题的节日活动。一是利用元宵节开展"欢乐猜灯谜，喜庆过元宵"活动。活动内容一般有猜灯谜、"包汤圆"等。这种"闹元宵"活动，融入了美食、亲子、中国传统文化等多种元素，让幼儿在家长和教师的陪伴下愉快地度过元宵节的同时，还感受到中国传统节日的魅力。二是利用国庆节举行"迎国庆大型亲子游园会"。活动的内容主要是各种生动有趣的亲子游戏，让幼儿在玩玩、看看、做做中用自己的方式庆祝祖国妈妈的生日，在体验参与中既表达了对祖国的热爱之情，也让幼儿与家长在活动中感受到了节日的快乐，增进了亲子之间的感情。

(二) 开展亲子健身活动，提高幼儿身体素质

亲子健身活动可以培养幼儿的运动兴趣，增强幼儿的运动能力，提高幼儿的身体素质。

一是举行亲子徒步活动。我园近年来每年都举行一次亲子徒步活动，活动的地点是我们茂名市的母亲河——小东江两岸，路程是 6 公里左右。在徒步的过程中，幼儿表现得毅力非凡，连 3 岁的小班孩子都能够互相鼓励、互相支持着走完全程。徒步活动能够让幼儿走进自然，感受美景，增强意志，加强环保意识，使幼儿和家长、教师体验运动的快乐，获得情感的交流。

二是举行亲子运动会。亲子运动会倡导"热爱运动，健康成长"的精神，通过亲子齐锻炼的方式，培养家长与孩子的运动习惯，感受运动的快乐，感受成功的快乐，实现亲子同乐，家园共育。运动会的内容丰富，花样繁多。亲子运动会可让幼儿在运动中收获健康，在运动中体验亲情和友情，在集体中感受温暖和快乐。

三是举行亲子晨练活动。亲子晨练活动的形式有两种：一种形式是亲子晨跑。我园的门口是茂名市新湖公园，为了发挥这一得天独厚的地理位置优势，我园把每周的周三定为亲子晨跑日，让家长带领幼儿在公园里晨跑。另一种形式是亲子早操。我们把每周的周五定为亲子早操日，邀请家长来园和幼儿一起参加晨练和做早操。在家长的参与和带动下，幼儿的运动兴致越来越高，达到了共同锻炼的目的。

（三）开展亲子义卖活动，培养孩子良好品格

乐善好施、扶贫济困是中华民族的传统美德，助人为乐、奉献社会是国民的共同追求。为了培养幼儿乐于分享、热心助人的优秀品质，让幼儿从小学会感恩和奉献，我园近年来每年都在"630"期间组织开展"扶贫济困日"亲子义卖捐款活动。

义卖活动分两天下午举行，幼儿可轮流当"小老板"和"小顾客"，体验当"老板"和当"顾客"的不同滋味。活动以家庭为单位自愿参加，由家长带领幼儿准备货物、逐个标价、设计海报、摆放摊位和交易买卖。幼儿和家长把自己制作的、购买的、家里闲置的图书、手工艺品、玩具、文具、食品等物品带到幼儿园，精心摆放。在义卖现场，幼儿、家长们和教师们踊跃参加，争相购买，操场上叫卖声连绵不断，气氛火爆。"小老板"们在这个义卖的平台不仅奉献了自己的爱心，还提升了他们社会交往的能力，增加了他们的自信心。"小顾客"们在爸爸、妈妈的带领下，挑选自己喜欢的义卖品，既得到了自己心仪的物品，又奉献了爱心，更加体会到了"爱"的意义和价值。最后，他们会把卖出物品所得的一张张伴随着辛勤汗水的人民币投入捐款箱，再由幼儿园统一送到茂名市慈善总会捐献给贫困地区的孩子们。"扶贫济困日"亲子义卖捐款活动让每个幼儿学会了关爱他人，帮助别人，奉献社会。

（四）开展亲子展演活动，培养幼儿表现能力

亲子展演活动可以让幼儿在父母的陪同和参与下，充分展现自己的艺术才能，艺术表现力得到提高。

一是举行亲子童话剧展演。童话剧是根据文学作品中的情节、内容和角色，让幼儿通过语言、表情和动作进行表演的一种有组织、有目的的艺术形式，它

融语言、想象、合作、创造、动作、倾听于一体，可以丰富幼儿的想象空间，让他们尽情模仿角色，体验语言交交际的快乐，帮助幼儿建立良好的自信心。我们在每年的读书节活动期间都举行亲子童话剧表演。他们表演的剧目内容丰富多彩，他们的表演童趣盎然、精彩纷呈，家长和幼儿的表现落落大方、认真投入。童话剧表演不仅给幼儿和家长搭建了一个提升艺术想象和展示表演能力的平台，还激发他们对文学作品的兴趣，提高了语言表达能力，让幼儿在懂道理、学知识的同时，体验和感受到童话剧表演的魅力，更让幼儿感受到亲子表演的快乐，增进了亲子感情。

二是举行亲子手工制作展演。为了增进家长与幼儿之间的互动性和合作性，锻炼幼儿的动手动脑能力，提升幼儿的创造能力，我们每年都会举行亲子手工制作展演活动。如为了促进家长与幼儿对"一带一路"沿线国家和地区文化的了解，我们组织了"一带一路"亲子手工制作展演活动。家长和幼儿充分发挥自己的聪明才智和丰富的想象力，利用各种材料制作出匠心独运的手工作品，我们共收到亲子手工作品244件。一件件精美的作品不仅展现着家的和谐，给孩子们带来艺术的熏陶，还帮助孩子感知了"一带一路"重点区域主要资源及文化传承，感受了"一带一路"沿线地区的历史文化魅力。

（五）开展亲子春游活动，激发幼儿亲近自然

亲子春游活动可以让幼儿感受春天景色的变化，亲近大自然，热爱大自然，拓宽视野，增进亲子之间的感情。每年的3、4月，我们都会围绕一个主题举行亲子春游活动。如2018年3月17日，我们组织了幼儿和家长们一起到茂名市森林公园，开展以"大手拉小手，创卫一起走"为主题的亲子春游活动。春游活动的内容丰富，幼儿在教师的带领下，在草坪上、树底下、小路边，把发现的落叶、枯枝、纸屑、包装袋等，捡进自己带去的垃圾袋里，爸爸妈妈们也以身作则，和幼儿一起捡起地上的垃圾，使大家的所到之处变得更加干净整洁。幼儿学会了在享受大自然带给自己美好的同时还要爱护它，做一个"环保小卫士"，为茂名市的"创卫"出一份自己的力量。各班教师还为幼儿准备了有趣的亲子游戏，家长带着幼儿一起尽情地玩耍。有趣的亲子游戏结束后，各班级走不同的路线，继续在公园里游玩，有的看各种各样的动物，有的去"勇敢者之路"探索，有的观赏生机勃勃的植物，有的参观展览馆，有的走植物迷宫，等等。这次春游活动，不但让家长和幼儿感受到了春天的变化，亲近了大自然，促进了亲子之间和家园之间的和谐，更让幼儿体会到，美好的环境需要我们共同来维护。

四、开展节日体验活动，培养幼儿感恩之情

亲子节日活动虽然内容简单，但很隆重，充满仪式感，可以培养幼儿的感恩之情。

（一）举行"庆三八·亲子乐"活动

活动内容：幼儿为妈妈送上香吻和拥抱，喂妈妈吃东西，和妈妈快乐地游戏，用稚嫩的歌声给妈妈送上节日的问候，用自制的手工礼物寄托对妈妈最真诚的祝福，幼儿用最实际的行动表达自己对妈妈最真实的爱和感恩之心。这样的活动，培养了幼儿敬爱父母的传统美德和关心他人的良好习惯。

（二）举行"温馨母亲节"活动

活动的环节：妈妈感谢奶奶（或外婆），妈妈牵着幼儿的手站在老人面前，向老人鞠躬，为老人梳头，感恩老人的养育之恩，为幼儿树立榜样；幼儿感谢妈妈，为妈妈捏捏肩、捶捶背，为妈妈送上精心准备的礼物和祝福，与妈妈共同跳舞，和妈妈深情拥抱等。通过这样的亲子活动促进家园共育，让幼儿从感恩母亲开始，懂得知恩图报，成为一个善良的、有感恩之心的人。

（三）举行"快乐父亲节"活动

在活动中，幼儿的爸爸为爷爷按摩、捶背，带着幼儿为老人家敬茶、送礼物，通过自己的真实行动表达对父亲的爱，让自己的孝行成为幼儿的榜样。幼儿和爸爸抱一抱、亲一亲，为爸爸捶捶背、捏捏腿，喂爸爸吃东西，为爸爸唱首歌，对爸爸大声说出爱，和爸爸玩游戏等。通过这样的亲子活动，让爸爸们充分展现出他们力量、温柔、细腻的一面，提供幼儿和爸爸沟通交流的机会，满足爸爸与幼儿充分嬉戏的愿望，增进父子、父女间的感情，让幼儿学会感恩父亲。

（四）举行"爱老敬老"重阳节活动

来园参加活动的是幼儿的爷爷奶奶、外公外婆。活动的内容：幼儿为爷爷奶奶、外公外婆表演节目，和他们一起玩手指操，为他们捏捏腿、捶捶背，给他们送礼物，为爷爷奶奶、外公外婆表示衷心的节日祝贺和崇高的敬意。通过这样的活动，激发幼儿的爱老敬老之心，为爷爷奶奶、外公外婆们送去祝福与欢乐，让他们感受到来自幼儿的温暖和敬意。

五、开展四大节体验活动，促进幼儿全面发展

每年举行读书节、艺术节、科技节和体育节四大节活动，开展一系列的体

验活动，可以促进幼儿全面发展。

（一）开展读书节系列体验活动

为了培养幼儿爱读书、乐读书、会读书的习惯，近几年来，我们在每年的都开展为期一个月的读书节活动。活动的主题是"与书籍相伴，让文明相随"，活动的内容分别有"大小朗读者"亲子诵读活动、"我带一本书，大家一起读"图书分享活动、图书漂流活动、"跳蚤书市"活动、"小书虫爱读书"评选活动、"小书虫擂台赛"活动、亲子童话表演活动、"爸爸妈妈故事团"活动、家长助教活动，等等。在这一系列的活动中，幼儿体验诵读，体验经典，体验分享，体验读书，体验买书，体验卖书，体验表演，体验竞赛，等等。浓厚的读书氛围，丰富的体验活动，充分激发了幼儿的读书兴趣，使他们养成了良好的读书习惯。

（二）开展艺术节系列体验活动

为了给幼儿创造一个艺术气息浓郁的环境，培养幼儿健康的审美情趣和良好的艺术修养，我们每年举行一次艺术节活动。活动的内容有文艺会演、个人才艺展演、大型现场绘画活动、亲子手工制作展览、乐器演奏欣赏、书法体验活动、传统文化之旅等。通过参加这些艺术体验活动，激发了幼儿对艺术的兴趣，提高了幼儿的艺术表演技能，使幼儿的艺术特长得到发挥。

（三）开展科技节系列体验活动

科技节的活动丰富多彩，主要内容有：带幼儿走出幼儿园，参加社会实践活动；请家长走进课堂，给幼儿演示各种科学小实验；完成"亲子任务"，家长和幼儿在家一起做科学小实验；制作亲子科学观察记录；"全园科技大循环"活动；等等。重头戏是闭幕式活动，闭幕式当天，邀请家长志愿者来园与幼儿一起分享生活中有趣的科学小实验，一般会有几十甚至上百个小实验同时进行，幼儿可以自由去体验自己感兴趣的各种小实验。科技节让幼儿在"玩中学，学中玩"，尽情地享受科学、体验科学，不仅激发了他们探索科学奥秘的兴趣，还拓宽了他们的科学视野，增长了科学知识，提升了学习科学的能力。

（四）开展体育节系列体验活动

体育节的活动主题是：我运动，我健康，我快乐。参加对象是全园幼儿、教师与部分家长代表。活动内容有：接力赛、跳绳、拍球和各类竞技性体育游戏等。形式既有幼儿的、教师的、家长的，也有亲子的。一般会提前一个月开始利用户外活动时间进行训练，到开幕式当天进行比赛。体育节的举行，激发了幼儿参加体育活动的积极性，发展了幼儿身体的协调性和灵活性，增强了幼儿的体质，让幼儿感受运动的快乐，感受成功的快乐。与此同时，通过亲子运动，还增加了亲子感情，培养了家长与幼儿的运动习惯。

经过这几年在体验教育方面的探索与实践，我深深地认识到，幼儿由于年龄小，缺乏生活经验，思维直观形象，就是需要在各种真实的体验活动中直接感知、动手操作、亲身体验，这样才能习得经验，获得发展。因此，对他们的教育最好的方式就是体验教育，在体验教育中让他们用眼睛去观察，用耳朵去倾听，用双手去触摸，用心灵去感受。通过各种感官去感知事物，通过双手双脚去探索事物，通过活动去操作、摆弄、实验和思考，从而真正认识事物，积累经验，锻炼思维，形成品质。我认为，体验教育是很符合幼儿的年龄特点和幼儿教育规律的，体验教育用在任何年代任何国家的学前教育都是合适的。如果要用一种思想来表达自己的教育思想的话，我的教育思想就是体验教育。

幼儿园教育环境建构的规划与管理

——以东莞市××幼儿园的教育环境为例

郑静妮[*]

陈鹤琴老先生提出核心教育主张"活教育",其目的论:做人,做中国人,做现代中国人。课程论:大自然、大社会都是活教材。方法论:做中教,做中学,做中求进步。我园以《纲要》的精神以及以上的教育理念规划管理富有教育性、自然生态的学习环境,让幼儿健康快乐,和谐发展。

但是,当今很多幼儿园的环境现状:由人工草皮、水泥地板、塑料地板、塑钢构成的"刚性环境";见缝插针,胡乱堆砌,缺乏整体规划,欠缺以办园理念引领下的"杂乱环境";没有山洞、没有山坡、没有土坑也没有障碍的"零挑战环境"。这样的环境是不利于幼儿身心健康发展的。怎样做才能做好?我们从以下五方面来规划管理幼儿园教育环境。

一、赋予建筑的文化内涵

幼儿园的建筑造型缘起客家文化,缘起于办园理念。"成长"就是根植于中国传统文化的土壤,感受着大自然的力量,春风化雨,润物无声!以"客侨文化"为载体,延续××幼儿园精神。幼儿园建筑造型以客家雕楼结合客家围屋特点设计,充分体现"客侨情,中国心"的情结。什么是围合式建筑呢?它是指相邻的两排建筑围合而成庭院空间,建筑围绕环境而立,每个活动室都面向中庭,共享景观资源。围合式的建筑强化了整个环境的公共空间与半公共空间,营造利于交流的庭院式生活。

首先,围合设计形成有效的社区边界,创造领域感和归属感,符合人的心理需求。活动室南北朝向,利于班级交流及归属感和领域感的营造,与中国传

---

[*] 作者简介:郑静妮,高级教师,广东省"百千万人才培养工程"幼儿园名园长;广东省全民"学习之星";东莞市两届名园长工作室主持人,编著《聚焦幸福教育的园本管理》一书,多项课题获省市级奖项,培养省、市名师名园长多人等。

统的"外紧内松"的居住哲学一脉相承,营造了一个温馨的邻里氛围,符合幼儿园提出的"小幼儿园,大社会"概念。

其次,有利于安全管理。围合式布局是获得良好日照的理想途径,阳光紫外线可以杀菌,空气流通也是疾病预防的有效方法之一。

最后,走廊外沿增加了弧形装饰,既打破了原来过于方正的模样,又改善了雨天走廊湿滑的问题。外墙是幼儿园 LOGO 中的主色调"树干"的颜色(咖啡色),既能体现幼儿园崇尚自然生态教育,树干、土壤颜色有质感,也让人联想到大自然,展现出幼儿园把中国客侨文化元素与幼儿园的理念有机地融合起来,并渗透到建筑风格上,让幼儿园处处有文化,处处有教育。配上幼儿园Logo 的主题墙和 LED 屏幕,与客家雕楼(独立楼梯间)互相呼应,更有画龙点睛的作用,传统中又富有现代气息,构建了××幼儿园独特的建筑风格。

二、打造有生命力的自然环境,满足幼儿可持续发展的需要

让"自然生态"成为幼儿教育的重要元素。绿色养眼、养身、养心、养品行,将绿色革命进行到底。增强幼儿免疫力的最佳方法就是让幼儿在天地之间行走,尽情享受着阳光雨露。因此,尽可能让幼儿与自然亲近,让幼儿尽情享受自然的恩赐,以增强其体魄、锻炼其意志,与自然亲近是促进幼儿身心健康发展的最佳途径。[①] 2014 年以来,我园对户外场地做了一系列改造,如把停车场改成充满了泥土气息、青草芳香的游戏场,里面配有小土坡时光隧道上的多样攀爬(草地);有滑轮组合的"三味书屋"(树屋);有水车、管道组合的干、湿沙池(玩水、玩沙池);与"泥"相约(沙水泥泞地);立体、平面涂鸦……这一切都是有生命力的自然环境,给幼儿以自由想象和探索的空间,给幼儿一个没有天花板的幼儿园,给孩子一切的可能,让他们与沙水为朋,与树木为伴!

三、营造有温度的人文环境,培养有幸福力的儿童

(一)多功能门厅,宣传与推广

幼儿园门厅是幼儿园环境创设的一个重要组成部分,同样蕴含诸多教育因素。它是幼儿每天都接触和活动的场所,同样肩负着教育幼儿的功能和职责。幼儿园的门厅是连接幼儿园和社会的一座桥梁,是体现幼儿全面发展教育目标的一扇窗口[②],它所呈现给大家的环境代表了一所幼儿园独有的文化品位、魅力

[①] 周念丽. 增强幼儿免疫力的最佳方法 [J]. 幼儿教育·教育教学,2015.
[②] 杨晓峰. 幼儿园中华文化启蒙教育环境创设探究 [D]. 济南:山东师范大学,2013.

和独特的教育风格。

1. 宣扬教育理念，追求核心价值

"培养完整儿童，奠基幸福人生"是我们的核心价值，"办园理念、一训三风、园歌"旗帜鲜明地亮出幼儿园的办学思想。只是文字说明，恐怕难以把价值植入心里，但是把幼儿园园歌、简介、3D地图、课程特色、主题活动视频、教职工简介等放在一体机中播放，让各位来宾都能在这里找到自己感兴趣的内容，通过图文并茂、有声有色的视频来了解，这是多么让人难以忘怀的体验啊！

2. 渗透环保教育，倡导绿色生活

"成长号"环保小列车，除了让师生及家长们懂得垃圾分类，还懂得废物回收，增强环保意识，养成循环利用资源的好习惯，用行动来实现保护地球。小列车收集适宜回收和资源利用的"垃圾"，包括纸类、塑料、玻璃、织物和瓶罐等，每类用一个车厢收集，货源来自我们广大的家长和幼儿，当然也少不了我们的同事们。最后，由有需要的班级自行领取，用于各班及公共环境的创设。

3. 彰显幸福文化，浸润书香校园

幸福来自书香，幸福来自亲情。一本书、两抱枕、三个人，就是我们"亲子书吧"的真实写照了，一家人同读一本书，同享一个故事，就是人生的一大乐事！这里定期更换最新最热门的绘本，在这里以书会友，与"绘本朋友"展开心灵的对话，让门厅环境与幼儿有互动交流。一个门厅集亲子阅读、办学文化于一体，宣扬环境营造得有生命、有灵气，真正发挥了其实效性。

（二）书香满校园，悦读共成长

幼儿园有语言表达中心（绘本馆），有教师的阅览室，大家见惯不怪，但是设在幼儿园里的图书馆就不是每个幼儿园都有了。我园借力于镇上的图书馆，每个季度有2000册书补充到幼儿园的图书馆，再由教师及家长义工轮流负责图书馆的借阅工作，面向全园家长和教职工开放，寻找朗读者，让更多的人成为朗读者。除此以外，幼儿园还成立"桂花园"读书会、诗歌创作基地，提供平台给读者们交流读书心得、分享好书等，诗兴大发时还可以来个即兴创作、诗歌朗诵，让幼儿园弥漫着书香的味道！

（三）温馨哺乳室，尊重与关怀

我们这个大家庭，有儿童之家，也有教职工之家、家长之家，还有哺乳室。幼儿园里女家长、女职工众多，但是很多幼儿园都容不下一间小小的哺乳室！以人为本的幼儿园，肯定要给哺乳期的家长一个安乐窝，我们园做到了：温馨的婴儿床、舒服的床单、软软的沙发、镂空的小屏风，还有纸尿裤、干湿纸巾、轻柔的音乐等一应俱全。尊重每个生命个体，不是停留在说，而是体现在细微之处。

（四）厕所见真情，温暖在心田

成也厕所，败也厕所。这是检验幼儿园管理水平的试金石。厕所里安装了壁扇除了吹走异味外，还体现了真情。厕所里设有适用于残疾人的厕盆及其他设备，在其他厕所都配备了扶手，每间厕所还特别设有婴儿座位，手袋、手机等小物件放置的空间，而且高度合适，方便有需要人士。里面还有幼儿亲手绘制的儿童画，再加上墙上的射灯映衬，营造出一种艺术氛围。为了照顾家长们的需要，厕所里还设了婴儿工作台，方便家长帮婴儿换纸尿裤，旁边贴心地设置了洗手盆，还有纸尿裤和干湿纸巾供应。洗手间里配有适合成人和幼儿高度的洗手台，在旁边创意架上有个百宝盒，里面有棉棒、止血贴、润肤露和梳子，创意架上还放着绿色的小盆栽，下面放着有盖的分类垃圾桶。洗手间墙上还挂着名画，让人仿佛置身于艺术长廊。厕所见真情，温暖在心田，因为，我们尊重每个生命个体。

四、构建有教育元素的学习环境，培育真善美的现代中国人

致力于建构开放、整合、创造和审美的儿童教育环境，帮助幼儿园培养充满活力、充满爱心、充满好奇心和充满创造性的生命个体。"孩子就像科学家一样"不停地制造问题、不停地探索、努力地解决问题。他们满脑子的问题、满心的好奇，都需要一个适宜的环境支撑[①]。

（一）多功能互动式走廊，构建有教育元素的学习环境

在"幼儿是环境的主人"理念引领下，创设"会说话的活环境"才是利于幼儿发展的。环境不是以"静态""美观"的形式存在，而是以"动态""互动"的形式存在。让幼儿主动参与，与环境发生互动，这样的环境才有它的实效性。因此，音乐长廊、"客侨"文化长廊、科学探索长廊等由此而来。幼儿可以在音乐长廊上打击盆盆罐罐、拨动风铃、敲打锣鼓；从"客侨文化"长廊中熟悉客家建筑特色、制作服饰、玩具、了解饮食文化、风俗习惯等；还可以在科学探索长廊感受有趣的磁力墙，玩玩科学探索四件套等，幼儿的探索兴趣由此萌发。

（二）在体能活动中接受挑战

因为具有坚韧意志、强健体魄和超凡勇气的一代新人将通过"有质量的"

---

① 陈晶晶. 幼儿户外亲子活动中的环境教育实践研究［J］. 时代教育，2017.

早期教育勇敢站立起来①。相对比较安静的项目：如"晃晃桥"并不高，但由于幼儿在行走时摇晃不停，要想顺利走完，首先要有足够的勇气，其次还得有手脚的协调，身体的平衡等能力，其次更需要有勇于挑战的信心和毅力。在幼儿园难觅踪影的单杠，在我们幼儿园成为幼儿最受欢迎的器材。当然，他们更爱玩升级版的单杠群，他们凭着手臂力量轻松地游走在单杠群之间，如鱼得水，来去自如。还有爬竿、攀岩等被视为"危险物"的运动器材，在幼儿的心目中恰是一个可亲近的小伙伴，我们幼儿园都让他们合理地存在，强调幼儿的"亲身体验"，鼓励幼儿在体育活动中接受更多的挑战②。让孩子学会"做人，做中国人，做具有强健体魄和民族精神的现代中国人"。

（三）中国文化渗透到幼儿的生命里，培育真善美的现代中国人

感恩是一种美好的情感，人如果没有感恩之情就不会懂得为何要孝敬父母，为何要同情别人，更不会主动去帮助别人③。只靠一两个活动并不一定能使幼儿马上萌发感恩之情，但多让幼儿经历和体验，日积月累，必见成效。有这么一群幼教人，他们具有先进的教育理念，他们的课程蕴含中华优秀传统文化，他们开展的室内外的区域活动，都是让幼儿亲身体验生活，让其环保意识渗透到骨髓。文化需要传承，传统需要延续，在学前教育中，如何通过生活、游戏和教学活动来传承和延续我们的优秀传统文化呢？④ 比如，在区域里投入象棋，可以用二十四个节气做成跳棋，还可以寻找一些感恩的故事用皮影戏或木偶或者真人表演的形式，把感恩之情通过表演慢慢渗透进幼儿的言行当中。在幼儿园的户外角色游戏区的井上面的木条上写上"饮水思源"，通过故事向幼儿解释这个成语后，幼儿再慢慢内化成自己的品质，成为真善美的现代中国人。

五、盘活"边角空间"，拓展幼儿的创意空间

幼儿园"边角空间"无处不在，如活动室与绿化带之间，各游戏区域之间，这些地方往往变成了闲置区，无人问津。怎样把它盘活，变成有用的场地呢？我们是这样做的：活动室外墙边有一排树，之前只有一些杂草，显得凌乱，更不能作为孩子活动场所。因此，我们把树下开发成沙地，保留边沿的草用于防止沙子溢出，在树与树之间系上两条大麻绳，可供幼儿游走在树与树之间。当

---

① 周念丽. 大学生新生参加军训"倒下"说开去 [J]. 幼儿教育，2012.
② 周念丽. 安全教育从"回避"走向"体验" [J]. 幼儿教育，2013.
③ 周念丽. 让感恩之情渗透到幼儿的生命之中 [J]. 幼儿教育·教育教学，2010.
④ 周念丽. 对一合掌、一鞠躬的回味 [J]. 幼儿教育·教育教学，2010.

他们走过了四棵树后，还有3~6岁年龄段的单杠等着他们，当他们锻炼了上肢力量后，就能轻松用上肢悬垂动作，游走在二十排单杠之间接受挑战。单调的活动是乏味的，单纯的锻炼是无趣的。多排单杠之后就可以脚踏错落有序的小树桩，既锻炼孩子的灵敏度，又增加了乐趣。接着就是种植区与树桩边的狭长小道，我们在上面架起了"晃晃桥"，促进了幼儿四肢的协调发展，也连接起活动室到种植区的闲置地段。还有校园最南边的围墙，绿树成荫，围墙的"存在感"极低。我们把这围墙改成大型涂鸦，利用围墙墙身变成平面涂鸦，围墙与树之间放置了不少大大小小的盆盆罐罐、石头、桶等作为立体涂鸦，本来的"死环境"顿然变成了"活环境"，受幼儿欢迎程度为五星。做几个简单的动作，就能轻而易举盘活"边角空间"，拓展幼儿的创意空间。

环境是儿童成长的摇篮。新纲要明确指出："环境是重要的教育资源，应通过环境的创设和利用，有效地促进幼儿的发展。"努力构建人与自然共存、人与社会共融、人与自我完善的园所文化[1]，需要管理者基于办园理念规划管理而创设的，为环境赋予教育内涵形成的文化，打造一所充满孩子味、阳光味、泥土味本真乐园，其核心追求是让幼儿自由穿梭在真善美的环境中身心健康、幸福成长！

---

[1] 沈春梅. 幼儿美术教育观念应实现四个转变［J］. 广西教育A（小教版），2013.

组建家长社团 共绘育人同心圆

刘 凌[*]

家长是幼儿成长的第一任老师,虽然幼儿园都有家园合作共育的意识,但是家长往往对可参与的项目以及幼儿园的需要不够了解,其特长、资源和优势没有得到充分发掘。

为了让家长深度参与幼儿园的各项工作,我园先后成立了一批家长社团,通过"按需组织—建立章程—制定常规—自发组织—有效反馈"的五部曲,进行机制改革,搭建家长参与教育的平台,让家长成为幼儿园工作的参与者、合作者甚至组织者。

一所好的幼儿园是幼儿成长的摇篮,是教师发展的沃土,更是家长学习育儿知识的大学。围绕着家庭教育与幼儿园教育的一致性、连贯性,我园从管理、课程、理念三个层面引导家长社团有序、有力地融入幼儿园,实现家长与园所共绘育人同心圆。

一、支持家长社团参与幼儿园管理

幼儿园工作较为细致、繁杂,家长最为关注的有安全、健康、饮食营养等层面。家长社团的雏形和想法来自幼儿园膳食委员会的成立。每学期,膳食委员会会定期组织幼儿伙食试吃活动,让家长充分、真实地了解幼儿园的膳食搭配和幼儿在园就餐情况。通过这一方式,更多的家长认识、理解了幼儿园工作。此外,针对园所一些肥胖儿童、偏瘦儿童,膳食委员会还会定期组织沙龙,宣传健康饮食理念,促进幼儿健康。

此外,我们还成立了安全委员会。安全委员会作为幼儿园安全的"第三只

---

[*] 作者简介:刘凌,深圳实验幼儿园园长,正高级教师,深圳市高层次人才、市人大代表;获"深圳市十佳校长""市五一劳动奖章"等30余项荣誉;获2021年广东省教育教学成果奖特等奖;在核心刊物发表论文20余篇,主持课题20余项。该文发表于《中国教育报》2022年03月20日第2版。

眼睛",会定期巡查幼儿园设施设备的安全隐患。安全委员会的家长大多从事警察、武警等工作,有着更加专业的认识。幼儿园在组织一些涉及全体幼儿的活动时,会充分发挥安全委员会的作用,发挥家长特长,讨论安全预案,以支持园所各项活动的开展。

为使家长积极参与社团,保证家长社团活动持续开展,我们为每位家长准备"家长护照",让参与社团的记录可见、可思,激励家长与幼儿同学、共长。同时,在幼儿园专门设置"家长之家"办公室,为社团活动常态化开展提供空间。

二、支持家长参与幼儿园课程建设

我们常说,幼儿学习的宽度与他们的经历、所见所闻息息相关。在新时代,我们充分相信"世界是孩子学习的教材"。为了更加充分、有效地挖掘家长资源,幼儿园成立了三个课程资源类的家长社团,包括故事妈妈团、健康顾问团、课程委员会。

课程资源类家长社团的工作围绕幼儿园园历中的月重点工作开展。例如,故事妈妈团在日常进班讲故事的基础上,每年在读书月负责策划与实施阅读课程的集中展示活动。每年11月是深圳市读书月,也是我园读书月,妈妈故事团会在这个月展示各种形式的绘本剧,提升幼儿对阅读的兴趣。

课程委员会重点支持幼儿园科技节活动的开展,联系资源进园所或者创设机会让孩子走出去,了解深圳作为科技创新型城市有怎样的创新贡献。例如,学期初,班级开展探究活动需要设计思维导图,课程委员会的家长会调查本班资源情况,对活动的可行性进行分析,并与教师共同进行头脑风暴,丰富探究内容,拓展幼儿经验,适时提出建议,组织班级家长助教活动,让更多家长了解班级探究活动开展情况。

三、支持家长提升育儿观念及水平

幼儿园不仅是幼儿的幸福乐园,更是家长育儿观念、育儿能力提升的田园。幼儿园女教师居多,我们通过成立爸爸专属社团,如阳光爸爸团、爸爸合唱团、爸爸摄影团等,让爸爸能够将自己的兴趣和育儿充分结合,搭建平台让爸爸们沟通交流育儿问题,让爸爸们深度"卷入"教育现场,参与幼儿教育的全过程。

此外,家长社团还是家长群体充分沟通、交流育儿心得的平台。课程委员会定期组织家长交流活动,针对备受关注的主题进行多形式讨论。如小班的分离焦虑、中班的情绪管理、大班的幼小衔接等内容。特别是针对幼小衔接，课程委员会不仅会邀请同级家长，还会请到已上小学的幼儿园毕业生家长进行交流分享，以此缓解家长们的焦虑情绪，科学看待幼小衔接。

这些年，通过家长社团的组织与开展，我们欣喜地看到，家园关系由"单向聆听"变成"双向互动"，家长与幼儿园的理念共鸣，与教师的工作共生，与幼儿的学习与发展共振，家庭教育与幼儿园教育实现了同向、同行。

新闻篇

第四编

"一核四翼"育人模式助推一流学前教育专业建设

　　中央广播电视台总台中央新影发现之旅频道播出《"一核四翼"育人模式助推一流学前教育专业建设》,扫下图二维码看精彩视频。

聚焦"三高一低",培养高端人才*

——以广东省基础教育"百千万人才培养工程"项目为例

周　峰

基础教育高端人才培养是构建高素质专业化创新型教师队伍的必然要求。自 2012 年至 2020 年,我院承担了两期广东省中小学新一轮"百千万人才培养工程"小学名校长幼儿园名园长培养项目,在项目首席专家周峰教授带领下,历经八年的探索与实践,逐步形成了广东基础教育高端人才"三高一低"培养模式。该模式经过模式初创期的框架搭建、应用完善期的整合优化、成果推广期的引领辐射,高端人才培养取得了显著成效。2021 年,教改成果《广东基础教育高端人才"三高一低"培养模式研究与实践》荣获第十届广东省教育教学成果奖(基础教育)一等奖。

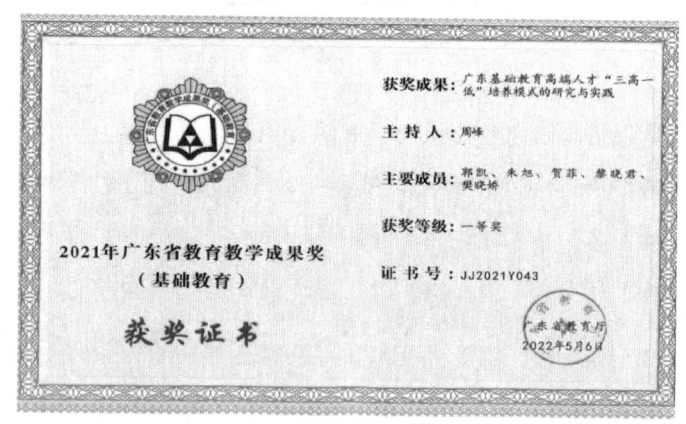

一、基础教育高端人才"三高一低"培养模式的构建

基础教育高端人才"三高一低"培养模式,即"高端"的培养目标、"高瞻"的培养课程、"高效"的培训过程、"低重心"的培养方式。"三高"体现

---

* 该文发表于新华网、环球网 2022 年 6 月 28 日。

高定位、高水准、高效率,"一低"体现精准培训的实施理念以及扎根实践、服务实践的价值取向。具体如图所示:

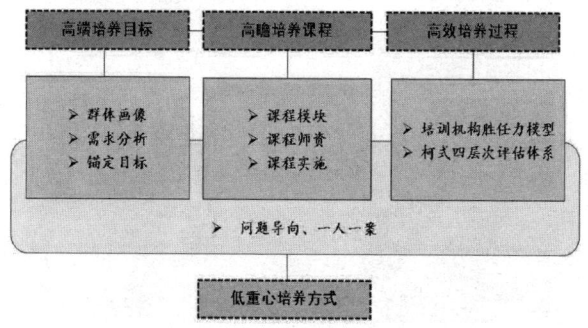

(一)"高端"的培养目标

运用资料分析法、可视化工具给受训对象进行群体画像,归纳共性需求。通过问卷调查法、访谈法、SWOT分析法等了解学员个性需求。基于需求锚定高端培养目标、年度培养目标、具体目标,厘清基础教育高端人才培养目标系统。比如,该项目小学名校长的培养目标:围绕"立德树人"的根本任务,回归教育本真,创新教育实践,培养造就一批办学思想先进、精通教育、善于管理、视野开阔、富有实践创新精神,能够引领学校特色发展和品牌建设,并在国内享有较高美誉度和传播力的小学名校长,实现教育家办学,成为持续提升学校品质和自觉引领教育改革创新的核心力量。

(二)"高瞻"的培养课程

依据高端人才培养目标,结合学员的"共性"特征和"个性"特质,建构了以增进理论修养和综合素养、拓宽教育视野和办学思路、提升实践创新能力与活力为重点,以理论与实践双向互动、发展性与辐射性相互融通为特色的高瞻型课程体系。该体系遵循学习进阶的思路,采用"以时间为纵轴,凸显梯度变化;以主题为横,凸显内容变化"的原则而搭建,强调"主动学习""在活动中学习""在获取关键经验中学习"。依据项目实施的需要,细化出高瞻型培养课程模块体系、高瞻型培养课程实施体系和高瞻型导师团队。

(三)"高效"的培养过程

该项目根据校(园)长专业化培训规律,整合过往名校(园)长培养项目的经验,聚焦高效培养,形成了基础教育高端人才培养集中理论研修、岗位行动研究、异地考察交流、示范引领带学、课题合作研究这五个流程。项目依托培训机构胜任力模型,实施高效的项目管理。项目利用柯氏四层次评估体系对项目进行绩效评估,确保实施效果。学员在期满问卷调查中反馈"培训引导我站在教育高处理性思考和实践,受益终身"。

(四)"低重心"的培养方式

"低重心"的培养方式强调培养重心回归办学实践,以问题为导向,扎根在教育实践的土壤上,协助学员整合办学理念与改进经验,形成指导学校变革的完整体系。其核心做法有两点。第一,"问题链"串联。"低重心"的培养方式以问题为导向,用"问题链"串联行动研究。深化行动研究,通过导师协同引导下的课题研究、项目合作、现场诊断、跟岗学习,引导学员在各阶段的培养中聚焦研修重难点,反思办学过程的实践问题。第二,一人一案。为了进一步促进实践生成,项目还设计了"因校(园)施策的个性化指导"环节,秉持"一人一案,因校(园)施策"的培养理念,开辟一条既全覆盖又差异化的名校(园)长培养路径,项目先后组织"学校诊断活动"和"个性化指导"活动,达成精准培养的效果。

二、基础教育高端人才"三高一低"培养模式的特色

（一）在培训价值取向上，坚持理论引领与实践优化并重

我院始终坚持理论引领与实践优化并重的价值取向，遵循"知行统一"的培训原则，使"做中学"成为贯穿培训的重要理念，使培训不再是有利于学校（幼儿园）教育教学实践之外的附加任务，而是真正能够帮助教师学以致用、实现个人与学校（幼儿园）共同发展的重要手段。

（二）在培训内容选择上，坚持课程预设与动态生成并重

我院重视在项目中引入"首席专家制度"，依托教育专业研究者和教育实践专家的智慧，科学设计、统筹规划培训的研习主题与具体内容。同时，我们亦不回避参训学员中现实存在的个体差异，着力做好培训需求调研活动，保证"训前"和"训中"能够持续不断地跟踪了解学员需求、保持与项目专家的即时沟通，以保证对培训预设内容做出恰当、及时的调整，不仅让培训的指向性与针对性更为突出，更在相当程度上调动了学员的参训热情。

"三高一低"培养模式探索：以培育基础教育高端人才为追求 >>>

（三）在培训组织过程中，坚持外在引导与内在修炼并重

我院在组织培训时，坚持贯彻以"参训者为主体"的培训理念，依托"导师引领、多元互动、合作学习"的培训方式，构建"研修共同体"。通过分组交流、集体分享、问题诊断、现场答疑等系列活动，让参训者在发挥自身优势、借助同伴力量、获得导师引领的研修活动中，不断深化自我觉察、提炼内在经验、挖掘潜在的能力，切实增强个人持续发展的意向与能力。

（四）在培训资源运用上，坚持境内资源与境外资源并重

我院在组织培训过程中，历来重视培训资源的积累与开发工作，将其作为不断提升培训质量的重要保障。除了与国内一批优质名校建立了密切的合作关系外，我院还着力增加、拓展与境外教育机构的联系。

（五）在培训绩效评估上，坚持过程评价与结果评价并重

我院采取"柯氏四层次评估体系"进行绩效评估。此种模式既要在纵向上坚持训前、训中、训后的全程跟踪式评估，又要在横向上注重采用过程评价与结果评价相结合、学术成果评价与实践表现评价相结合、个体评价与团队评价

相结合等多样化方式，从而确保我们能够全面了解和监控学员参训活动过程，时时掌握培训各项活动的实施成效信息，密切关注学员的具体表现和需求状况，对整个项目的实施进程及相关安排做出即时、动态调整。

三、基础教育高端人才"三高一低"培养模式的实践效果

该培养模式取得了显著效果，培养了一批拔尖创新型的广东基础教育高端人才。截至2021年4月，我院承担的51名学员中，有9名学员被评为特级教师，23名学员被评为正高级教师，占学员总数的62.94%；27名学员被评为省级校（园）长工作室主持人，占学员总数的52.94%。无论是获评正高级教师的比例，还是入选省名校长工作室主持人的比例，都远大于同期全省"百千万人才培养工程"项目的平均值。

类别	已培养对象人数（单位：人）	培养后评为正高级职称的人数（单位：人）	培养后评为正高级职称人数占总培养人数的比例（%）	培养对象成为名师、名校（园）长、名班主任工作室主持人人数（单位：人）	培养对象成为名师、名校（园）长、名班主任工作室主持人人数占总培养人数的比例（%）
全省"百千万人才培养工程"项目	483	113	23.39	229	47.41
我单位"百千万人才培养工程"项目	51	23	45.100	27	52.94

学员共获得国家级、省级教育科研立项176项，省级以上个人教育工作奖69项、省级以上学校业绩奖项100余项；共发表论文211篇，出版著作50部，主讲县级以上讲座超过900场次，乡村教育活动参与人数达105人次。项目专家共计出版三套系列丛书（21册），主持19项科研项目（4项国家级），发表13篇论文（2篇核心）等。同时，成果多次被中央电视台、中国网等国内主流媒体报道，甚至美国波士顿地方报也以"World-Class Educators"为题，报道该项目校（园）长赴美跟岗学习情况。培养模式所产生的影响不只在国内，并已波及海外。

探寻基础教育高端人才"三高一低"培养新模式[*]

——广东省中小学德育研究与指导中心执行主任周峰访谈录

叶湛霞　黄日暖

10年来,广东实施"强师工程",全面深化教师队伍改革建设,不断推动教师队伍实现数量增长、结构优化和素质提升,为高质量教育体系建设插上腾飞的翅膀。

作为"强师工程"高端项目的广东省中小学"百千万人才培养工程",至今累计遴选982名学员参加名教师、名校长、名班主任省级培养项目。广东第二师范学院教育学院承担了前两批"百千万人才培养工程"小学名校长、幼儿园名园长省级培养项目,通过8年培训实践的行动研究,形成了基础教育高端人才"三高一低"培养模式。该模式聚焦高素质专业化创新型教师的培养,践行教师培训的理论建构,获2021年广东省教育教学成果奖(基础教育类)一等奖。

围绕"三高一低"培养模式的内涵、特色和成效等问题,我们专访了教育部国培专家、广东第二师范学院教育学院(学前教育学院)原院长、广东省中小学德育研究与指导中心执行主任、广东省中小学教师培训专家工作室主持人周峰。

《广东教育》:基础教育高端人才"三高一低"培养模式的具体内涵是什么?

周峰:基础教育高端人才"三高一低"培养模式是在"百千万人才培养工程"小学名校长、幼儿园名园长培养项目的8年实践探索中凝练和发展起来的。

"三高一低"培养模式,是以党建为引领,专业为支撑,构建"高端"的培养目标、"高瞻"的培养课程、"高效"的培训过程和"低重心"的培养方式。该模式围绕"三高一低"框架生成了高端人才培养目标系统、高瞻型培养

---

[*] 该文发表于《广东教育》2022年第10期。

课程体系、"问题链"串联行动研究模型、培训机构胜任力模型和柯氏四层次评估体系等子模型。

具体而言，"高端"的培养目标是培养基础教育领域的高端人才，结合"百千万"学员信息资料给受训对象进行群体画像，准确把握项目学员群体特征。通过问卷、访谈等形式，从社会、政府、学校、个人需求的维度出发，设计培养总目标。"高瞻"的培养课程是在美国高瞻课程的"主动学习""在活动中学习""在获取关键经验中学习"等主旨理念的启发下，结合项目特点，在课程模块、课程实施、课程师资等方面进行高瞻远瞩的多元设计和拓展，细化出高瞻型培养课程内容体系、高瞻型培养课程方式体系和高瞻型导师团队。"高效"的培养过程即用基础教育高端人才培养流程对学员进行高效培养，用培训机构胜任力模型对项目进行高效管理，用柯氏四层次评估体系对项目进行高效评估。"低重心"强调培养重心回归办学实践，以问题为导向，扎根教育实践，及时发现并解决办学过程中存在的问题，形成对教育问题的独立见解，协助学员提升办学理念与改进经验，形成指导学校变革的完整体系。"三高"体现高定位、高水准、高效率，"一低"体现精准培训的实施理念以及扎根实践的价值取向。

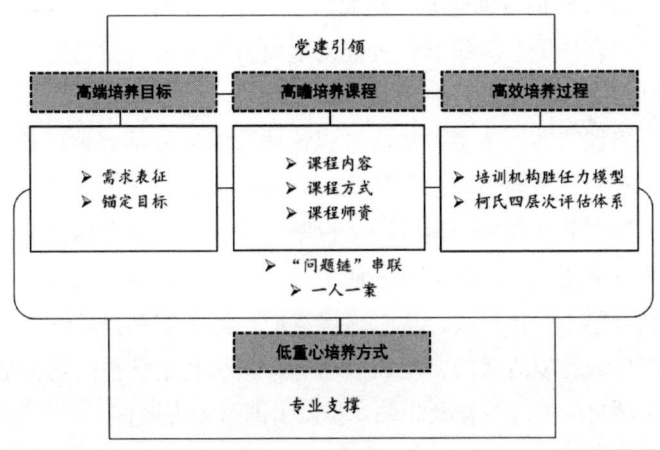

《广东教育》：基础教育高端人才"三高一低"培养模式的主要特色是什么？

周峰：基础教育高端人才"三高一低"培养模式的特色主要体现在五方面。

第一，在培训价值取向上，坚持理论引领与实践优化并重。在各类培训中，我们始终坚持理论引领与实践优化并重的价值取向，遵循"知行统一"的培训原则，使"做中学"成为贯穿培训的重要理念。

第二，在培训内容选择上，坚持课程预设与动态生成并重。培训内容与社会和教育发展趋势相呼应、与学员专业发展的需求相契合，这是保证培训质量的基本点。为此，我们在项目中引入"首席专家制度"，依托教育专业研究者和教育实践专家的智慧，科学设计、统筹规划培训的研习主题与具体内容。同时，我们亦不回避参训学员中现实存在的个体差异，着力做好培训需求调研活动，保证"训前"和"训中"能够持续不断地跟踪了解学员需求、保持与项目专家的即时沟通，从而保证对培训预设内容做出恰当、及时的调整，不仅让培训的指向性与针对性更突出，更在相当程度上调动了学员的参训热情。

第三，在培训组织过程中，坚持外在引导与内在修炼并重。我们在组织培训时，坚持贯彻以"参训者为主体"的培训理念，依托"导师引领、多元互动、合作学习"的培训方式，构建研修共同体。通过分组交流、集体分享、问题诊断、现场答疑等系列活动，让参训者在发挥自身优势、借助同伴力量、获得导师引领的研修活动中，不断深化自我觉察、提炼内在经验、挖掘潜在的能力，切实增强学员持续发展的意向与能力。

第四，在培训资源运用上，坚持境内资源与境外资源并重。我们在组织培训过程中，历来重视培训资源的积累与开发，将其作为不断提升培训质量的重要保障。我们构建校长培训联盟，与北京、上海、江苏、浙江等地一批优质名校建立了密切的合作关系。除了积极推动境内资源开发与整合之外，我们还着力增加、拓展与境外教育机构的联系。

第五，在培训绩效评估上，坚持过程评估与结果评估并重。基于以往的项目实施经验，我们不断调整和改进评估方式，建成系统化的评估模式。此模式既在纵向上坚持前、训中、训后的全程跟踪式评估，又在横向上注重采用过程评价与结果评价相结合、学术成果评价与办学实践表现相结合、个体评价与团队评价相结合等多样化方式，从而确保我们全面了解和监控学员参训活动过程，及时掌握培训各项活动的实施成效信息，密切联系学员的具体表现和需求状况，对整个项目的实施进程及相关安排做出即时动态调整。

　　《广东教育》：基础教育高端人才"三高一低"培养模式的创新价值在哪里？

　　周峰：相较于现有培训实施情况，基础教育高端人才"三高一低"培养模式的创新价值主要表现在以下五方面。

　　第一，研发一系列的培训理论流程与模型，丰富了教师培训理论。基础教育高端人才"三高一低"培养模式、高端人才培养目标系统、高瞻型培养课程体系等一系列的培训理论、流程与模型，丰富了教师培训理论，提高了教师培训的理论水平。

　　第二，创新现代化的培训模式，提供了可复制的培训操作范式。基础教育高端人才"三高一低"培养模式具有可视化、操作性、实效性等特征，通过多所相关院校的推广运用，为其他培训项目提供了可复制的培训操作范式。这有利于提升教师培训的质量与效益。

　　第三，变革胜任力的培训机构管理模式，创生了可参照的培训机构管理范式。培训机构胜任力模型为提升教师培训机构的培训能力，提供了可参照的培训管理范式。这有利于打造教师培训者专业化队伍，提高教师培训机构的培训水平与效果。

　　第四，生成辐射力的培训推广模式，形成了协同发展的培训共同体。基础教育高端人才"三高一低"培养模式催生了高校联动名校（园）长工作室的培训推广模式。将"三高一低"培养模式移植到名校（园）长工作室，协同名校（园）长工作室提高培养效果，形成了具有辐射影响力的培训共同体。这有利于迅速提升培训模型的辐射效力。

　　第五，打通高等教育与基础教育之间的壁垒，打造了合作共赢的资源平台。基础教育高端人才"三高一低"培养模式通过高校与幼儿园、小学之间在实践基地、师资共享等方面的合作，形成了U—G—S模式，打造了合作共赢的资源平台，实现了高等教育与基础教育之间的衔接互通式的系统发展。

《广东教育》：基础教育高端人才"三高一低"培养模式取得了怎样的实践效果和社会影响？

周峰：在8年的培训实践中，"三高一低"培训模式取得了显著成效，培养了一批拔尖创新型的广东基础教育高端人才。截至2021年4月，51名学员中，23名学员被评为正高级教师，占学员总数的45%；27名学员被评为省级校（园）长工作室主持人，占学员总数的53%；9名学员被评为特级教师。无论是获评正高级教师的比例，还是入选省名校（园）长工作室主持人的比例，运用"三高一低"培训模式取得的效果都明显优于同期全省"百千万人才"项目的平均值。

据不完全统计，学员共获得国家级、省级教育科研立项176项，省级以上个人教育工作奖69项、省级以上学校业绩奖项100余项；共发表论文211篇，出版著作50部，主讲县级以上讲座超过900场次，乡村教育活动参与人数达105人次。项目组的理论导师出版三套系列丛书（21册），主持19项科研项目（4项国家级），发表13篇论文等。该成果获2021年第十届广东省教育教学成果奖（基础教育）一等奖，相关的培训经验被国内外多家媒体报道。

近两年，基础教育高端人才"三高一低"培训模式还运用在广州对口帮扶的贵州省黔南州中小学"校长领航班"项目上，良好的培训效果，让黔南州把原来打算只办一期的项目，又追加办了第二期。2021年起，我主要负责广东省中小学德育研究与指导中心的工作，去年中心承担了"百千万人才培养工程"小学名班主任培养项目，将继续运用"三高一低"培训模式并不断使之完善。

全景培养模式打造名校长[*]

贺 菲

"全景"强调在全局视野下对整个培养方案进行系统建构,即通过综合纵横两个维度的考量,形成有关名校长应有角色的准确定位,并以此作为确定培养目标、内容、方式及方法等构成要素的基础。

广东省人民政府于2012年10月正式启动了中小学新一轮"百千万人才培养工程"。三年来,作为承担培养任务的主要机构之一,广东第二师范学院以多年参与和组织中小学校长、教师培养工作经验及优势为基础,通过积极整合内外培训资源,坚持贯彻"研究—培训—实践"三位一体的培养原则,形成了有效助力名校长个人发展的全景培养模式。

一、定好全局方位

"全景"强调在全局视野下对整个培养方案进行系统建构,即通过综合纵横两个维度的考量,形成有关名校长应有角色的准确定位,并以此作为确定培养目标、内容、方式及方法等构成要素的基础。

在纵向维度上,既要遵循校长专业化发展的一般规律,聚焦"名校长"不同于"一般校长"和"教育家型校长"的角色特征,也要关照"名校长"培养对象普遍达到的发展水平和现实存在的发展差异及不同的发展需求,遵循共性与个性相统一的准则;在横向维度上,则要充分考量个体发展与其所处环境之间的紧密联系,把握"名校长"的成长与其所在校的内涵发展及其所带动和引领区域教育改革行动密不可分的特点,遵循培养与使用相统一的准则。

由此,"全景培养模式"体现出价值取向的多样性、培养目标的系统性、培养内容的针对性、培养方式的互补性,以及考核评价的适切性等特点。

---

[*] 该文见《中国教育报》2015年4月16日。

二、做好规范动作

对于有序推进培养过程而言，主要的"规范动作"包括"全程融贯任务驱动导向""分阶段落实递进循环模式"和"持续推动资源整合运用"三项内容。

"全程融贯任务驱动导向"强调围绕各阶段的研修主题，明确设置不同的学习任务，由此激活、强化和维持学员的学习动机，引导其聚焦各阶段研修的重点与难点，同时借由层层递进的任务设置原则，促成各阶段培养内容的有效衔接。比如，第一年度学员需要重点完成个人成长计划责任书、学校诊断报告，第二年度要完成个人发展阶段性总结、学校改进行动计划，第三年度要重点完成名校长成长之路和实践行动案例及经验总结等。

"分阶段落实递进循环模式"强调围绕各阶段的研修主题，按照"理论导入、技术引导、实践辅助、智慧行动"四个步骤，逐步推进相关活动的有序展开。比如，在"学校文化与制度建设"主题研修阶段，"理论导入"和"技术引导"在江浙地区完成，以南京师范大学集中理论学习和江浙优质学校跟岗学习、专题交流研讨的方式实施；而"实践辅助"与"智慧行动"则在学员所在校或区域内完成，其中，"实践辅助"采用以学员间协同互助为主、导师协同引导为辅的方式，"智慧行动"则依托学员自主的个人研修、实践研究或示范行动予以落实。此种活动展开方式在各研修阶段循环使用，使学员对各阶段研修主题的认识，经历了"从理论到实践、从认识到行动，并逐步转化为个人实践知识与智慧"的过程。

"持续推动资源整合运用"强调在整个培训过程中，始终关注培养培训资源的整合，为充分发挥学员自身潜能，促进其日常的研究、交流和持续的发展搭建平台。比如，以校长论坛、分组跟岗学习和入校诊断、校长讲堂等具体的活动为载体，不断完善学员与专家对话沟通的平台、学员与同伴协同发展的平台、学员与同行交流互动的平台，以及学员内省、自我反思的平台，促进学员与专家、同伴、同行及自我等不同主体之间的对话，达到在参照比较中定位自我、在协同研修中发展自我、在示范引领中实现自我的培养成效。

三、强化加分项目

在加强培训过程质量管理时，需要依据项目自身特点"强化加分动作"，重点做好"一对一指导""差异性互助"和"示范辐射影响"。

依据名校长培养项目旨在培养高端人才的定位，采用"双导师引导机制"

落实学员"一对一"的个性化指导,重点体现在"一人一案"的发展规划与核心课题设计,渗透在围绕"核心课题实践"与"研修成果提炼"而进行的"一对一"学术与实践指导中。此外,培训中还采用导师指导工作成效评估与反馈机制、导师聘用弹性机制等,来确保全程的指导成效。

依据名校长培养项目的学员来自全省不同区域、各自所在校及个人发展水平存在明显差异的现实,在尊重和重视差异性引导的前提下,特别强调促进学员之间的互学互助,引导珠三角发达地区的校长与粤东、粤西、粤北的参训校长结对,以校际互动与联盟的形式缩小差距,形成所有学员协同发展的有利态势,为全省教育均衡发展助力。

依据名校长培养项目的高端定位,重视时时引导、协助和发挥学员的示范辐射作用。通过名校长工作室建设、薄弱学校校长结对帮扶、名校长讲堂或论坛、研修成果展示与宣传等多种活动形式,在全省特别是教育欠发达的农村地区,宣传推广学员已取得的办学经验、形成的研修成果和生成的办学理念等,切实增强学员引领基础教育发展的使命感和社会服务意识,真正成长为推动本校、本地区乃至全国基础教育改革发展的主力军。

精准培训基础教育高端人才[*]

黎晓君　周　峰

广东省中小学新一轮"百千万人才培养工程",是全省"强师工程"的核心项目之一,旨在培养一批办学思想先进、教育理论扎实、教育管理水平高、富有实践创新精神、具有社会影响力和示范作用的中小学高层次领军人才。广东第二师范学院教育学院先后承担了两轮广东省"百千万人才培养工程"小学名校长幼儿园名园长培养项目。

一、培训路线:高端定位,分段递进

我们围绕"成名"与"成家"这一核心组织研讨,将名校长(园长)角色定位为教育理论的建构者、教育实践的创新者、教育思想的引领者。在此基础上确定"名家"的"模型",随之建立三年培养期的目标,进而设计培养路线及选择培养模式,打造名校长(园长)铸造"成家"的蜕变之路。

依据高端定位,项目竖立"在反思中定位自我、在行动中发展自我、在展示中实现自我"的培训主线,制定校(园)长"成名"发展菜单,设计分阶段、分重点的发展路线图。第一年度,以理论研读与名校(园)跟岗活动深化学员思考,形成校长(园长)个人研修计划与学校整体发展规划;第二年度,以学校(幼儿园)协同诊断、境外学习(台湾教育考察)和课题研究提升学员引领变革与创新的专业能力和管理智慧;第三年度,以世界名校美国哥伦比亚大学研修、个性化指导、校长讲堂,进一步检验、丰富和传播学员的教育思想。按照每年度阶段性的推进需要和活动形式的不同,有分有合地导引和实现各阶段培养内容及活动的有效衔接。

二、课程模块:突出主题,形式多样

名校长(园长)课程设置围绕研修主题和研修目标,课程架构为"模块化

---

[*] 该文见《中国教育报》2019年10月16日。

+菜单式"的设计。课程模块包括理论研修、岗位研修、名校考察、高峰论坛与示范引领，课程主题包括教育政策理论类、教育领导类、学校（幼儿园）实践经验类、教育科研方法类等。这样的课程架构注重以学员需求为主体，以问题解决为中心，以行动研究为方式。"模块化"课程强调培训系统建构与专业知识引领，凸显培养机构调动校（园）内外优质资源的优势，而"菜单式"课程则突出校长（园长）在研修中的主体性和交互性。

我们通过名家讲坛、名校考察、名著研读、小组协同、境内外实地研修考察等多种类型的培训形式及活动，引导参训学员自主学习、互动和参与。在课题陈述会、小组专题研讨、学校（幼儿园）诊断活动中，学员通过思想交融、智慧碰撞，进一步梳理办学思想，总结管理风格，催生对有关学校（幼儿园）教育重大实践问题进行深入的理论探究和实践探索。培养期间逐渐建立校（园）长专业学习社群，学员学校（幼儿园）组成区域教研联盟，为学员所在学校（幼儿园）创造全方位、深层次、多角度交流的机会。

三、实践行动：个性导向，研学一体

我们通过理论带动行动，通过实践反哺认识，秉持"一人一案，因校（园）施策"的培养理念，实行"双导师制"：在导师协助下初步形成学校（幼儿园）改进实践的基本方案；通过后续的学校（幼儿园）诊断活动，分组引导经济发达的珠三角地区学员与经济欠发达的粤东、粤西、粤北学员结对，量身订制学校（幼儿园）改进计划。结业年度开展"个性化指导"活动：再次走进学员学校与幼儿园，检验教育管理成果，整合办学理念与改进管理经验，形成指导学校（幼儿园）变革的完整体系。

在研学一体联动机制中，导师与学员相互促进、相互支撑，理论研修与实践探索优势互补。在这过程中，学员积极申报省级"百千万"专项教育管理课题，今年已全部结项。培养期间，学员主持多项国家级、省级教育科研课题，研究领域广泛，极大提高了学员自身的专业化水平。

四、示范引领：传播思想，辐射成果

"立德、立功、立言"，对于校长和园长专业化成长具有指导意义。作为名校长与名园长，既要回归并履行立德树人的责任，带动学校改进提升，更要凸显自己的教育理想，凝练自己的办学思想，践行自己的教育观点。23位培养对象在教育科研领域都取得了丰硕成果，国家级、省级教育科研立项40余项，发

表教育类论文90余篇，出版教育类著作29部；有17位学员建立了市级以上名校长（园长）工作室，主讲县级以上讲座超过500场次；持续转化办学成果，学员及其学校先后获得70余项省级以上奖项。更为宝贵的是，学员生成科学的教育主张和办学实践，继而持续保持研修发展的动力，不断引领学校（幼儿园）优质发展。

经过7年省级"百千万人才培养工程"项目的实践探索，我们在基础教育高端人才培养方面，逐步形成了"广东二师"特有的校长（园长）培训模式。

建设教育界的"黄埔军校"*

——广东第二师范学院推进"百千万人才培养工程"纪实

本报记者 翟晋玉

近百年前，孙中山在广州创立的黄埔军校为中国革命培养了大批军事家和革命家，黄埔军校也成为中国近代以来培养军事人才的摇篮和象征。

如今，在广东，一项被誉为新时期广东基础教育界"黄埔军校"的工程正在如火如荼地进行……此项工程建构了怎样的"全景模型"，到底有何魅力？本期走进广东探访。

作为广东省政府"强师工程"核心项目之一的中小学新一轮"百千万人才培养工程"，已于3年前启动，此项工程被誉为新时期广东基础教育界的"黄埔军校"，为广东基础教育人才培养、教育质量提升创设了更好的平台。

作为承担培养任务的主要机构之一，广东第二师范学院依托多年参与和组织中小学校长、教师培养工作的经验与优势，充分调动、整合学校内外资源，以理论与实践密切结合的培养模式、规范而细致的管理，赢得了参训学员及省市县各级教育行政部门的肯定和好评。

一、做好顶层设计，构建培养"全景模型"

名校（园）长的培养是一项系统工程，要培养出一批能够居于广东省中小学高层次领军人才梯队的名校（园）长，必须构建一个有利于科学引领项目进程、持续推进学员发展的"全景模型"。

"全景模型"是一个建筑设计学概念，培养方将这一专业概念引入培养过程是出于两点考虑：一是强调纵向上要遵循名校（园）长培养对象的发展层次与发展需求，遵循名校（园）长专业化发展规律确立培训主题，并按照"在反思中定位自我、在行动中发展自我、在展示中实现自我"的主线，制定分阶段、分重点的发展路线图；二是横向上结合"百千万人才培养工程"作为广东省基

---

* 该文见《中国教师报》2015年2月11日。

础教育高端项目的定位，除了关注学员的个人发展之外，在确定培养目标、设计培养内容、选择培养模式及方法时，尽可能在各层面、各维度上体现项目的价值。

基于上述考虑，在整个方案的设计中，培养方确立了"四个有利于"的价值取向，即有利于提升参训学员的自主发展意识与能力，有利于推进学校的内部改进与品牌建设，有利于促进教师继续教育的创新及师范教育的改革，有利于带动地方基础教育发展及全省的师资队伍建设。

同时，培养融入了"六个突出"原则，即在培养理念上，突出学员中心、问题导向和过程取向；在培养内容上，突出一个主题多个模块；在培养方式上，突出理论研修与实践行动相结合、导师引领与个人研修相结合、脱产学习与岗位研修相结合、国内学习与海外研修相结合，研修提升与示范引领相结合；在培养资源上，突出行政推动、专家引领、同伴互助与自我驱动；在培养管理上，突出专业化与精细化；在培养考评上，突出多元主体参与、系统标准设置和分阶段评估考量。

在"四个有利于"和"六个突出"基础上构建的名校（园）长培养"全景模型"，有力保障了培养的有序展开，实现了预期培养目标及项目的多维价值。

根据当下教师培养观念的转变和项目的定位要求，在名校（园）长的培养过程中，培训方不仅重视"研训一体化"，还关注"培养使用一体化"。因此，在培养资源的整合运用上，培养方积极搭建四个平台，即学员与专家对话沟通的平台，学员与同伴协同发展的平台，学员与同行交流互动的平台，以及学员内省、自我反思的平台，给传统的培养增添研究和带学（教）等元素。此外，培养方依托名校（园）长论坛、分组跟岗学习，以及入校诊断、校长讲堂等实践活动，促进学员与专家、同伴、同行和自我等不同主体之间的对话，达到在参照比较中定位自我，在协同研修中发展自我，在示范引领中实现自我的成效。

二、细化课程实施，深入解剖"两只麻雀"

当前，名校（园）长培养普遍存在时间仓促、定位模糊、内容笼统、难以操作等问题，学员常常有"走马观花"的感觉。针对这些情况，广东第二师范学院在培养的时间和内容上进行了精心设计：突出培养目标，定位清晰准确，可操作性强。

学院将培养周期拉长至三年，每年度分四个阶段，各阶段培养有不同的研修主题、不同的培养形式和培养目标，学员也将接受不同的学习任务。

比如，第一年度第三阶段的培养主题是学校制度建设和学校文化培育，培养的主要形式是集中面授和跟岗学习，通过在省外开展研修活动，深化学员对学校制度及学校文化内涵的理解，解析学校制度与学校文化变革中的问题及难点，掌握一系列行之有效的经验与策略。

在课程内容的选择上，突出前沿性、引领性、针对性和生成性。围绕研修主题和研修目标设计内容模块、专题讲座及相关活动。选择有工作激情、有研究心得的理论专家和名校（园）长开设讲座，让学员在感悟管理智慧的同时，感受工作激情的熏染，提升名校（园）长的使命感和责任意识，培育专业精神和管理智慧。

在研修过程与研修方法上，强调"五结合五阶段"，以问题为中心，以案例为载体，以深度反思和实践改进为抓手，融自我反思、名家论坛和理论引领于一体，注重理论研修与实践探索、浸润体验、对话研讨，以及传帮带学（教）的优势互补。

在研修过程中，培养方鼓励小组自拟研修主题，导师协同实践研修。通过导师协同指导小组岗位实践研修活动，集中力量展开对学校（幼儿园）发展与改进过程中难点热点议题的深入探究，并围绕各小组确定的焦点议题，生成相应的研修经验或典型案例。

培养还实行"双导师"协同制度，即由实践导师与理论导师协同指导，让培养对象在实践中反思感悟教育的真谛。学员分小组到实践导师所在学校（幼儿园）跟岗学习三天，再到某一培养对象所在学校（幼儿园）交流指导两天，导师全程跟进。在解剖这"两只麻雀"的过程中，学员可以更深切地理解"优质校（园）"与"理想校（园）"的差异，并亲身感受理论讲座之外的震撼。

三、放大交流展示，让团队产生"核聚变"

为了促进名校（园）长之间的交流研讨，2014年6月，广东省第二师范学院在广州番禺区市桥实验小学举办了名校长、名园长办学思想高峰论坛。论坛上，学员就教育价值的追求、学校内涵的发展、学校文化的培育等方面进行了分享，思考不断升级，对教育的本质有了更深刻的认识。

"这是一次高端的思想峰会，是一次很好的学习机会，也是很好的锻炼机会。"惠州市龙门县龙城二小校长刘玲芳认为，专家对每位校长发言的点评很有针对性。"通过本次峰会，我真切地认识到，思想是智慧的源泉，办学理念对一所学校发展起着至关重要的作用。而一个校长如果没有自己的办学理念，是办不好学校的。"

深圳滨河小学校长孔文东在这次论坛上也收获良多："论坛虽然结束了，在我思想深处激起的涟漪却漾漾不平。"台上台下办学者的智慧碰撞，指导专家的精彩点评，带给他许多启示，"办学需要策略：顶层设计、队伍建设、课程建设、课堂建设、特色发展、家校合作、涵养文化，缺一不可。办学需要坚守：有定力、守本真、可持续"。

类似这样充满思想碰撞的论坛每年都会举办，论坛为整个培养方案增添了亮色和活力，也让学员对整个项目培养项目产生了更高的认可度。

汕头市金珠小学校长纪胜辉说，通过聆听专家的讲座和与学员的交流，"开阔了眼界，拓展了视野，学习了许多先进理念和办学经验，深受启发，受益匪浅"。

广东省育才幼儿院一院院长陈蕾说："培养方案设计思路前瞻而独特，既汇聚了国内优质资源，引进高端专家讲学团，又创造了学员互动平台；不仅充分发挥了学员自身的资源优势，也为我们提供了广阔的学习场。"

番禺区市桥实验小学校长柯中明很是兴奋，因为他在培养过程中结交了许多同样拥有高远志向的朋友。"我们30多人在一起度过3年的时间，共同的经历让我们形成了共同的目标。我相信，共同的发展目标一定能产生'核聚变'反应。"

"这次培训让我学而知不足，更让我学而补不足。"珠海市金湾区小林实验小学校长李湘云说，两年多的培养让他"收获思想和实践的真谛"，学会更理性地分析自我、认识自我，进而不断学习，提升校长专业及学校发展方向和策略。"我们的教育思想和教育实践方法都注入了新的东西，特别是对朝着'做有思想的教育实践者'的方向努力，又有了更深的认识。"

或许，李湘云写的一首诗能表达许多学员的心情：

"为什么冬日里我们这样温暖/那是因为我们紧靠在一起/体验式学习让我们的心紧靠在一起/……一个小组就是一簇火/一个班就是一炉火……"

培训应与时代接轨*

周 峰

"百千万人才培养工程"是国家实行的一项以强化高层次专业技术人才队伍建设，加速培养年轻一代学术带头人的重大人才培养计划。对于广东省来说，该工程对推进教育现代化、打造南方教育"高地"具有重要意义。

广东省教育厅副厅长李学明指出，"百千万人才培养工程"的根本宗旨，就是为名教师、名校长、教育家的成长创造条件、搭建平台、奠定基础，以便涌现出更多的富有人格魅力和学识魅力、师德高尚、师能高超的优秀教师、优秀校长。

广东教育已经处在由注重外延扩张到注重内涵发展、由注重数量增长到注重质量提高、由注重硬件建设到注重软件建设的关键阶段，因此，一定要从广东教育发展的进程、教育现代化的宏伟背景，畅想建设南方教育"高地"的战略任务。

培养培训要取得成功，仰赖多方面的力量和因素。作为承担培养培训任务的主要机构之一，学院实施"百千万人才培养工程"能取得目前的成绩，与以下几方面密不可分。

管理到位。广东第二师范学院校长肖建彬从项目申报到总体方案设计，多次参与研讨，并提出修改意见。此外，我们设置了项目管理小组、方案策划实施小组、简报制作和博客管理小组、质量监控小组，确保培训有序、高效地进行。

指导到位。首先，培训实行"项目首席专家负责制"，由院长担任项目首席专家，统筹负责方案制订、培训实施和效果评估等工作，副院长负责项目的具体实施和质量监控；其次，培训实行"双导师制"，理论导师由相关领域资深教授担任，实践导师由国内教育家型小学校长和幼儿园园长担任；最后，成立培训课程专家指导委员会，负责课程资源的开发和整合。

---

* 该文见《中国教师报》2015年2月11日。

服务到位。培训实行"双班主任制"。教学班主任由具有博士学历或副教授以上职称的专业教师担任，行政班主任由熟悉班务管理的资深教师担任，确保在教学和生活上为学员提供优质服务。

学习到位。培训实行"考勤管理制度"，执行"百千万人才培养工程"中期考核和最终考核制度，认真检查每个阶段学员作业的提交情况。

为了让培训效果最大化，我们在培训师资上下功夫，除了充分利用本校专家以外，学校还借力国内外优质培训资源，延请美国、英国、澳大利亚等国家的专家学者。可以说，名校（园）长想要什么样的培训资源，我们都会想办法满足。为名校（园）长提供最需要的培训，不仅是我们开展培训工作的策略，更是我们在新课改背景下，对培训工作做出的全新诠释。

广东省新一轮"百千万人才工程"小学名校（园）长培训，特色鲜明，可以概括为"五个并重"，即在价值取向上，理论引领与实践优化并重；在培养内容上，课程预设与动态生成并重；在培养过程上，外在引领与内在修炼并重；在培养资源上，境内资源与境外资源并重；在项目评价上，过程评估与成果评估并重。

领航项目精准助力黔南州教育换新颜[*]

李 刚

"领航校长"培养项目自 2020 年 10 月启动以来,已先后实施两期,为东西部协作推动人力资本开发,增强内生发展动力,助力乡村教育提供了生动的实践样本。精准的目标定位与精准的设计实施,已让领航项目结出累累硕果。

该项目由广东第二师范学院与黔南布依族苗族自治州教育局合作展开。

早在项目正式启动的前一年,广东第二师范学院教育学院就与黔南州教育局多次沟通,了解黔南州教育及教师队伍发展的基本情况。依据校长专业化水平的重要影响,以及黔南州亟须"专家型"校长撬动全域教育发展步伐的事实,最终确定以"领航校长"培养为依托,努力培养一支带不走的高素质专业化的校长队伍,真正肩负起引领黔南州教育高质量发展的使命。

研拟培训方案前,广东第二师范学院还专门组织专家团队,与黔南州教育局领导及部门负责人座谈,并深入多所学校开展实地调研。在此基础上,双方共拟遴选方案,共建专家团队,以笔试和无领导小组讨论的方式选出黔南州 12 个县市最具发展潜力的校长作为培养对象。可以说,这是一群被黔南州政府和人民寄予厚望的校长,他们的成长也代表着黔南州教育高质量发展的期望。

广东第二师范学院依据已有的基础教育高端人才培养经验,紧密结合黔南州校长发展的整体水平和个性需求,研拟了以"三高一低"培养模式为主体的培训方案:凸显高端的目标定位,建构高瞻的培养课程,落实低重心的培养方式。

"领航校长"培养项目的参训校长大多是在当地已取得一定办学实绩的校长。在新时代教育改革创新的整体背景下,相较于教育发达区域的优秀校长,他们在办学视野、专业认识与领导能力上都还有很大的提升空间。为此,"扶智"是从专业发展的维度,以校长专业能力提升为重点,以打造黔南州优质校为依托,结合国家基础教育改革的重点和发展趋势,全方位提升参训校长引领

---

[*] 该文见《人民日报》客户端广东频道 2022 年 9 月 23 日。

学校实践变革的能力。

除了校长专业发展维度的考量外，决定他们能否突破地理与经济等多方面条件限制，走出已有的学校发展基础，取得实质性更上层楼的自我超越之局，并在更广阔的范围内肩负起示范引领责任的关键，是其内在的意志力。因而，"扶志"是从内生动力的角度出发，以激发志气和培养意志为重心，以支持校长传帮带的实践行动为依托，厚植参训校长心系师生的教育情感、心怀家乡的责任担当。

广东第二师范学院配备了教育理论功底深厚的任课教师，选派了珠三角管理经验丰富的知名校长深入点拨，还邀请了蔡林森校长详细解读"先学后教"的思想和操作要领，以丰富的课程套餐满足黔南州校长的发展需求。

同时，先后两次分别组建18人专家团队，赴黔南州12个县市，深入学校开展诊断式调研，了解各校的发展瓶颈，研讨改革中的重难点议题，并研拟120份学校诊断与发展报告。

通过珠三角和长三角等区域的跟岗实践，帮助校长们感知优质校的文化内涵，探究其发展模式和改革路径，学习其办学经验和品牌特色，进而深化参训校长的实践反思，拓宽办学思路，激发办学智慧。

情系黔南：领航项目精准助力教育换新颜[*]

贺 菲 周 峰 黄 怡

作为广州黔南州帮扶协作的重要组成部分，"领航校长"培养项目是发挥"高校—地方教育行政部门—学校"三方协同作用，以"为黔南州培养一支带不走的教育领军人才队伍"为旨归的人才培养项目。该项目由广东第二师范学院与黔南布依族苗族自治州教育局合作展开，自2020年10月启动以来，已先后实施两期，为东西部协作推动人力资本开发，增强内生发展动力，助力乡村教育提供了生动的实践样本。

一、精准的定位：从"输血"到"造血"

精准的定位是高质量教育帮扶的前提。早在项目正式启动的前一年，广东第二师范学院教育学院就与黔南州教育局多次沟通，了解黔南州教育及教师队伍发展的基本情况。依据校长专业化水平的重要影响，以及黔南州亟须"专家型"校长撬动全域教育发展步伐的事实，最终确定以"领航校长"培养项目为

---

[*] 该文见环球网2022年9月19日。

依托，努力培养一支带不走的高素质专业化的校长队伍，真正肩负起引领黔南州教育高质量发展的使命。

研拟培训方案前，广东第二师范学院还专门组织专家团队，与黔南州教育局领导及部门负责人座谈，并深入多所学校开展实地调研。在此基础上，双方共拟遴选方案，共建专家团队，以笔试和无领导小组讨论的方式选出黔南州12个县市最具发展潜力的校长作为培养对象。可以说，这是一群被黔南州政府和人民寄予厚望的校长，他们的成长也代表着黔南州教育高质量发展的期望。

星星之火，可以燎原。"领航校长"培养项目的价值定位是基于"后扶贫时代"乡村教育仍面临"优质困境"的适切选择。它是走出传统帮扶的"输血"模式，致力于促生自身"造血"功能的帮扶行动。其"造血"功能不仅体现在支持参训校长所在校迈向"跨越式"发展的轨道，更展现于参训校长以自身经验的传播推广。通过"献血"的方式帮扶到更多的学校，在传帮带的过程中让更多校长也产生自我"造血"的功能，从而延展出"以点带面"的帮扶成效。

二、精准的目标：既"扶智"又"扶志"

精准的目标是高质量教育帮扶的先导。教育培训作为东西协作共进的重要内容，要避免其因培训活动结束而终止的短期效应，在受扶区域内产生长效影响，就要兼顾校长的培养与使用"双管齐下"，既"扶智"，又"扶志"，以"志智双扶"作为引领整个项目实施过程的主要目标，以便将"授以渔"和"立以志"的行动逻辑贯穿于各项培养活动，进而凸显新时代教育精准扶贫政策的精髓。

"领航校长"培养项目的参训校长大多是在当地已取得一定办学实绩的校长。在新时代教育改革创新的整体背景下，相较于教育发达区域的优秀校长，他们在办学视野、专业认识与领导能力上都还有很大的提升空间。为此，"扶智"是从专业发展的维度，以校长专业能力提升为重点，以打造黔南州优质校为依托，结合国家基础教育改革的重点和发展趋势，全方位提升参训校长引领学校实践变革的能力。

扶贫先扶志，攻坚先攻心。除了校长专业发展维度的考量外，决定他们能否突破地理与经济等多方面条件限制，走出已有的学校发展基础，取得实质性

更上层楼的自我超越之局，并在更广阔的范围内肩负起示范引领责任的关键，是其内在的意志力。因而，"扶志"是从内生动力的角度出发，以激发志气和培养意志为重心，以支持校长传帮带的实践行动为依托，厚植参训校长心系师生的教育情感、心怀家乡的责任担当。

正如在开班典礼上，黔南州教育局局长黄怡所说，"希望各位校长增强荣誉感、紧迫感、使命感，能够珍惜机会、学思践悟、知行合一，能够引领全州教育改革与发展，展现黔南教育良好形象"。而"志智双扶"的目标导向，恰恰是着眼黔南州教育发展实际，通过融贯各项培养活动的双向发力，培养既能有大抱负，更能有大作为的专家型校长。

三、精准的设计：既"顶天"又"立地"

精准的设计是高质量教育帮扶的支撑。广东第二师范学院依据已有的基础教育高端人才培养经验，紧密结合黔南州校长发展的整体水平和个性需求，研拟了以"三高一低"培养模式为主体的培训方案，引领整个培训过程的有序展开。

一是凸显高端的目标定位，对标基础教育领军人物素质特征，以"志智双扶"为核心，积极协助参训校长成长为有思想、有行动、有品牌、有传播力的"四有"校长。二是建构高瞻的培养课程，以"跨时代的传承、跨文化的借鉴、跨领域的学习"的观念统领活动内容，使参训校长能够站得高、看得远、想得深。三是落实低重心的培养方式，将"一人一案、因校施策"理念贯穿于培养过程，聚焦学校问题，基于导师协同指导的多项活动，使培训回归实践并服务实践，助力学校改进与品牌孵化。四是保障高效的培养过程，以"目标一致、责任分担、合作发展"的原则协调各方关系，通过优质资源的合理配置、管理制度的配套完善，评估体系的系统运作，支持培养活动的高效展开。

"三高一低"培养模式的设计思路是让整个培训既能"拔得高"，使参训校长们站位高、觉悟高、能力水平高，也能"扎得深"，即在方式上要能入区域、入学校、入课堂，在内容上要能入眼、入脑、更入心。其设计特点集中在通过理论引领与实践优化并重，课程预设与动态生成并重，外在引导与内在修炼并重，过程评估与结果评估并重，进而促成培训者供给与参训者需求之间的精准对接。

四、精准的施训：既"增能"又"赋能"

精准的施训是高质量教育帮扶的基础。领航项目的实施集中在三个模块。

一是"个人发展、理论先行"，通过研读党和国家教育方针、政策，解析教改前沿和热点，荐读中外教育名家名著等，帮助参训校长夯实理论基础、开拓教育视野。瓮安中学校长余家品在学习后说，"广东第二师范学院配备了教育理论功底深厚的任课教师，选派了珠三角管理经验丰富的知名校长深入点拨，还邀请了蔡林森校长详细解读'先学后教'的思想和操作要领，以丰富的课程套餐满足黔南州校长的发展需求"。

二是"学校发展、诊断先行"。邀请具有丰富理论积淀的资深教授和具有丰富办学成果的知名校长，先后两次分别组建18人专家团队，赴黔南州12个县市，深入学校开展诊断式调研，了解各校的发展瓶颈，研讨改革中的重难点议题，并研拟120份学校诊断与发展报告。活动后，龙里中学潘兴艺校长认为，"在新课程、新高考、新教材的新形势下，专家们深入学校进行实地调研，靶向问诊，精准开方，为学校有效提升教育管理水平注入了强大动力，也极大地鼓舞和增强了龙中人真抓实干、干事创业的信心和决心"。

三是"实践创新，跟岗先行"。通过珠三角和长三角等区域的跟岗实践，帮助校长们感知优质校的文化内涵，探究其发展模式和改革路径，学习其办学经验和品牌特色，进而深化参训校长的实践反思，拓宽办学思路，激发办学智慧。龙里县醒狮初级中学校长宋荣认为，"长沙的培训让我更深地体会到，学校教育短期看生源、中期看师资、长期看课程。学校不仅要根据国家教育目标开展'以生为本'的显性课程，还要通过价值引领，塑造'以劳育德，以德树人'的潜在课程"。

精准的目标定位与精准的设计实施，已让领航项目结出累累硕果。其成效不仅体现在参训校长个人"增能"上，还表征在参训校长"赋能"其他学校，对整个区域的教育发展的影响力上。以即将结束的第一期"领航校长培养"为例，校长们发表了近60篇教育及管理类专业论文，还在州县域内开展了60余场专题讲座，参与或组织了面向青年教师或校长的各种培训活动，不仅助力黔南州学校"换新颜"，更汇聚成了黔南州教育"好声音"。

"领航校长"培养项目还在继续。在东西部协作共创黔南州教育发展新格局的进程中,教师队伍建设是重中之重。培训方要释放项目的"在地"影响力,就必须将工作做实做细,提前"想参训者之所想""急参训者之所急",更要将"解参训者之所困"转换为对校长所处复杂情景、所遇困惑与问题、所需资源与支持的深入体察,以多维度的协同行动,助力校长、学校及整个黔南州教育的共同发展。

黔粤携手，助力黔南教育高质量发展*

贺 菲 郭 凯

经贵州省教育厅、广东省教育厅、广州市扶贫协作和对口支援合作办公室、广州市教育局、广东省中小学校长培训指导中心、黔南布依族苗族自治州教育局、广东第二师范学院等多方协商与努力，广东第二师范学院和贵州省黔南布依族苗族自治州教育局合作开展的"中学校长领航班"项目于 2020 年 10 月 31 日正式开班，迄今已经开展了两期。此项目是响应习近平总书记关于深化东西部协作和定点帮扶工作的重要指示精神、广州黔南州对口帮扶协作的重要教育项目，得到广州市、黔南州政府及其教育主管部门的大力支持，是密切联系黔南州教育发展特点，充分发挥"高校—地方教育行政部门—学校"三方协同作用，以培养黔南州基础教育高层次人才为目标，持续助力黔南州教育高质量发展的培养项目。

一、协同合作，精心准备

---

* 该文见中国网 2022 年 3 月 22 日。

为确保本次培训能符合黔南州教育发展需要，回应参训校长现实的发展需求，广东第二师范学院教育学院与黔南州教育局多次沟通，并专门组织专家进行实地调研，收集和掌握黔南州教育发展的各种信息，使培养方案的研拟扎根在黔南州教育实践的土壤中，高度契合于校长们的发展情况。

培训开始前，广东第二师范学院还与黔南州教育局协同合作，共拟遴选方案，共建专家团队，共同开展活动，通过笔试和无领导小组讨论的方式选出黔南州12个县市最具发展潜力的校长作为培养对象。可以说，这是一群被黔南州政府和人民寄予厚望的校长，他们的成长也代表着黔南州教育优质发展的期望。正如开班典礼上，黔南州教育局局长黄怡所说，"希望各位校长能增强荣誉感、紧迫感、使命感，能够珍惜机会、学思践悟、知行合一，能够引领全州教育改革与发展，展现黔南州教育良好形象"。

二、统筹资源，精准施训

在培训过程中，广东第二师范学院依据已有的基础教育高端人才培养经验，紧密结合黔南州校长发展的整体水平和个性需求，以"三高一低"的培养模式推进各项培训活动的有序开展。

一是凸显高端的目标定位，要对标基础教育领军人物的素质特征，积极协助参训校长成长为有思想、有行动、有品牌、有传播力的"四有"校长。

二是建构高瞻的培养课程，以"跨时代的传承、跨文化的借鉴、跨领域的学习"的观念统领活动内容，使参训校长能够站得高、看得远、想得深。

三是落实低重心的培养方式，以"一人一案、因校施策"理念贯穿培养过程，聚焦学校现实问题，通过导师协同指导下的现场诊断、专题研讨、跟岗学习、课题研究等，使培养过程回归实践并服务实践，助力学校改进与品牌孵化。

四是保障高效的培养过程，以"目标一致、责任分担、合作发展"的原则协调各方关系，通过优质资源的合理配置、管理制度的配套完善，评估体系的系统运作等，保证各项培养活动的高效展开。

三、用心服务，携手同行

"三高一低"培养模式的运用，凸显了理论引领与实践优化并重，课程预设与动态生成并重，外在引导与内在修炼并重，过程评估与结果评估并重，实现了培训者供给与参训者需求之间的"精准对接"。在此基础上，整个培训团队坚持"用心服务、携手同行"的理念，精心组织安排每次活动。这让校长们在参训过程中印象深刻,感触良多。福泉第二中学教务主任陈义明说,"为期一年的'领航校长'培养项目虽已经告一段落,但所有的培训情景都历历在目。所有的情景都是温馨的,感动的,催人奋进的!这个团队是我们教书育人的榜样,更是做有温度的教育的最好典范。希望我们广东二师的所有博士、专家、教授继续发挥扶持西部教育的情怀和精神,我们永远感恩奋进"。

踔厉倾心,必有所感,必有所悟,也必有所成。在一年多的培养过程中,第一期参训校长们发表了教育及管理类专业论文56篇,汇聚成了黔南州教育"好声音";还在州县域内进行了55场专题讲座并组织相关培训,充分发挥了"传帮带"的示范辐射作用;大多数学校取得了丰硕的办学成果,在区域内的影响力进一步扩大。瓮安中学余家品校长说:"广东第二师范学院精心安排,服务周到,培训有序,各项活动安排细致。培训过程中配备了教育理论功底深厚的任课教师,选派了珠三角管理经验丰富的知名校长深入指导,还邀请了蔡林森校长详细解读'先学后教·当堂训练'的思想和操作要领,以丰富的课程套餐满足黔南州校长的发展需求。"福泉中学党委副书记黄毓应认为,"广东第二师范学院专业引领,专家分享,让每个领航学员学有所思、学有所悟,项目能够从办学理念、校园文化、师资培训、课堂改革、资源整合、优质均衡等方面给予参训学员全方位、多层面的分享和交流体验","感谢黔南州教育局、感谢广东第二师范学院培训团队,让我们开阔了眼界,拓宽了思维,更明确了自己的责任和使命"。

穗黔情深：矩阵式全方位教育帮扶，当好"参谋长"*

山的那边，需要帮助；海的这边，伸出援手。

贫穷是什么？仅仅是物质缺乏，还是因物质和信息的匮乏导致的观念落后、眼界狭隘，从而带来选择和行为的不同、人生的差异？

2020年是国家脱贫攻坚决胜之年，广州肩负贵州8个市（州）的对口帮扶重任。扶贫的根是扶智，广州在东西协作教育帮扶的道路上不断前行，教育物资、理念、人才等全方位"矩阵式"输出，当好当地教育"参谋长"，助推校长和教师专业化成长，提升贫困地区教育质量。

山海相连，穗黔情深，一生承诺，共奔小康，教育让广东广州与贵州结下不可分割的情谊。

一、贵州山里的广州学校

（一）硬件一流的现代化学校

9月的贵州省毕节市、黔南州地区，秋雨持续近两周，在淅淅沥沥的雨中，孩子们很少打伞，因为有的孩子没有伞，有伞的孩子舍不得打。"妈妈说，这种雨不用打伞，别弄坏或弄丢了。"贵州省纳雍天河实验学校三年级男孩小伟说。

学校墙上贴着孩子们的微心愿："我想要一个书包""想要一支水彩笔""想要一个文具盒""希望爸爸永远不喝酒"……在纳雍这个国家级贫困县，孩子们的愿望如此微小。

小伟很喜欢自己的学校，尤其喜欢学校一楼300平方米、有几十米高透明屋顶、有5万册图书的阳光书吧，"各种没见过的书，什么时候都能进去，坐着、躺着随便看。有声书朗读亭我之前从没见过，可以读课文、听故事"。

三年级女生郝紫怡坐在明亮的教室里画画，不是一人一张课桌的排排坐，而是5个孩子围着一张桌子的小组式画画。几个月前，她刚跟随父母从山里搬

---

* 该文见《羊城晚报》2022年9月28日。

到附近的易地扶贫搬迁小区,转学入读纳雍天河实验学校。

五年级女生小雪最喜欢每周一节的梦想课,"在好大的教室里做游戏,听音乐、学编程,还学怎么理财,每个人都有一个iPad"。全校1583名学生,都是易地扶贫搬迁户,他们从条件艰苦、不宜人居的山上、水边搬入政府修好的新房子。

贵州是中国脱贫攻坚主战场,2014年年末全省有贫困人口623万人,占中国贫困人口的8.9%,居全国第1位。2015年12月,贵州对居住在"一方水土养不起一方人"地方的贫困人口,开展了全省历史上规模空前的易地扶贫搬迁工作。2019年,贵州全面完成188万人的易地扶贫搬迁,占全国搬迁计划的15%。

纳雍天河实验学校就是安置易地搬迁贫困户儿童的学校,由广州天河区对口援建,开设小学1~6年级共24个教学班。

学校的硬件条件让不少广州小学都羡慕:3栋崭新的连体教学楼在阳光下熠熠生辉,深红色的外墙格外醒目、温暖;宽敞的运动场上,足球场、篮球场、单双杠一应俱全;教学楼里,音乐室、美术室、舞蹈室、心理辅导室、AI智慧教室、信息化教室等高标准配备……

所有的一切都让孩子们感觉到"翻天覆地的变化":以前班上60多个同学,现在才40多个;以前的学校什么都没有,现在什么都有;以前没有兴趣课,现在音乐、跳舞、手工、梦想什么课都有……

这样的学校,广州为贵州援建了不少。例如,黔南州的广州海珠小学(瓮安五小),是广州海珠区扶贫协作的重点项目,是教学设施设备俱全、投资近亿元的现代化学校:今年6月建成并投入使用,学校靠山近湖,环境优美,涵盖幼儿园、小学、初中,可容纳2000人就读;有专用场室15个,含舞蹈室、美术室、多媒体语音教室、可容纳700多人的多功能报告大厅等;所有场室千兆光纤网络联通,所有课室都配备"班班通",教师配置办公电脑,所有办公场所都覆盖了Wifi信号;在体育设施方面,有400米环形跑道、室内体育馆、篮球场、羽毛球场等;后勤保障有可供应800人同时进餐的中央厨房。

(二)让学校成为孩子的家

"我很烦爸爸妈妈在外面打工。"一个小学女生的绘画里,时钟显示"00:54",她躺在贵州家里的床上,脑子里想着一家四口团聚,远在浙江打工的爸爸妈妈头上冒着汗珠。

"这里的孩子画人物,手通常是紧握不打开的,显示出没有安全感。"纳雍天河实验学校校长詹雯来自广州天河,支教三年,她专门从天河一小请来最好的心理教师肖冬梅，分析孩子们的绘画，了解他们的真实想法，给心理问题严重的孩子建心理健康档案、做心理疏导，培训当地心理教师。

缺少父母陪伴和亲情的孩子怎么办？"尽量用学校教育弥补家庭教育，用同伴亲密关系弥补亲子关系。"詹雯说，"学校教育让孩子有安全感、被倾听、被关注、被发现。校门永远打开，寒暑假都开放，孩子随时可以回校；这里就是家，老师、同学就是家人，让每个老师成为妈妈。"放学后，学校也尽量把孩子管起来，提供课后托管，"每个老师根据自己的特长开课，没特长的学特长，木工、手工、折纸、篮球、足球、艺术欣赏、数学思维、语文阅读等应有尽有"。

"在每个教室设图书角、红领巾文化角、班队角、英语角、卫生角。"海珠区实验小学总务主任蓝广德，担任广州海珠小学（瓮安五小）副校长，他将广州小学常规的"一室五角"引入，还让每个班级认养校内一棵树，全班照顾它、爱护它，毕业后交给下一届班级。

"让'同龄树'成为各届毕业生共有的'心愿树'，成为孩子们的'乡愁'。"蓝广德解释，学校的学生都是易地扶贫搬迁居住点的孩子，大多家庭贫困、留守儿童多、家庭陪伴和教育不足，行为习惯、行为礼仪等比较缺失，丰富的班级、校园活动和文化，可以让孩子们形成好的学习和生活习惯，得到赞赏、树立自信，建立同伴友情、建立与班级和学校的感情，尽量用学校教育弥补家庭教育。

二、"矩阵式"全方位人才输出

授人以鱼不如授人以渔，广州对贵州的教育帮扶是"矩阵"式的，输出多层次全方位的人才，派出最优秀的教师、校长到贵州当骨干教师、校长、干部，提升学科、年级、学校乃至整个区域教育的教学理念、方法、质量。

（一）三人组团帮扶标杆全覆盖

2019年7月，白云区教育研究院院长、广州大同中学原校长袁闽湘携妻子熊燕（广州六十五中物理高级教师）和广州大同中学办公室主任田清福一行三人组团来到贵州荔波，在县内唯一的普通高中——荔波高级中学开展教育帮扶工作。

三人团分工明确，知根知底，成为全省最特殊的"全组团式"帮扶团队："双法人"模式，袁闽湘分别担任广州市白云区教育研究院党总支书记、院长（法人）和贵州荔波高级中学党总支书记、校长（法人），易地帮扶不是挂职而是任职，并担任学校法人，能够最大限度行使校长权力，"自上而下"进行变革。

三人团配合默契，管理、中层、教师全覆盖。袁闽湘任荔波县教育局副局长、荔波高级中学党总支书记、校长，主要负责荔波高级中学的全面工作；大同中学办公室主任田清福任荔波高级中学副校长，主要负责学校教育信息化、教科研、办公室工作，并承担高一年级两个班的信息技术教学工作；熊燕老师任荔波高级中学科研处副主任，承担高三年级理11班的物理教学工作。

三人成为当地其他老师在管理、中层、教师三方面的学习标杆，在学校各个工作范畴起到示范引领作用，将各种好的做法贯彻落实到学校管理的各个层面。

（二）广州援毕节教育"大管家"

跨步急停、运球、转身、变方向跑……9月开学，贵州毕节七星关区大银镇大银小学有了崭新的篮球运动场，同学们每天可以在正规篮球场上训练了。训练孩子们的是麦俊钊老师，来自广州市荔湾区蒋光鼐小学，该校是广东省篮球特色学校。

2019年11月，蒋光鼐小学的老师们来到大银小学。当时，学校的篮球场虽然是水泥地，但是凹凸不平，一下雨就会积水。今年7月初，蒋光鼐小学捐赠了这个新型塑胶篮球场。8月，篮球运动场地开始施工，本学期开学初就完成了建设。

这一切离不开广州派驻毕节市的教育"大管家"叶炳健。2018年12月，广州市优秀教育工作者、中学高级历史教师叶炳健作为第四批援黔干部、荔湾教育组团组长，与另外两名教师一起来到毕节，肩负起帮扶七星关区教育工作的重任。

一年内，叶炳健推动促成了荔湾区全部65所公办中小学、增城区11所中学、从化区35所中小学与七星关区110所中小学对口帮扶签约，并实现100%开展实质性帮扶工作。

2020年，他被委任为广州市派驻毕节教育组团的组长，率领10个区县的组团及市直学校的团队开展新一轮的帮扶工作。

据统计，仅在黔南州，广州先后选派140名教师赴黔南州挂职支教半年以上，接收黔南州74名学校中层以上干部挂职、626名教师跟岗学习，培训各阶段各学科教师13000余人次。

三、改变教育观念和教学方法

山区中小学大多还是"千校一面""万人一貌"的教育状况，认为活动、社团影响学习。广州的校长教师们，带去了更先进的教育理念、更有效的教学方法。

（一）改设施、改观念、改方法

"我的孩子从山里来，见过泥巴、见过树，搞这么一大块绿地不行，改成'书吧'，脱鞋进去随便看书！"学校施工后期，纳雍天河实验学校校长詹雯每天一早8点跑到工地要求微改造，最终把教学楼中间、300平方米的绿地改成了阳光书吧，在课间、放学后，孩子们随时可以进去看书。

改变，是每位广州支教教师、校长每天要面对的主题：改设施、改观念、改方法。一位支教的广州校长到贵州学校的第一件事，是把所有教室门口10厘米高的门槛抹平，方便孩子进出、减少风险隐患。

广州学校最习以为常的做法，在这里也许都是颠覆。

教室的课桌不再是排排坐，而是围成几个五边形，小组化教学；设科技室、科普室、创客室、美术室、舞蹈室、人工智能教室、梦想课教室等，上什么课去什么教室；校门口绿地改种大树，遮阳挡雨，让家长坐在树下等孩子……

对图书的管理方法和态度也截然不同，不少乡村学校，看书要到图书馆借阅，且课外书少，图书馆的书丢失要报备；现在每个教室、公共区域都设图书角，丰富的课外书籍随手可取、随地可看，如果孩子把书带回家传阅也是好事，书少了、丢失了再补充就好。

（二）一校一品，打造校园特色

整堂课教师从头到尾"一言堂""满堂灌"；教师依赖集体备课形成的课件，不结合班级学情实际调整；上课提问无效、缺少梯度，师生互动、生生互动流于表面；课后作业年年岁岁都相似，不根据学生程度分层布置；考试没有错误率、错误原因大数据分析，一张卷子从头讲到尾，无针对性总结和训练；忽视学生渴望、驾驭课堂能力不足、视野局限……这是不少贵州乡村学校的教育现状。

叶炳健借助广州结对学校本身的办学水平和特色发展的优势，提出以"一校一品"的校园特色文化创建为抓手，深入实施素质教育，不断优化学校管理，全面加强和改善学校教育教学工作，加快推进学校特色建设，打造学校办学新亮点，办出学校发展新特色，让每所受援学校都生长出独特的文化气质，促进区域内学校多样化、学生个性化发展。

"以前怕校园活动影响学生学习，广州教师带来了新的理念，我们学校组织起篮球、足球等7个学生社团，学生虽然花在活动上的时间多了，但集体意识增强了、更友爱了，思维活跃了、学习还更好了。"贵州龙场中学校长符广松说。

四、高考是帮扶成效的生命线

抓好高考就是抓住帮扶成效的生命线，广州将高考经验毫无保留地输出给贵州，当好当地教育"参谋长"，助推校长和教师专业化成长，帮助更多贫困地区孩子考上大学。

（一）引入广州高三备考经验

每天早上 7 点 10 分，黄小林的身影就出现在贵州省雍县第五中学的走廊上、教室里，巡查学生早读，晚上 8 点之后还巡查晚自习情况，61 岁的他每天在校工作时间超 12 小时。2019 年 9 月，他刚从广州市天河中学党委书记职位上退休，10 月就上任纳雍五中执行校长，顾不上陪伴 80 多岁的父母，也不惜放弃百万年薪。

上任纳雍五中执行校长后，黄小林雷厉风行，每天争分夺秒工作，严抓师德师风、教学方法，短短一年让师生面貌焕然一新，学生成绩大幅提升。

几十年的教学生涯，黄小林当过除英语教师之外所有的主科教师，什么课都懂，上任两个月，他深入高三课堂听课 146 节，听课之后及时指出教师课堂教学过程中的优缺点和改进建议。

他狠抓校本教研，引进广州教研的好做法，要求各备课组每周须进行一次集体备课，总结上周教学、预备下周教学；每人每学期必须上一次备课组内公开课。

他强化师德师风，要求教师们预备铃响就到教室，杜绝迟到。此外，他要求教师跟学生一起参加考试提升业务能力，如高三一测教师们同步考，考得好的表扬，只达良好的参加二测，不合格的面谈。

他改变教师评价方式，用考试成绩和学生评价相结合的方式来评价教学效果。

高三（3）班男生李长平说："自从黄校长来了，每天下午练习什么科目都很明确，测试多了，而且第二天老师就全部改完，并进行点评、总结，让大家明白哪类知识点欠缺了。"李长平进步明显，从全校 150 名进步到 100 名，再到 50 名。

（二）全覆盖诊断，开药方

为了考上大学改变命运，贵州乡村的孩子其实学得很勤奋、很辛苦，不少高中一个月只休息一天，白加黑、"5+2"拼命灌，耗时低效现象普遍。学校管控不科学，课后练习作业泛滥，自习时间较少，学生没有时间自我构建知识体系；填鸭式教学和重复机械训练，加剧了教育的应试化倾向。

支教的教师、校长们总有回去的一天，两地学校间"结对子"的个性化经验不一定普适，如何让整个区域的所有学校全面提升？

2019年10月，广州开发区中学校长龙国明担任贵州省黔南州人民政府特邀督学，带领团队对整个黔南州地区的32所高中，进行该州史上规格最高、规模最大、历时最长的诊断式调研、视导、开处方。

视导组对教案、学案、作业、集体备课、教研和课题研究等各方面进行抽样检查，访谈教师和学生，共听课549节次，覆盖语文、数学、外语、物理、化学、生物、政治、历史、地理九大学科，形成详细诊断和改进报告。

报告建议各学校要尽快完善各种教学管理、督查、奖惩制度，加强教学常规督查，奖优治懒治庸；在教师激励机制方面，兼顾老中青不同层面教师的积极性，兼顾显性工作和隐性工作的量化考核，以激励教师工作的积极性和主动性，促进教学质量的提升；减负增效，作业布置按照班级整体情况做统一安排，高度重视学生作业量大、简单重复的问题。

挂职瓮安县教育局党组成员、副局长的海珠区外国语实验中学副校长陈智，将广州市的高三质量数据分析系统引入瓮安，通过有效分等核心数据对班级的情况、学生的情况进行质量分析，并通过大数据改卷系统，对每个知识点得分情况精准分析，引导教师能够在课堂上精准教学、精准备考。

今年高考，毕节市各项办学指标接近或超过全省平均水平，高考一本、二本上线率分别比2018年提高1.21个和1.98个百分点，被清华大学、北京大学录取的学生达19人，比2018年增加13人，创历史新高。

其中，纳雍五中高考成绩创校史最佳。二本上线率48.78%，比2019年提高11.32个百分点；一本上线人数51人，一本上线率3.66%。纳雍四中（天河区组团帮扶）本科上线率达到27.2%，远超上年高考本科上线率10多个百分点。织金二中（花都区组团帮扶）2019年的高考本科上线率为70.4%，比2018年提高11.6个百分点，一本的上线率为12.3%，比2018年提高了2.76个百分点，取得重大突破。

后　记

广东省教育教学成果奖和广东省科研成果奖（含哲学社会科学、自然科学和技术发明）是省级政府奖励，含金量高，竞争激烈。广东省教育教学成果奖自2000年设立以来每两年评选一次，本人曾先后四次获奖。本人主持的《珠江三角洲教育现代化个性化办学研究》荣获2001年广东省教育教学成果奖（基础教育）二等奖，该成果收入2002年广东人民出版社出版的《珠江三角洲学校教育现代化模式研究》一书；本人主持的《中小学优质学校及其创建研究》荣获2017年广东省教育教学成果奖（基础教育）二等奖，该成果以"创建优质学校：理论探索与行动策略"，2012年由天津教育出版社出版；本人主持的《地方本科院校学前教育专业"一核四翼"应用型复合人才培养研究与实践》荣获2019年广东省教育教学成果奖（高等教育）一等奖，这也是我校省级高教成果奖的新突破，成果内容较为丰富，集中反映了我院作为学前教育专业新兵，用短短十年时间创建国家一流专业的办学业绩。

根据2021年7月颁布的286号《广东省人民政府令》，广东省教育教学成果奖由每两年评选一次改为每四年评选一次，与国家教育教学成果奖同步。该令第十八条规定："个人获得省教育教学成果奖的情况应当记入本人档案，所在单位在获奖个人的业绩考核、职称评定、岗位聘任、评优评先等方面，应当按省级表彰落实相关待遇。"作为四年一评的第一次，2021年广东省教育教学成果奖竞争异常激烈。本人主持的《广东基础教育高端人才"三高一低"培养模式研究与实践》脱颖而出，在新一轮广东省基础教育"百千万人才培养工程"前后两届共20多个项目中唯一获成果奖，并荣获一等奖，该成果还被广东省教育厅推荐送教育部参评2021年国家教育教学成果奖。为此，作为项目主持人，我有责任把2019年和2021年两项获奖成果汇编成书，公开出版。

在编辑出版过程中，我要感谢广东第二师范学院科研处处长毕振力，教育学院院长郭凯、副院长苏鸿、高慎英教授，教师教育学院朱旭副教授的大力支持。广东省中小学德育研究与指导中心姚汶璇、蔡弋鹏两位同志认真负责对书稿进行编辑校对，一丝不苟，值得点赞。在这里还要感谢叶湛霞老师在本书编辑出版过程中付出的辛勤劳动。

由我主编的《学前教育专业"一核四翼"育人模式探索》和《基础教育高端人才"三高一低"培养模式探索》，作为我校"新师范"建设的成果，也是广东省特色重点学科教育学的建设成果，虽然都荣获广东省教育教学成果奖一等奖，但我深知两项成果还有许多尚待探索完善之处，现公开出版，以便同行专家批评指正。

该书出版得到广东第二师范学院"省特色重点学科教育学"和"新时代教育学创新研究团队"建设经费的资助，还得到光明社科文库的资助，特此致谢！

周峰　谨上

2023 年 2 月 12 日